Leia & Pense em
FRANCÊS

Leia & Pense em
FRANCÊS

Dos editores da revista Think French!

ALTA BOOKS
E D I T O R A
Rio de Janeiro, 2011

Leia & Pense em Francês Copyright © 2011 da Starlin Alta Editora e Consultoria Ltda.
ISBN: 978-85-7608-594-2

Produção Editorial
Editora Alta Books

Gerência Editorial
Anderson da Silva Vieira

Supervisão de Produção
Angel Cabeza
Augusto Coutinho
Leonardo Portella

Equipe Editorial
Andréa Bellotti
Andreza Farias
Cristiane Santos
Deborah Marques
Gianna Campolina
Isis Batista
Juliana de Paulo
Lara Gouvêa
Lícia Oliveira
Lorrane Martins
Heloisa Pereira
Otávio Brum
Rafael Surgek
Sergio Cabral
Sergio Luiz de Souza
Thiago Scharbel
Taiana Ferreira
Vinicius Damasceno

Tradução
Carla Cabrera

Revisão Gramatical
Sophia Luciana

Revisão Técnica
Paula Rigaud
Graduada em Museologia pela Universidade Federal do Estado do Rio de Janeiro (UNIRIO) e graduanda em Letras pela Universidade Federal Fluminense (UFF).

Diagramação
Andréa Fiães

Fechamento
Andreza Farias

Marketing e Promoção
Ida Sartório
marketing@altabooks.com.br

Impresso no Brasil

Translated from original Read & Think French. ©2010 by Second Language Publishing, Inc. ISBN 978-0--07-170233-1. This translation is published and sold by permission of Mc-Graw. Hill. PORTUGUESE language edition published by Starlin Alta Editora e Consultoria Ltda., Copyright © 2011 by Starlin Alta Editora e Consultoria Ltda.

Todos os direitos reservados e protegidos pela Lei nº 9.610/98. Nenhuma parte deste livro, sem autorização prévia por escrito da editora, poderá ser reproduzida ou transmitida sejam quais forem os meios empregados: eletrônico, mecânico, fotográfico, gravação ou quaisquer outros.

Todo o esforço foi feito para fornecer a mais completa e adequada informação. Contudo, a editora e o(s) autor(es) não assumem responsabilidade pelos resultados e usos da informação fornecida.

Erratas e atualizações: Sempre nos esforçamos para entregar ao leitor um livro livre de erros técnicos ou de conteúdo. Porém, nem sempre isso é conseguido, seja por motivo de alteração de software, interpretação ou mesmo quando há alguns deslizes que constam na versão original de alguns livros que traduzimos. Sendo assim, criamos em nosso site, www.altabooks.com.br, a seção *Erratas*, onde relataremos, com a devida correção, qualquer erro encontrado em nossos livros.

Avisos e Renúncia de Direitos: Este livro é vendido como está, sem garantia de qualquer tipo, seja expressa ou implícita.

Marcas Registradas: Todos os termos mencionados e reconhecidos como Marca Registrada e/ou comercial são de responsabilidade de seus proprietários. A Editora informa não estar associada a nenhum produto e/ou fornecedor apresentado no livro. No decorrer da obra, imagens, nomes de produtos e fabricantes podem ter sido utilizados, e desde já, a Editora informa que o uso é apenas ilustrativo e/ou educativo, não visando ao lucro, favorecimento ou desmerecimento do produto/fabricante.

O código de propriedade intelectual de 1º de julho de 1992 proíbe expressamente o uso coletivo sem autorização dos detentores do direito autoral da obra, bem como a cópia ilegal do original. Esta prática, generalizada nos estabelecimentos de ensino, provoca uma brutal baixa nas vendas dos livros a ponto de impossibilitar os autores de criarem novas obras.

Dados Internacionais de Catalogação na Publicação (CIP)

L525   Leia & pense em francês / dos editores da Revista Think French! ; [tradução Carla Cabrera]. – Rio de Janeiro, RJ: Alta Books, 2011.
224 p. : il. + 1 disco sonoro (70 min).

Inclui glossário bilíngue.
Tradução de: Read & Think French.
ISBN 978-85-7608-594-2

1. Língua francesa - Estudo e ensino. 2. Língua francesa - Leitura. 3. Língua francesa - Fala. 4. Língua francesa - Escrita. 5. Língua francesa - Autodidatismo.

CDU 804.0
CDD 440.7

Índice para catálogo sistemático:
1. Língua francesa : Estudo e ensino   804.0
(Bibliotecária responsável: Sabrina Leal Araujo – CRB 10/1507)

Rua Viúva Cláudio, 291 – Bairro Industrial do Jacaré
CEP: 20970-031 – Rio de Janeiro – Tels.: 21 3278-8069/8419 Fax: 21 3277-1253
www.altabooks.com.br – e-mail: altabooks@altabooks.com.br
www.facebook.com/altabooks – www.twitter.com/alta_books

Sumário

Introdução ... x

Culture

Un diamanche en France	Um domingo na França	4
La France et la religion	A religião na sociedade francesa	5
Parfum de nos enfances	Os campos de lavanda, os aromas e mais	6
Les marchés du Sénégal	Os agitados mercados do Senegal	8
Les mois du camping et du crabe	Verão divertido em Guadalupe	10
Les vendanges	A colheita da uva	12
Noël sur les marchés	O charme dos mercados franceses no Natal	14
La légendaire impolitesse	Os estereótipos do povo francês	16
Francophonie Canadienne	A cultura francesa no Canadá	18
La mode, reflet de la culture	A moda e a cultura francesa	19
Évaluez votre compréhension	Teste sua compreensão	20

Voyages

La grande et la merveilleuse	A grandeza da Normandia	24
Les pâtisseries de Paris	As padarias de Paris	25
Le visage unique de Montréal	A diversidade de Montreal	26
Des îles pleines de richesses	Guadalupe, Guiana e Martinica	28
Aix-en-Provence	Uma pequena cidade muito charmosa	30
Le quartier de la Croix-Rousse	A cidade serrana de Lyon	32
Le vieux Marseille: le panier	As atrações e cultura de Marselha	34
Belle-Île-en-Mer	Uma agradável fuga para uma ilha francesa	36
Saint Tropez	A famosa e a sublime	38
Le Sud-Ouest de la France	A região de Bordeaux na França	39
Évaluez votre compréhension	Teste sua compreensão	40

Tradition

Un jour, un chocolat	O calendário do Advento francês	44
Les vacances à la française	O trabalho e as férias na França	45
Le temps des sucres	A colheita do bordo no Quebec	46
Le réveillon de la Saint Sylvestre	As tradições de final de ano na França	48
Des chants sacrés	As canções de natal de Guadalupe	50
La tradition du pastis	Uma bebida tradicional da Provence	52
Le vin et le fromage français	A tradição do queijo e do vinho francês	54
Le flamboyant automne	O outono na França	56
La cérémonie du mariage	As tradições do casamento francês	58
Évaluez votre compréhension	Teste sua compreensão	60

Célébration

Pâques en France	A Páscoa na França	64
La fête du Travail	A história e tradição do dia do trabalho	65
Le carnaval aux Antilles	O carnaval nas Antilhas Francesas	66
Faites de la musique !	Uma celebração da música	68
Poisson d'avril !	O dia da mentira!	70
Le 14 Juillet	O feriado nacional da França	72
La fête de la Saint-Jean Baptiste	O feriado nacional de Quebec	73
Le festival de musique créole	Uma celebração da música Créole	74
Quid des Vieilles Charrues	O festival de música independente	76
Jours de Mémoire	Dia dos mortos, dia da memória	78
La fête des Rois en France	O dia dos Três Reis Magos	80
Noël en Provence	O natal na Provence	82
Évaluez votre compréhension	Teste sua compreensão	84

Biographie

Ingénieur français célèbre	*Gustave Eiffel, engenheiro famoso*	88
Une femme, une artiste	*Camille Claudel, artista e escultora*	89
Albert Camus et l'absurde	*A escrita de Albert Camus*	90
Cinéaste français	*François Truffant, cineasta francês*	92
Écrivain et philosophe français	*A vida e a escrita de Sartre*	94
Prix Nobel de médicine	*O inventor da insulina*	95
La Môme	*A cantora mais amada da França*	96
Écrivaine acadienne	*Antonine Maillet, escritora e erudita*	98
À la découverte de Matisse	*A descoberta de Matisse*	99
Une personnalité fondamentale	*Aimé Cesaire, autor e político*	100
Les débuts de Coco Chanel	*A vida e o estilo de um ícone da moda*	102
Évaluez votre compréhension	*Teste sua compreensão*	104

Coutumes

Bises ou pas bises?	*Beijar ou não beijar?*	108
Ne pas avoir l'air d'un touriste	*Dicas de viagem na França*	110
L'étiquette professionnelle	*A etiqueta profissional*	112
La bienséance autour d'une table	*A etiqueta francesa à mesa*	114
La signification des gestes	*Entendendo os gestos franceses*	116
Les expressions usuelles	*Expressões úteis no idioma*	118
Évaluez votre compréhension	*Teste sua compreensão*	120

Les Arts

Les humoristes Québécois	Os comediantes de Quebec	124
Les Petits Rats	As jovens bailarinas de Paris	125
L'art public à Montréal	A arte ao ar livre de Montreal	126
La musique Guadeloupéene	A música e a dança de Guadalupe	128
Les splendeurs de Versailles	As paisagens e as atrações de Versalhes	130
Le théâtre français	História do teatro francês	132
Chansonniers Québécois	Os cantores e os compositores de Quebec	134
Les troubadours au Moyen Âge	Os trovadores da Idade Média	135
Les musées parisiens	Os museus de Paris	136
Un symbole de la culture	As marionetes de Lyon	138
La tradition du théâtre d'été	As peças de teatro de verão em Quebec	140
La Cinémathèque française	O museu e o cinema	141
Évaluez votre compréhension	Teste sua comprensão	142

Histoire

La fleur de lys	A origem da flor-de-lis	146
Historique du drapeau français	A história da bandeira da França	147
À la découverte de la Martinique	A descoberta da Martinica	148
La Nouvelle-France	A fundação do Canadá Francês	150
Les sans-culottes	Os trabalhadores revolucionários franceses	152
L'Arc de Triomphe	O monumento histórico de Paris	154
La Cité Médiévale	A cidade medieval de Carcassonne	155
Histoire de France	Maria Antonieta e a história francesa	156
Jeanne d'Arc	A heroína nacional da França	158
La Révolution Française	A revolução francesa	160
Évaluez votre compréhension	Teste sua compreensão	162

Géographie

Les trois fleuves de France	Os três grandes rios da França	166
Les plages françaises	As praias francesas e o seu litoral	168
Les Alpes	A geografia dos Alpes	170
La Dune du Pyla	A maior duna da Europa	171
Sur la route des baleines	Avistando baleias em Tadoussac	172
Les pays de mer et de montagne	A beleza da península de Gaspésie	174
Des fleurs et encore des fleurs	A flora e a fauna das Antilhas	176
Un pays aux contrastes	A diversidade geográfica de Togo	177
Le Lac Léman	O maior lago da França	178
Évaluez votre compréhension	Teste sua compreensão	180

Gastronomie

Le pain français	A baguete, um símbolo da França	184
Beignes de nos grand-mères	A tradicional confeitaria de Quebec	185
La bouillabaisse	O tradicional ensopado de peixe da Provence	186
La bûche de Noël	A sobremesa tradicional de Natal	188
Gigot d'agneau aux herbes	O pernil de cordeiro recheado com ervas	190
Fondue au fromage classique	O clássico fondue de queijo	191
Un goût très raffiné	Um gosto refinado, foie gras	192
Le diamant noir	Trufas, os diamantes negros da França	193
La cuisine Sénégalaise	Os pratos exóticos do Senegal	194
Les crêpes de la Chandeleur	O dia dos crepes	196
Coq au vin	Um rústico prato de galinha	197
Saveurs des Antilles	Os sabores das Antilhas	198
Évaluez votre compréhension	Teste sua compreensão	200

RÉPONSES	202
LISTAGEM DO CD DE ÁUDIO	207

Introdução

Leia & Pense em Francês é um enfoque amigável e agradável ao aprendizado de idiomas. Como uma imersão dinâmica e caseira em um idioma, a obra foi criada com o objetivo de aumentar a fluência em francês ao ensinar sobre a vida e a cultura dos países francófonos.

Esta ferramenta de aprendizado de idiomas foi elaborada para construir e ampliar sua confiança no francês, apresentando vocabulário e frases em um conteúdo significativo e motivador que enfatiza todas as quatro habilidades idiomáticas: a leitura, a escrita, a fala e a compreensão da língua falada.

Leia & Pense em Francês traz a língua francesa à vida! Nossa diversificada equipe de escritores internacionais está ansiosa para dividir seus conhecimentos sobre a língua e a cultura com você. Leia uma narrativa de viagem à Normandia e um documentário sobre os cafés de Paris. Descubra os melhores mercados da Provence com nossas dicas e explore a arquitetura das ruas expressivas de Montreal. Não se esqueça, enquanto estiver curtindo esses surpreendentes artigos, estará aprendendo francês.

Leia & Pense em Francês é usado por professores e alunos de todas as idades para aumentar a fluência em francês de forma natural e eficiente. Usando-o como um estudo complementar em sala de aula ou como um guia de estudos, você ganhará conhecimentos de gramática e desenvolverá seu vocabulário.

A informação cultural fornecida em cada capítulo ajuda os leitores a desenvolverem um conhecimento mais profundo sobre as tradições e sobre a cultura em países falantes do francês, o que cria um maior interesse e uma maior eficiência no aprendizado desse idioma.

Leia & Pense em Francês traz um conjunto de informação, desde o nível iniciante até o avançado:

- **Iniciante:** recomendamos que o aluno tenha o equivalente a um semestre de curso universitário ou o ensino médio completo. Sua experiência anterior com o idioma pode vir por meio de estudos em escolas públicas ou particulares, cursos por fascículos ou cursos regulares na língua. *Leia & Pense em Francês* permitirá uma imersão no idioma e na cultura e um reforço na compreensão da estrutura das sentenças e do uso dos verbos.

- **Intermediário:** como um aluno intermediário, você aprenderá um novo vocabulário e novas frases. Você notará a fluência e a compreensão aperfeiçoadas. Você também compreenderá as nuances entre o idioma e a cultura enquanto convive com estilos de escrita autênticos de autores de diferentes países.

- **Avançado:** o aluno avançado continuará a ganhar informações valiosas como a aquisição idiomática e interesse ao longo da vida. Os diversos textos de uma equipe de escritores internacionais oferecem a oportunidade de aprender um novo vocabulário e ganhar mais profundidade no idioma e na cultura.

Independentemente de seu nível no idioma, *Leia & Pense em Francês* é uma maneira eficiente, divertida e acessível de aprender o francês.

Viva o entusiasmo proveniente do aprendizado de uma nova língua e da descoberta de uma nova cultura. Leia, fale, aproveite... pense em francês!

Guia para o Sucesso

Leia & Pense em Francês está dividido em capítulos que o guiam pela cultura e pelas tradições de diferentes países francófonos. Ao final de cada capítulo encontra-se a seção "Avalie sua compreensão". Essa seção encoraja o desenvolvimento da compreensão da leitura e do entendimento do francês escrito em diferentes vozes.

Não é obrigatório ler *Leia & Pense em Francês* do início até o final ou em qualquer ordem. É possível ler um capítulo por vez ou escolher um artigo ou capítulo que mais interesse. Também há a possibilidade de responder ao questionário por artigo ou por capítulo. Essa flexibilidade permite um andamento na sua própria velocidade, lendo e relendo quando necessário. Os artigos mais interessantes encorajam o entusiasmo durante o estudo, tornando o material mais agradável à leitura.

- Leia o artigo para ter uma ideia geral da história. Não fique frustrado se não souber todo o vocabulário durante a primeira leitura.

- Após obter uma compreensão do artigo, leia-o novamente e preste atenção ao vocabulário novo. Note como o vocabulário é usado no contexto.

- Pratique lendo em voz alta.

- Se tiver acesso a um aparelho gravador de som, tente gravar os artigos ou peça a um falante nativo que grave para você. Escute a gravação e perceba como sua compreensão auditiva melhora com o passar do tempo.

Repita, Repita, Repita! Isso é fundamental, em particular, para memorizar as partes importantes e a pronúncia das palavras. Algumas vezes, apenas a repetição irá assegurar sua memória para certos itens difíceis de serem lembrados. A repetição vocal frequente registra a forma na "audição mental". Esta dimensão auditiva o ajudará a reconhecer e lembrar as palavras futuramente. Com *Leia & Pense em Francês*, você terá a oportunidade de repetir diferentes processos de aprendizado tanto quanto desejar. Repetir a leitura, a escuta e a fala ajudará no sucesso geral no domínio da língua francesa.

Glossário Bilíngue sob Medida

Um glossário bilíngue personalizado será fornecido a cada artigo para facilitar a compreensão do francês no momento da leitura. Quando temos uma leitura ininterrupta, a compreensão é maior e o vocabulário é absorvido com mais rapidez.

Cada artigo contém vocabulário, gramática e frases novas, assim como uma repetição dos vocabulários e das frases anteriores. A repetição encontrada nos artigos aumenta a compreensão da leitura e estimula a memorização. Os artigos são escritos em diferentes perspectivas. A maioria deles está escrita em terceira pessoa, porém alguns estão escritos em primeira. Essa mudança de voz permite reconhecer os verbos conjugados em diferentes tempos verbais.

Os professores de francês, muitas vezes, recomendam que os alunos "criem uma imagem" ou associem palavras estrangeiras a algo familiar, para melhorar a memorização de um novo vocabulário. Enquanto estiver aprendendo um novo vocabulário com *Leia & Pense em Francês*, você não precisará criar essas imagens. Elas serão criadas automaticamente, ao longo do desdobramento da história. Leve o tempo necessário para leitura e imagine a história como ela está escrita, absorvendo o novo vocabulário. Se uma palavra do vocabulário se mostrar difícil, tente imaginar uma imagem na história que a represente enquanto a pronuncia em voz alta.

Os verbos no glossário estão escritos, primeiramente, em sua forma conjugada, assim como aparecem no artigo, seguidos de sua forma infinitiva.

Por exemplo: **offrent (offrir):** eles oferecem (oferecer)

        conçu pour (concevoir): concebido para (conceber)

Teste a Sua Compreensão

Os questionários fornecidos ao final de cada capítulo foram criados para desenvolver ainda mais as suas habilidades de compreensão da leitura e para assegurar um sucesso geral no francês. Além de determinar o significado geral de um artigo por meio da formação de palavras, da gramática e do vocabulário, você também aprenderá a usar o contexto para determinar o significado. A compreensão do contexto permitirá criar "hipóteses" apropriadas sobre o significado de palavras desconhecidas, com base no contexto de uma frase, de um parágrafo ou de um artigo. As respostas serão fornecidas ao final do livro e dentro de cada capítulo.

Sobre o Autor

Leia & Pense em Francês é baseado em artigos de *Think French*, uma associação on-line de aprendizado de idiomas publicada mensalmente pela Second Language Publishing. Os escritores de *Think French* são falantes nativos do idioma francês, incluindo professores de francês de escolas e universidades, especialistas em viagens e jornalistas. Os artigos deste livro foram coordenados e compilados sob a direção de Kelly Garboden, fundadora e editora-chefe da Second Language Publishing. Para informações sobre a associação *Think French*, visite: www.thinkfrench.com

Leia & Pense em
FRANCÊS

Culture

Un diamanche en France

Le dimanche est **un jour particulier** en France. Les **magasins** sont **fermés**, mais **les boulangeries redoublent** d'activité. Pendant toute **la matinée**, **chacun s'y rend pour acheter** une baguette bien fraîche ou **les pâtisseries** qui **seront** servies en dessert **le midi**. Les fleuristes **ne chôment** pas **non plus** car le dimanche, c'est le jour **repas en famille** et **il serait impoli** d'arriver **les mains vides**…

Quand j'étais **enfant**, **je redoutais** les dimanches parce que **je savais** que ce jour-là, **je passerais** avec mes parents **plusieurs heures** à table **chez** l'une de mes **grands-mères**. **D'abord**, il y avait l'apéritif : pastis, porto ou kir pour **les grands**, jus d'orange pour les enfants et, pour **tout le monde**, **cacahuètes**, olives, petits cubes de **fromage** à **grignoter**.

Le repas **suivait** avec une entrée, (**des fruits de mer**, par exemple), un plat principal, (de **la viande** et **des légumes**, généralement), du fromage (obligatoirement !), de la salade (**presque toujours**) et, **vers quatre heures** de l'**après-midi**, lorsque **les estomacs** étaient complètement **pleins**: le dessert (**enfin** !).

Le dimanche **soir**, **bien sûr**, **personne n'avait envie** de **manger**. Il ne restait qu'à **aller se coucher en se disant** qu'on avait **sans doute perdu** sa **journée**.

Et pourtant… Ma maman est **aujourd'hui** grand-mère et les dimanches chez elle, avec **mon femme et mon fils**, **n'ont rien d'ennuyant**. **Nous mangeons** bien, **mais pas trop** et, dès le dessert terminé, **nous sortons, nous promenons** tous ensemble **au bord de la mer** ou en **forêt**. Le dimanche soir, quand je couche mon fils, je me dis que la journée a été magnifique. **Pourvu** qu'**il pense la même chose** !

La France et la religion

Officiellement, la France est **un état laïc, il est d'ailleurs interdit** de **porter des signes** religieux visibles dans les établissements scolaires. **Il existe cependant** une exception pour une région, c'est l'Alsace-Moselle. **En effet**, lors de la séparation des **pouvoirs** politique et religieux en 1905, **celle-ci n'était pas encore** française, mais **allemande**. C'est la raison du **traitement** de faveur dont **elle bénéficie**, l'état finance même certaines de **ses églises**.

De manière générale, si **on s'intéresse** aux religions que les Français pratiquent, **on se rend compte** que **le pays** est **non seulement** multiculturel, **mais aussi** multiconfessionnel. Ce qui **en fin de compte** est normal lorsqu'on **se souvient** du **passé** colonial de ce pays. **D'après** les statistiques de l'Institut français d'opinion publique 64% de Français sont catholiques, 27% se considèrent comme **athées**, 3% sont musulmans, 2,1% sont de confession protestante et 0,6% sont **juifs**.

Historiquement, la France est un pays catholique **tout au moins** après **les huit guerres** de religion qui l'**ont ravagée** durant le XIVème siècle. Cependant, après **la Deuxième Guerre Mondiale**, l'**engouement** pour la religion **chute** et l'**arrivée** massive d'immigrés issus des anciennes colonies françaises contribuent à diversifier le climat religieux du pays. **Il n'existe pas** de conflit entre les différentes religions et **chaque** Français a **le droit** de **pratiquer** la religion de son **choix** tout en respectant les droits religieux de ses compatriotes.

État laïc: Estado não religioso
Il est d'ailleurs: também
interdit de (interdire): proibido (proibir)
porter: vestir, carregar
signes: sinais
il existe (exister): ele existe (existir)
cependant: no entanto
en effet: na verdade
pouvoirs (pouvoir): poderes (poder)
celle-ci: o último, este
n'était pas (être): não era (ser)
encore: ainda
allemande: alemão
traitement: tratamento
elle bénéficie (bénéficier): ela se beneficia (beneficiar)
églises (église): igrejas (igreja)
on s'intéresse (intéresser): alguém se interessa (estar interessado)
on se rend compte (se rendre compte): nós percebemos (perceber)
le pays: o país
non seulement: não somente
mais aussi: mas também
en fin de compte: no fim das contas
se souvient (se souvenir): lembrar (lembrar)
passé: passado
d'après: de acordo com
athées: ateus
juifs: judeu
tout au moins: pelo menos
les huit guerres (la guerre): as oito guerras (a guerra)
ont ravagée (ravager): devastaram (devastar)
la Deuxième Guerre Mondiale: A Segunda Guerra Mundial
engouement: paixão
chute (chuter): cair (cair)
arrivée (arriver): a chegada (chegar)
il n'existe pas (exister): isso não existe (existir)
chaque: cada
le droit: o direito
pratiquer: praticar
choix: escolha

culture 5

Parfum de nos enfances

Quand **on pense très fort** à la Provence, **on peut presque sentir le parfum sucré** de **la lavande ravivée par le soleil** méditerranéen. Le plateau de Valensole, en Drôme provençale, **offre les plus belles étendues parme** de lavande.

De très grands **peintres se sont** souvent **recueillis** sur **ces lieux** pour **capturer au creux de leur oeuvre**, l'harmonie **des couleurs** offerte par la nature. Quand **le vent souffle à travers les champs**, le parfum **nous entraîne** dans une **véritable** symphonie **des sens**.

La lavande, véritable mine d'exploitation provençale **depuis des millénaires** a **dans un premier temps fait des adeptes parmi nos plus vieux ancêtres**.

Utilisée précieusement tout d'abord par les Romains **durant le bain** et pour parfumer **les linges, elle sera utilisée** durant **les temps moyenâgeux** en tant que plante médicinale qui aurait la réputation de **renfermer des vertus calmantes**, antiseptiques, **cicatrisantes**... la lavande a toujours été un ingrédient suprême pour la beauté et l'hygiène.

Son parfum est **convoité** des savonniers, parfumeurs, créateurs d'ambiance régionaux et il reste un **des composants** de base de la parfumerie contemporaine. **Son parme doux** et sa forme atypique **se retrouvent sur les vaisselles vendues** dans les boutiques et **font la joie des potiers**, et **autres** décorateurs de **maisons** et de linges.

Il existe même du **miel** de lavande, et c'est un produit très **recherché des gens** de la région pour **la douceur** qu'**il renferme**. **Ses étendues cultivées** ou **sauvages ont révélé** les plus grands peintres provençaux.

La cueillette, autrefois réalisée à **la faucille**, a lieu en été entre le 15 juillet et le 15 août, dans les « baïassières » **endroits où poussent** les « baïasses » (nom provençal **donné aux pieds** de lavande) par **des travailleurs saisonniers venant** de toute la région et parfois même **d'autres pays** d'Europe.

La lavandiculture prit une grande place dans **la vie** des Provençaux. **Si vous demandez** aux cultivateurs de **vous parlez** de lavande, **ils vous diront d'abord** de faire attention à **ne pas confondre** lavande et lavandin. La **vraie** lavande est l'espèce d'origine, **elle se reproduit** naturellement à l'état sauvage ou **cultivé. On peut** la reconnaitre à **sa taille** et sa couleur.

La distillerie de son essence offre un parfum **plus fin**, plus doux, et **elle garde** toutes **ses vertus** thérapeutiques sous forme d'**huile essentielle**. Le lavandin, lui, est déjà plus **grossier** par son aspect, plus long et aux **bouts** plus gros, sa couleur est plus « violette » que celle de la lavande, **plutôt** mauve. Le lavandin est stérile, **il ne se reproduit** pas naturellement et sa fabrication est d'origine industrielle. **En effet il peut produire** beaucoup plus d'essence que la vraie lavande. Son huile essentielle **ne préserve aucune** vertu et reste **rarement** utilisée en pharmacopée **de nos jours**. Son odeur est déjà plus « acre » et **moins sucrée**.

La lavande pure reste un produit très **prisé à l'achat** et **demeure** un véritable produit de luxe. Elle reste le produit de référence quand **on parle** de la Provence. C'est le parfum de **nos enfances**.

---

il existe (exister): isso existe (existir)
le miel: o mel
recherché: procurado
gens: pessoas
la douceur: a doçura
il renferme (renfermer): ele segura (segurar)
ses étendues (une étendue): áreas, zonas
cultivées (cultiver): cultivadas (cultivar)
sauvages: selvagens
(elles) ont révélé (révéler quelqu'un): elas se tornaram famosas (tornar alguém famoso)

la cueillette: a colheita
autrefois: no passado
la faucille: a foice
endroits: lugares
où ils poussent (pousser): onde eles crescem (crescer)
donné (donner): dado (dar)
pieds: pés
travailleurs: trabalhadores
saisonniers: sazonais
venant (venir): vindo (vir)
d' autres pays: de outros países

la vie: a vida
si vous demandez (demander): se perguntar (perguntar)
vous parlez: você fala
ils vous diront (dire): eles lhe dirão (dizer)
d'abord: antes de tudo
ne pas confondre: não confundir
vraie (vrai): verdade
elle se reproduit (se reproduire): ela se reproduz (se reproduzir)
cultivé (cultiver): cultivado (cultivar)
on peut (pouvoir): nós podemos (poder)
taille: tamanho

plus fin: mais sutil
elle garde (garder): ela guarda (guardar)
vertus: propriedades
huile essentielle: óleo essencial
grossier: grosseiro
bouts: extremidades
plutôt: de preferência
il ne se reproduit (se reproduire): não se reproduz (reproduzir)
en effet: de fato
il peut produire: pode produzir
(elle) ne préserve aucune (préserver): não preserva nenhum (preservar)
rarement: raramente
de nos jours: dos dias de hoje
moins: menos
sucrée (sucré): doce

prisé: apreciado
à l'achat: para comprar
(il) demeure (demeurer): ele permanece (permanecer)
on parle (parler): nós falamos (falar)
enfances: infâncias

Les marchés du Sénégal

Visiter les marchés est **sans doute le meilleur moyen** de 'imprégner de l'ambiance d'une ville. **N'hésitez pas** à **vous enfoncez** dans **les méandres** de leurs **étroites ruelles** et à **slalomer entre les étals**, **après avoir pris** les précautions d'usage **contre** les pickpockets. C'est sans doute aussi le meilleur moyen d'y **apprendre le marchandage**.

Les marchés de Dakar

A Dakar, **vous en découvrirez plusieurs**, avec **chacun** ses spécialités et son ambiance. Le plus classique est le grand marché Sandaga, au **croisement** de l'avenue Lamine Gueye et de l'avenue Emile Badiane. Un grand **bâtiment** de style néo-soudanais **abrite**, sur deux étages, tous **les produits alimentaires**: **légumes**, **viande**, **poisson**. L'avenue Emile Badiane **est bordée de** kiosques **tenus** en général **par** des « baolbaol » (originaires de la région de Diourbel) où **vous trouverez** surtout des appareils électriques, souvent **dernier cri**: hi-fi, télévision, vidéo, etc. Dans **les rues voisines**, beaucoup de boutiques de **tissus**, **vendus** à la pièce ou assemblés en **sacs**, **vêtements**…

Le plus touristique est le marché Kermel, petit marché **au coeur du vieux** Dakar, entre l'Avenue Sarrault et le port, qui abrite de **belles maisons coloniales**. Dans un très beau **bâtiment** de 1860, ravagé par **un incendie** en 1994, puis reconstruit en 1997, l'**on trouve** tous les produits alimentaires de type européen, **joliment présentés**. C'est **aux alentours** que **les vendeuses** de **fleurs** circulent **chargées de** bouquets, **à côté de** boutiques d'artisanat (**vannerie**, **sculpture sur bois**, **maroquinerie**) et de **magasins** modernes: **boucheries**, **épiceries**…

Le plus authentique est le marché Tilène, avenue Blaise Diagne, dans **le vieux quartier** de la Médina. A l'extérieur, des étals de fruits et légumes. A l'intérieur, tous les produits de consommation africaine: alimentation, épices, fruits, **bijoux**, tissus, **friperie, utensiles de cuisine**…

Le plus éclectique est le marché du port, où les marchandises **proposées dépendent souvent** des arrrivages **des bateaux. On y trouve** de **la quincaillerie**, du matériel utilisé par **les pêcheurs (bottes, cirés, cordages, pesons)**, des appareils photos, des cigarettes…

Le plus exotique est le marché « Casamance », **situé sur le quai d'embarquement** pour Ziguinchor. On y trouve tous les produits du **sud** du **pays**, souvent difficiles à trouver **ailleurs: huile de palme, crevettes séchées, miel**, fruits et légumes.

Le plus **vestimentaire** est le marché aux **fripes**, itinérant, que l'on retouve à Gueule Tapée, Grand Mosquée, Front de terre: **des centaines** de **ballots** de **vêtements** et **chaussures** d'occasion, **à tous les prix**.

Enfin, si vous êtes en **brousse, ne manquez pas** les « lumas », les marchés **hebdomadaires**. Les habitants de tous les villages **avoisinants**, venus **en charrette, se rassemblent** pour **acheter, vendre, échanger, discuter**. Vous y trouverez des produits alimentaires et artisanaux de la région, du **bétail**, des vêtements, des ustensiles de cuisine… **Des gargotes** s'y **installent pour toute la journée**.

---

le vieux quartier: bairro antigo
bijoux: joias
friperie: brechó
utensiles de cuisine: utensílios de cozinha

proposées (proposer): oferecido (oferecer)
dépendent de: dependente de
souvent: frequentemente
bateaux: barcos
on y trouve (trouver): nós achamos (achar)
la quincaillerie: o equipamento
pêcheurs: pescadores
bottes: botas
cirés: capas de chuva
cordages: cordas
pesons: escalas

situé sur: localizado em
le quai d'embarquement: o cais de embarque
sud: sul
le pays: o país
ailleurs: em outro lugar
huile de palme: óleo de palma
crevettes séchées: camarões secos
le miel: o mel

vestimentaire: vestimenta
fripes: brechó
centaines: centenas
ballots: pacotes
vêtements: roupas
chaussures: sapatos
à tous les prix: a todos os preços

enfin: finalmente
si vous êtes (être): se você é (ser)
la brousse: o arbusto
(vous) ne manquez pas (rater): não perder (perder)
hebdomadaires: semanalmente
avoisinants: vizinhos
en charrette: em carroça
(ils) se rassemblent (se rassembler): eles se parecem (parecer)
acheter: comprar
vendre: vender
échanger: trocar
discuter: discutir
bétail: gado
gargotes: restaurantes
(elles) s'installent (s'installer): elas se instalam (instalar)
pour toute la journée: durante todo o dia

culture 9

Les mois du camping et du crabe

Il y a deux saisons dans **l'année** en Guadeloupe: l'**hivernage, qui va de** juillet à décembre et **le Carême qui commence** au **mois** de janvier pour **se terminer** en juillet. Ces saisons **donnent deux visages** totalement différents à **l'île**: très humide et cyclonique **pendant** l'hivernage, très **sec** et **chaud** pendant le carême.

Le Carême est la saison **sèche** pendant **laquelle** les catholiques **célèbrent** deux **fêtes religieuses** fondamentales: les **Pâques** et la Pentecôte. Sur l'île, ces deux fêtes religieuses sont l'occasion d'une célébration populaire (et pas vraiment religieuse): **camper** en famille **au bord de la mer** et **manger le mets** de saison, **le crabe de terre**.

Plusieurs semaines avant la période des vacances de Pâques (en avril) ou de Pentecôte (en mai), les familles commencent à **rechercher les meilleurs emplacements** où **elles pourront installer** leur campement. Ainsi, **on parcourt** des kilomètres de **plage** ou alors **on se dirige vers** sa plage habituelle pour y **repérer l'endroit** où l'on installera le nombre de **tentes** adéquat, **les voitures** et **surtout** tout le nécessaire pour **la cuisson des repas**. Pour le reste, **il s'agit de** camping et les conditions de **vie restent assez** difficiles. C'est pourquoi **depuis** deux ans, les municipalités de Guadeloupe qui **reçoivent** des campeurs **ont pris la décision** d'installer des toilettes ou **des douches** portables pour les familles **qui désirent un peu plus** de confort dans leur aventure.

---

il y a: há
deux saisons: duas estações
année: ano
hivernage: inverno
qui va de … à (aller de … à): que vai de.. até (ir de… até)
Carême: Quaresma
qui commence (commencer): que começa (começar)
un mois: um mês
se terminer: termina (terminar)
donnent (donner): dão (dar)
visages: faces
île: ilha
pendant: enquanto, durante
sec: seco
chaud: quente

sèche: seca
laquelle: a qual
célèbrent (célébrer): celebram (celebrar)
fêtes religieuses: festas religiosas
Pâques: Páscoa
camper: acampar
au bord de la mer: à beira do mar
manger: comer
le mets: o prato
le crabe de terre: o caranguejo da terra (Esse tipo específico de caranguejo não vive no mar, mas na orla.)

plusieurs: muitos
semaines: semanas
rechercher: procurar
les meilleurs emplacements: os melhores lugares
elles pourront installer (pouvoir): elas poderão se instalar (poder)
on parcourt (parcourir): nós viajamos (viajar)
plage: praia
on se dirige vers (se diriger): nós nos dirigimos em direção a (dirigir)
repérer l'endroit: checar um lugar
tentes: tendas
voitures: carros
surtout: acima de tudo
la cuisson: o cozimento
repas: refeições
il s'agit de (s'agir de): é sobre (ser sobre)
une vie: uma vida
restent (rester): ficar (ficar)
assez: bastante
depuis: desde
reçoivent (recevoir): acolhido (acolher)
ont pris la décision: tomaram uma decisão
douches: chuveiros
qui désirent (désirer): que desejam (desejar)
un peu plus: um pouco mais

10 culture

Certaines plages de Guadeloupe, **comme** le Souffleur à Port-Louis, l'Anse à la Gourde à Saint-François ou la Perle à Deshaies **sont prises d'assaut** par les campeurs avant **le début** des vacances **car** elles sont très accessibles et **offrent** une végétation **accueillante** pour les campements. Elles sont **si réputées** pour leur tradition de camping, qu'elles sont même à **éviter** à cette période **lorsque l'on ne vient pas** camper. **En effet**, les campeurs y **prennent leurs aises**, y **mettent la musique**. C'est **une véritable vie qui se met en place en quelques jours** sur ces plages.

L'autre élément essentiel de cette période pour les Guadeloupéens est le crabe de terre.

Il vit exclusivement dans les mangroves et **les lieux humides**. Il est très **savoureux** car **il grandit** dans **les racines des arbres. Il se nourrit** de végétaux et de petites **crevettes** ou de petits **poissons** de mangrove. **Sa chaire** est très appréciée et **est utilisée** dans plusieurs mets caractéristiques de la saison: le **matété** ou le **calalou** de crabe.

Les Guadeloupéens **apprécient beaucoup** cet animal qu'**ils ne mangent** en général qu'en cette saison car c'est à cette période qu'il arrive à maturité. L'espèce est **protégée** le reste de l'année. **On ne doit alors pas l'« attraper » sous peine de mettre l'espèce en danger.**

---

comme: como
(elles) sont prises d'assaut (être pris d'assaut): elas são invadidas (ser invadida)
le début: o início
car: porque
(elles) offrent (offrir): (elas) fornecem (fornecer)
accueillante (accueillant): acolhedor
si réputées (réputé): tão famoso
éviter: evitar
lorsque: quando
on ne vient pas (venir): nós não viemos (vir)
en effet: na verdade
(ils) prennent leurs aises (prendre son aise): (eles) se setem à vontade (se sentir à vontade)
(ils) mettent la musique (mettre): eles colocam música (colocar)
une véritable vie: uma vida real
qui se met en place (se mettre en place): que substituir (substituir)
en quelques jours: em alguns dias

il vit (vivre): ele vive (viver)
lieux humides: lugares úmidos
savoureux: saboroso
il grandit (grandir): ele cresce (crescer)
racines: raízes
arbres: árvores
il se nourrit (se nourrir): ele se alimenta (se alimentar)
crevettes: camarão
poissons: peixe
chaire: carne
est utilisée (être utilisé): é usada (ser usada)
matété: caranguejo pilaf
calalou: ensopado

apprécient (apprécier): gostam (gostar)
beaucoup: muito
ils mangent... que (manger): eles comem... (comer)
protégée (protéger): protegida (proteger)
on ne doit pas (devoir): nós não devemos (dever, não dever)
alors: então
attraper: pegar
sous peine de mettre l'espèce en danger: sob o risco de colocar a espécie em perigo

Les vendanges

La vendange est **la récolte** du raisin **qui est destiné** à la fabrication du **vin**. **On utilise** ce terme en tant que verbe, « **vendanger** » (récolter le raisin sur **les pieds** de **vignes**), comme **nom**, « la vendange » (**pour désigner** la récolte), ou au pluriel pour **évoquer** la période de la récolte ; **on parle** alors du **temps**, ou de la période, « des vendanges ».

Les vendanges ont traditionnellement lieu en France **entre fin** août/début septembre et octobre **selon** les régions. **Les viticulteurs emploient des saisonniers** pour récolter les raisins. **La plupart du temps**, ce sont **des étudiants qui effectuent ces travaux** car cela leur procure un revenu intéressant sur un temps **très court**, tout en **les aidants** pour le financement de **leurs études**.

Auparavant, les viticulteurs **embauchaient** régulièrement des vendangeurs **au noir**. La réglementation actuelle en France **est devenue** très stricte et **a engendré** l'élaboration de **contrats de travail** spécifiques aux vendanges, permettant ainsi de limiter les fraudes et **les embauches** illégales de travailleurs. Ainsi, les viticulteurs emploient les vendangeurs pour **une durée** qui varie de 8 à 15 jours. **Ils signent** un « contrat vendanges », contrat saisonnier particulier **qui ne peut dépasser un mois**. Il est possible de **cumuler** ou d'**enchaîner** plusieurs contrats vendanges, mais la durée totale de tous les contrats **réunis ne peut excéder** deux mois. La durée de travail hebdomadaire varie selon les exploitations de 35 à 39 heures. Ce travail est **rémunéré** sur la base du Smic, **c'est-à-dire autour de** 8 euros de l'heure, (soit 50 à 60 euros nets pour **une journée**).

Le travail de base consiste à **couper les grappes** de raisin avec **un sécateur** et à les **déverser** dans **une grande hotte** où **sont stockés** les grains. Les hottes sont ensuite **vidées pour effectuer un tri** des grains, ce qui permet par exemple d'éliminer les grains **abîmés qui auraient pu être cueillis**. Le raisin est ensuite **amené** en **cuve** où **pourra commencer** le processus de vinification (macération du **moût** et fermentation alcoolique qui aura lieu sous l'action des levures qui transforment les sucres en alcool puis **mise en fût de chêne**).

---

vendanges: colheita da uva
la récolte: a colheita
qui est destiné (destiner): destinado (a) (destinar)
le vin: o vinho
on utilise (utiliser): nós usamos (usar)
vendanger: trabalhador rural
pieds: pés da parreira
vignes: parreira
nom: substantivo
pour désigner: para nomear
évoquer: para referir-se
on parle (parler): nós falamos (falar)
le temps: o tempo

entre fin: entre o final
selon: de acordo com
viticulteurs: produtores
(ils) emploient (employer): (eles) empregam (empregar)
saisonniers: trabalhadores sazonais
la plupart du temps: a maior parte do tempo
étudiants: alunos
qui effectuent (effectuer): que fazem (fazer)
travaux: trabalhos
très courte: muito curto
les aidants: ajudando-os
études: os estudos

auparavant: antecipadamente
embauchaient au noir (embaucher): contratados ilegalmente (contratar)
est devenue (devenir): tornou-se (tornar)
(elle) a engendré (engendrer): isso gerou (gerar)
contrats de travail: contratos de trabalho
embauches: contratação
une durée: uma duração
ils signent (signer): eles assinam (assinar)
qui ne peut dépasser (pouvoir): que não pode exceder (poder)
un mois: um mês
cumuler: acumular
enchaîner: encadear, colocar um atrás do outro
réunis: reunidos
(cela) ne peut excéder: isso não pode ultrapassar
rémunéré (rémunérer): remunerados (remunerar)
c'est-à-dire: isto é
autour de: em torno de
une journée: um dia inteiro

couper: cortar
grappes: cachos
un sécateur: cortador
déverser: deixar cair
une grande hotte: um cesto grande
(ils) sont stockés (stocker): (eles) estão guardados (guardar)
vidées (vider): esvaziados (esvaziar)
pour effectuer: para efetuar
un tri: classificação
abîmés (abîmer): danificados (danificar)
qui auraient pu être cueillis (cueillir): que poderiam ter sido colhidos (colher)
amené (amener): levar (levar)
la cuve: o tanque
(il) pourra commencer: isso poderá começar
moût: uva esmagada
la mise en fût de chêne: colocando em um barril de carvalho

Le travail de vendange peut être fait à **la main** (avec un sécateur), **mais également** par l'intermédiaire de machines spécifiques. **Dans ce cas,** la récolte **ne permet pas** une sélection des grappes aussi rigoureuse que celle effectuée avec la récolte manuelle, et **cela engendre** forcément une qualité **moindre** du vin car les grappes **qui seront cueillies** seront **plus ou moins mûres** et/ou plus ou moins abîmées.

Chaque méthode de vendanges **comporte pourtant** ses avantages et ses inconvénients. Avec une machine, on peut vendanger **aussi bien le jour que la nuit** et **réduire le coût** d'intervention du personnel **qui n'est pas négligeable**. C'est par **ailleurs** particulièrement intéressant pour vendanger le raisin blanc, plus fragile, qui sera récolté plus **frais** pendant la nuit. La durée d'une vendange effectuée à la machine est bien-sûr beaucoup **plus courte** qu'à la main. **En moyenne**, **il faudra** heures pour vendanger un hectare **contre** 70 heures pour la **même** superficie à la main. Le coût de la vendange réalisée avec une machine est **à peu près de** 50% du coût de la vendange effectuée **manuellement**.

En revanche, avec une machine, il faut que la vigne soit **assez haute** car les grappes situées **à moins de** 30 cm du **sol ne seront pas** récoltées et les grains **sont** plus facilement **écrasés** que lorsqu'ils sont cueillis manuellement. La vendange manuelle est une méthode utilisée pour la production de vins de qualité supérieure et des vins effervescents, car **cela exige** une sélection très rigoureuse des **meilleures** grappes. **La cueillette** à la machine **n'atteint jamais** la précision d'une cueillette manuelle.

Enfin, quelle que soit la méthode utilisée, **il faut éviter** de vendanger pendant les heures les plus **chaudes** de la journée car cela peut **déclencher** une fermentation **précoce** du raisin **avant son transfert** dans la cave de vinification. Cela pourrait avoir des répercussions sur la qualité du produit final. En tant que vendangeur, faire les vendanges reste une expérience enrichissante et bien que cela nécessite une certaine résistance physique, **elle permet de faire de belles rencontres** et de se faire un salaire non négligeable dans **un laps de temps assez court.**

---

la main: a mão
mais également: mas também
dans ce cas: nesse caso
ne permet pas (permettre): não permita (permitir)
cela engendre (engendrer): isso gera (gerar)
moindre: menos
qui seront cueillies (cueillir): que serão colhidos (colher)
plus ou moins: mais ou menos
mûres: maduros

chaque: cada
comporte (comporter): inclui (incluir)
pourtant: no entanto
aussi bien … que: tão bem quanto…
le jour: o dia
la nuit: a noite
réduire: reduzir
le coût: o custo
qui n'est pas négligeable: que não é desprezível
ailleurs: em outro lugar
frais: fresco
plus courte: mais curto
en moyenne: em média
il faudra (falloir): será necessário (ser necessário)
contre: contra
même: mesmo
à peu près de: aproximadamente
manuellement: à mão, manualmente

en revanche: por outro lado
assez haute (haut): bastante elevado
à moins de: a menos de
sol: solo
(elles) ne seront pas (etre): (elas) não serão (ser)
(ils) sont écrasés (écraser): (eles) são esmagados (esmagar)
cela exige (exiger): isso exige (exigir)
la cueillette: a colheita
meilleures: melhores
n'atteint jamais (atteindre): nunca alcança (alcançar)

il faut éviter (falloir): é necessário evitar (ser necessário)
chaudes: quentes
déclencher: causar
précoce: precoce
avant son transfert: antes de sua transferência
elle permet de faire: isso permite fazer
belles rencontres: belos encontros
un laps de temps: um período de tempo
assez court: bastante curto

culture 13

Noël sur les marchés

Ah, la France et **ses marchés**! **Qui n'a jamais entendu parler** de ces fameux marchés **hebdomadaires**, **où se vendent** pêle-mêle fruits, légumes, fromages, charcuteries, **poissons**, épices et **plats à emporter** ? Si ces marchés font **la joie** des visiteurs et de **mes grands-mères**, c'est un tout autre genre de marché que **j'apprécie**. Des marchés qu'**on attend toute l'année**, car **ils n'ont lieu qu'**en décembre: les marchés de Noël.

Ouverts tous les jours en décembre, les marchés de Noël sont originaires d'**Allemagne** et d'Alsace et **remontent au XIVème siècle**. Aujourd'hui, **ils se sont répandus** dans toute l'Europe, **depuis les** grandes **villes jusqu'à** certains villages de **campagne**. Pourquoi **autant** de succès ? **Parce que** ces marchés **mêlent** avec **brio** traditions, ambiance de **fête** et **joies** de l'**hiver**.

Semblant sortir tout droit d'une carte postale, les marchés de Noël ressemblent à de petits villages. Les chalets **en bois se serrent les uns contre les autres**, comme pour **se protéger** du **froid**. Les **guirlandes, lumières, sapins** et décorations **contribuent à donner un air féerique** à la scène. **Promenez-vous** dans **les allées**… **Sentez-vous** cette **bonne odeur** ? Ce sont **des gaufres** accompagnées de **vin chaud** à **la cannelle**, une spécialité de ces marchés. **Plus loin**, **vous trouverez** probablement des crêpes ou d'autres pâtisseries, **des châtaignes grillées** ou des plats bien hivernaux, comme la **tartiflette**.

---

marchés: mercados
qui n'a jamais entendu parler (entendre): quem nunca ouviu falar sobre (ouvir)
hebdomadaires: semanais
où se vendent (vendre): onde são vendidos (vender)
poissons: peixes
plats à emporter: comida para a viagem
la joie: a alegria
mes grands-mères: minhas avós
j'apprécie (apprécier): eu aprecio (apreciar)
on attend (attendre): nós esperamos (esperar)
toute l'année: todo o ano
ils n'ont lieu que (avoir lieu): eles acontecem somente (acontecer)

ouverts: abertos
tous les jours: todos os dias
Allemagne: Alemanha
(ils) remontent au (remonter): (eles) datam de (datar)
ils se sont répandus (se répandre): eles se espalharam (espalhar)
depuis: desde
villes: cidades
jusqu'à: até
la campagne: o campo
autant: tanto
parce que: porque
mêlent (mêler): misturam (misturar)
brio: brilhantismo
fête: celebração
joies: alegrias
un hiver: um inverno

semblant sortir tout de: parece ter saído de
une carte postale: um cartão postal
en bois: em madeira
(ils) se serrent les uns contre les autres: eles se apertam uns contra os outros
se protéger: se proteger
le froid: o frio
guirlandes: guirlandas
lumières: luzes
sapins: pinheiros
(ils) contribuent à (contribuer): (eles) contribuem para (contribuir)
donner: dar
un air: um ar
féerique: encantado
promenez-vous (se promener): andem (andar)
allées: alamedas
sentez-vous (sentir): você sente (sentir)
la bonne odeur: o cheiro bom
gaufres: waffles
vin chaud: vinho quente
la cannelle: a canela
plus loin: mais longe
vous trouverez (trouver): você encontrará (encontrar)
châtaignes grillées: castanhas assadas
tartiflette: prato francês da região da Savoie, feito com batatas, queijo reblochon e creme de leite

Mais **vous n'êtes pas venus** seulement pour **manger**, n'est-ce pas ? **Avancez encore** un peu et **regardez autour de** vous. **Les marchands**, bien **emmitouflés** dans leurs **manteaux**, bonnets et **mitaines**, n'attendent que vous. **Les étals débordent** d'artisanats locaux et exotiques: **santons** provençaux, poteries, **bougies**, **bijoux** originaux, ponchos péruviens, sculptures et **bibelots** divers, décorations de Noël, jouets traditionnels **en bois**…

Avec un peu de chance, **vous pourriez même voir** les artisans **à l'oeuvre**, sculptant **un morceau de bois** ou **tricotant** une paire de **moufles**. Il devient souvent difficile de **choisir ses cadeaux**, tant le choix est grand !

Si vous êtes fatigués de vous promener, venez donc **profiter** des spectacles organisés. **Emmenez vos enfants** admirer **la crèche** grandeur nature ou **faites leur faire un tour de manège**. Ici, **tout est prévu** pour faire **le bonheur** des petits et des grands.

Envie de le voir pour de vrai ? Les marchés de Strasbourg, d'Alsace, de Paris et de Provence sont parmi les plus réputés de France. En Europe, **essayez donc** celui d'Aix-la-Chapelle en Allemagne ou de Vienne en Autriche. Et pour nos **amis** nord-américains, tout a été prévu à Québec, pour les Marchés de Noël Joliette-Lanaudière. **Alors amusez-vous bien** !

---

vous n'êtes pas venus (venir): você não veio (vir)
manger: comer
avancez encore un peu (avancer): ir adiante um pouco mais (ir adiante)
(vous) regardez (regarder): você olha (olhar)
autour de: em torno de
marchands: feirantes
emmitouflés: embrulhados
manteaux: casacos
mitaines: luvas sem dedos
étals: estábulos
débordent: transbordam
santons: figuras natalinas
bougies: velas
bijoux: joias
bibelots: ornamentos
en bois: em madeira

vous pourriez même (pouvoir): você até mesmo poderia (poder)
voir: ver
à l'oeuvre: no trabalho
un morceau de bois: um pedaço de madeira
tricotant (tricoter): tricotando (tricotar)
moufles: luvas
choisir: escolher
cadeaux: presentes

si vous êtes fatigués de vous promener: se estiver cansado de andar
(vous) venez (venir): (você) venha (vir)
profiter de: aproveitar o
(vous) emmenez (emmener): traga (trazer)
enfants: crianças
la crèche: creche, comer
(vous) faites leur faire un tour de manège: faça-os dar uma volta no carrossel
tout est prévu (prévoir): tudo está programado (programar)
le bonheur: a felicidade

envie de le voir pour de vrai (une envie): gostaria de ver na realidade
(vous) essayez (essayer): tenta (tentar)
donc: portanto, então
amis: amigos
Alors, amusez-vous bien! (s'amuser): aproveite! (aproveitar)

culture 15

La légendaire impolitesse

À l'étranger, les Français **ont encore** une image de personnes **un peu rustres** avec des clichés **datant** de l'**époque** de **la Deuxième Guerre Mondiale**. **Afin de sortir** la France de ce stéréotype, **il faut prendre plusieurs faits** en considération.

Les Français **attachent** énormément d'importance à l'Histoire et la Culture de leur **pays** qui sont d'une grande richesse. C'est un pays très ancien, avec une Histoire **remplie de conquêtes**, de **découvertes** et **régi** par **des rois** influents. Avec la gastronomie, cela **fait partie d**e la grande **fierté** française. Certains étrangers arrivent en France en pays « **conquis** » et **peuvent avoir** une attitude **méprisante vis-à-vis** d'un pays **qu'ils ne comprennent pas** toujours, car culturellement très différent. Ce que l'**on peut prendre** comme de l'impolitesse peut être une simple réaction de fierté vis-à-vis de ce qui est **non compris** et d'une histoire qui n'est pas considérée comme importante. La France **ne se limite pas** à Paris et ses restaurants ou à la Côte d'Azur. Le Français y est **très attaché**, et les étrangers ne peuvent pas toujours comprendre ce concept, **qui peut parfois engendrer des quiproquos**.

Comme dans **chaque** pays étranger, tout dépend **également** de **la façon** dont le touriste **aborde sa visite** sur le territoire. **Aller dans** un pays **sans chercher** à **comprendre** les coutumes locales **exposera** le visiteur à **des réticences** de la part du **peuple hôte**, quel qu'il soit. La France **ne déroge pas** à cette **règle**.

à l'étranger: no exterior
ont encore (avoir): ainda tem (ter)
un peu rustres (un rustre): um pouco rude
datant (dater): data (datar)
époque: época
la Deuxième Guerre Mondiale: a Segunda Guerra Mundial
afin de: de modo a
sortir: remover, terminar
il faut prendre (prendre): e preciso pegar (pegar)
plusieurs: muitos
faits: fatos

attachent (attacher): anexam (anexar)
pays: países
remplie de: cheio de
conquêtes: conquistas
découvertes: descobertas
régi (régir): regrados (regrar)
rois: reis
fait partie (faire): faz parte (fazer)
fierté: orgulho
conquis: conquistados
peuvent avoir (avoir): podem ter (ter)
méprisante: desdenhoso
vis-à-vis: em relação a
qu'ils ne comprennent pas (comprendre): que eles não entendem (entender)
on peut prendre (prendre): podemos tomar (tomar)
non compris (comprendre): não compreendido (compreender)
ne se limite pas (limiter): não se limitam a (limitar)
très attaché (attacher): muito ligado (ligar)
qui peut parfois: que pode algumas vezes
engendrer (engendrer): gerar (gerar)
des quiproquos: mal entendidos

chaque: cada
également: também
la façon: o modo, a maneira
aborde (aborder): abordagem (abordar)
sa visite: sua visita
aller dans (aller): ir a (ir)
sans chercher (chercher): sem tentar (tentar)
comprendre: compreender
exposera (exposer): revelara (revelar)
des réticences (une reticence): reserva
peuple hôte: país anfitrião
ne déroge pas (deroger): não irá ignorar (ignorar)
règle: regra

16 culture

Vis-à-vis des personnes anglophones, les Français **ont souvent subi des moqueries** sur leur accent lorsqu'**ils parlent** anglais. Il est donc peu **étonnant** que le Français soit ensuite réticent à s'**exprimer** dans cette langue quand il est sujet à moqueries. Pourtant, **si vous abordez** une personne dans la rue et lui demandez de **façon polie,** en français, s'il peut **vous renseignez** en anglais, **il est fort à parier qu'il cherchera** à vous **aidez** du **mieux** qu'il peut. Par contre, si vous vous exprimez de façon un peu brusque sans faire un minimum d'effort et **en considérant** que la personne à qui vous **vous adressez parlera forcément** anglais, **ne vous étonnez pas** de vous **voir répondre** de la même façon.

Les Français **enfin** sont considérés comme étant **râleurs** et **exigeants**. Comme dans tous les peuples, **on ne peut faire** d'une minorité une généralité ; **au sein** des Français comme de toutes les autres nationalités, il y a de nombreuses personnalités différentes, **des gens charmants,** des idiots, des râleurs, **des gentils** et **des méchants**…, c'est ce qui fait la variété et l'**intérêt** d'une population. **Ne dit-on pas** qu' « **il faut de tout pour faire** un **Monde** » ?

---

ont souvent subi (subir): muitas vezes foram submetidos (submeter)
moqueries: deboches
ils parlent (parler): eles falam (falar)
étonnant: surpreendente
exprimer (exprimer): expressar (expressar)
si vous abordez (aborder): se você abordar (abordar)
façon polie: de maneira educada
vous renseignez (renseigner): para informá-lo (informar)
il est fort à parier: há chances de
qu'il cherchera (chercher): ele tentará (tentar)
aider: ajudar
mieux: melhor
en considérant (considerer): considerando (considerar)
vous adressez (s'adresser): falar (falar)
parlera forcément (parler): inevitalmente falará (falar)
ne vous étonnez pas (étonner): não fique surpreso (ficar)
voir répondre (repondre): que seja respondido (responder)

enfin: finalmente
râleur: aborrecido
exigeants: exigentes
on ne peut faire (faire): não podemos fazer (fazer)
au sein: entre
gens charmants: pessoas charmosas
des gentils: gentis (pessoas)
méchants: malvadas
intérêt: interesse
ne dit-on pas (dire): não dizemos (dizer)
il faut de tout (falloir): precisamos de todos (precisar)
pour faire: para fazer
Monde: Mundo

Nota cultural: Verdade seja dita, não existem mais pessoas grossas em Paris do que em qualquer outra cidade grande do mundo. As regras sobre o que é considerado educado ou rude, em essência, são muito específicas a cada cultura. Como convidados, não devemos esperar que nossos anfitriões façam um esforço para se adaptar às nossas regras. Se não fazemos nenhum esforço para falar a língua deles, se criticamos as coisas que fazem ou se não demonstramos respeito por sua cultura, não podemos culpá-los por serem grosseiros!

Portanto, faça um esforço para aprender o básico do francês (olá, por favor, obrigado(a), com licença, poderia me ajudar, adeus), e as pessoas se sentirão tão lisonjeadas pela tentativa que podem tentar entender o que você diz para poder ajudá-lo. Não podemos garantir que não encontrará pessoas rudes em suas viagens, mas se seguir sempre as mesmas regras simples de uma viagem humilde e responsável, na França ou em outro país, você ficará satisfeito em encontrar pessoas dispostas a ajudar e felizes por terem cruzado o seu caminho.

Francophonie Canadienne

Le Canada est **un pays bilingue** et près de 6,5 millions de Canadiens sont francophones. **Ils vivent** principalement dans la province de Québec, mais **on retrouve** aussi des populations francophones dans les provinces du **Nord qui sont encore appelées** « provinces maritimes » du Canada.

Les populations francophones **avaient du mal** à **s'imposer** dans un pays en majorité anglophone, mais **depuis les années soixante** on observe une tendance inverse. **Les pouvoirs** publics **qui comprennen**t l'intérêt à préserver la culture francophone **mettent en place** des programmes qui **ont pour** but **de mieux la faire connaître non seulement** à l'intérieur, **mais aussi** à l'extérieur du pays.

Depuis 1974, le français est **désormais** la langue officielle du Québec, bien que l'anglais reste la langue officielle du reste du pays. Les Canadiens francophones sont **les héritiers** d'une culture très riche de leurs **aïeuls originaires** de France et **n'hésitent pas** la faire connaître **à tous ceux qui le souhaitent**. L'art, la musique, la gastronomie **ne représentent** que certains aspects de cette culture.

Comme leurs ancêtres, beaucoup de Canadiens francophones **prennent au petit-déjeuner** du café ou du thé avec un croissant. **Ils aiment** aussi des sandwichs **faits** avec des baguettes de **pain**, du **fromage** et du **jambon**. Parmi les spécialités culinaires que les Canadiens francophones aiment, **on peut aussi citer** la soupe de **pois** et **le ragoût de boulettes**. Dans **la rue**, les vendeurs **proposent** la poutine. Ce sont **des pommes frites arrosées** de sauce.

Cette émancipation culturelle et linguistique **ne se passe pas** sans **retombées** sensibles, un mouvement séparatiste qui **exige** l'indépendance du Québec **vis-à-vis** du reste du Canada est **né dans** les années soixante-dix et **malgré** quelques **échecs** politiques **cuisants**, **il continue** d'exister, car la préoccupation essentielle de beaucoup de Canadiens francophones est la préservation de la culture et la langue française.

---

un pays: um país
bilingue: bilíngue
ils vivent (vivre): eles vivem (viver)
on retrouve (retrouver): eles acham (achar)
Nord: Norte
qui sont encore: que ainda são
appelées (appeler): chamados (chamar)
avaient du mal (avoir): tiveram dificuldades (ter)
s'imposer: se impor
depuis: desde
les années soixante: os anos 1960
pouvoirs: poderes
qui comprennent (comprendre): que compreendem (compreender)
mettent en place (mettre): estabelecem (estabelecer)
ont pour: ter como objetivo
mieux: melhores
faire connaître: apresentar
non seulement: não apenas
mais aussi: também

désormais: de agora em diante
héritiers: herdeiros
aïeuls originaires: ancestrais originários de
n'hésitent pas (hesiter): não hesitam (hesitar)
à tous ceux: a todos esses
qui le souhaitent (souhaiter): que desejam (desejar)
ne représentent (representer): representam apenas (representar)

prennent au (prendre): tomam (tomar)
petit-déjeuner: café da manhã
ils aiment (aimer): eles amam (amar)
faits (faire): feito de (fazer)
un pain: um pão
un fromage: um queijo
un jambon: um presunto
on peut aussi (pouvoir): também podemos (poder)
citer (citer): mencionar (mencionar)
pois: ervilha
le ragout de boulettes: ensopado de almôndegas
la rue: a rua
proposent (proposer): oferecem (oferecer)
pommes frites: batatas fritas
arrosées (arroser): cobertos (cobrir)

ne se passe pas (passer): não acontecem (acontecer)
retombées: repercussões
exige (exiger): exige (exigir)
vis-à-vis: em direção a
né dans (naître): nascido em (nascer)
malgré: apesar de
échecs: derrotas
cuisants: amargo
il continue (continuer): isto continua (continuar)
exister (exister): existe (existir)

18 culture

La mode, reflet de la culture

Qui ne s'est jamais extasié devant l'élégance **des femmes** françaises, devant leur allure sobre et raffinée ou devant cette petite touche d'excentricité que l'**on retrouve** dans les détails d'**une chaussure** ou d'**une écharpe savamment disposée sur** une petite **robe** toute simple? **La mode** est indissociable de la culture française, et à **chaque saison** les regards **se tournent vers** Paris où les grands **couturiers recréent** les tendances **qu'imiteront** avec **plus ou moins** de succès toutes les femmes du **monde**.

Des belles de l'Antiquité aux **égéries** de **notre époque**, les femmes, et **dorénavant les hommes, cherchent à confirmer** leur **pouvoir** de séduction ou **parfois même** l'appartenance à leur génération ou à un groupe particulier, en adoptant un style **vestimentaire** qui **les définit** et dont **ils peuvent être fiers**. Au XVIIIème **siècle, ce sont plutôt** les hiérarchies sociales qui étaient **mises en scène** avec excès et parfois même ostentation par le biais du costume. De **nos jours**, même si c'est l'individualisme qui prime, la mode demeure l'expression de conventions sociales auxquelles **nous adhérons** tous plus ou moins.

En France, Coco Chanel a été l'une des premières **créatrices de mode**. S'inspirant **des lignes dépouillées** des costumes masculins et **mettant** le corset au **rancart**, elle a **libéré le corps** de la femme si longtemps emprisonné, en créant un style élégant et épuré. Des couturiers comme Cacharel, Yves St-Laurent, Dior et Jean-Paul Gaultier **ont conquis** la seconde **moitié du vingtième** siècle en élevant **la confection** au rang de l'art, et **en faisant** des mannequins qui présentent leurs modèles des célébrités à **part entière**.

Quelques exceptions cependant : le jeans - né du bleu de **travail** porté par **les fermiers** et **les ouvriers** américains vers 1870 - le t-shirt et **le col roulé** représentent le style décontracté **qui domine** depuis **la fin des années cinquante** et échappe à tous les diktats de la mode, que **ceux-ci viennent** de Paris ou d'**ailleurs**.

---

qui ne s'est jamais: quem nunca
extasié (s'extasier): extasiado (extasiar)
femmes: mulheres
on retrouve (retrouver): nos podemos achar (achar)
une chaussure: um sapato
une écharpe: um cachecol
savamment: habilmente
disposée sur (disposer): disposto em (dispor)
robe: vestido
la mode: a moda
chaque saison: cada estação
se tourner (se tourner): se voltam (voltar)
vers: em direção a
des couturiers: os estilistas
recréent (recréer): recriam (recriar)
qu'imiteront (imiter): que será imitado (imitar)
plus ou moins: mais ou menos
monde: mundo

des belles: lindas (mulheres)
égéries: musas
notre époque: nossa época
dorénavant: de agora em adiante
hommes : homens
cherchent a confirmer (confirmer): tentam confirmar (confirmar)
pouvoir: poder
parfois même: mesmo algumas vezes
vestimentaire: maneira de se vestir
les définit (définir): define-os (definir)
ils peuvent (pouvoir): eles podem (poder)
être fiers: serem orgulhosos
un siècle: um século
ce sont plutôt: são maiores
mises en scène: encenando
nos jours: nestes dias
nous adhérons (adherer): nós aderimos (aderir)

créatrices de mode: estilistas
lignes dépouillées: estilo simples
mettant (mettre): ao colocar (colocar)
rancart: de lado
libéré (libérer): liberado (liberar)
le corps: o corpo
ont conquis (conquérir): tinham conquistado (conquistar)
moitié du: metade do
vingtième: vigésimo
la confection: a confecção
en faisant (faire): fazendo (fazer)
part entière: inteiramente

travail: trabalho
fermiers: fazendeiros
ouvriers: trabalhadores
le col roulé: gola rolê
qui domine (dominer): que domina (dominar)
la fin: o fim
des années cinquante: os anos 50
ceux-ci viennent: eles vem de
ailleurs: do exterior

culture

Évaluez votre compréhension

Un dimanche en France, página 4

1. Quais lojas você visitaria em um domingo na França ?

2. Qual é a atividade ou o destino típico nesse dia ou nessa história ?

3. Liste algumas comidas que podem ser consumidas nesse dia.

Les marches du Sénégal, página 8

1. Em qual cidade e em qual ocasião você encontrará o mercado mais turístico ?

2. Onde encontrará camarão seco, óleo de palma e mel?

3. Descreva *Les Lumas*. Que tipo de negócio é tipicamente realizado lá?

Parfum de nos enfances, página 6

1. Quando e por qual motivo a lavanda foi usada pela primeira vez?

2. Quando acontece a colheita da lavanda?

3. Quais são as características da lavanda "verdadeira"?

Les mois du camping et du crabe, página 10

1. O que foi adicionado aos acampamentos para dar mais conforto?

2. Onde vive o *crabe de terre*? O que ele come?

3. Por que as pessoas de Guadalupe pegam e comem esse caranguejo somente uma vez por ano?

Teste sua compreensão

Les vendanges, página 12

1. Quando acontecem as *vendanges*?

2. Quem os produtores de vinho contratam para trabalhar?

3. Quais são algumas das regras de contratação para trabalhadores sazonais?

4. Quais são algumas das vantagens da colheita com máquina?

Noël sur les marchés, página 14

1. Qual é a origem dos mercados?

2. Que tipo de comida ou bebida você poderá provar nos mercados?

3. Que presentes poderá encontrar?

Francophonie canadienne, página 18

1. Quando o francês se tornou a língua oficial de Quebec?

2. Que típico prato francês pode ser comprado em lojas de rua ?

La mode, reflet de la culture, página 19

1. Quem foi uma das primeiras estilistas na França ?

2. Ela é reconhecida por quais criações ou ações ?

La grande et la merveilleuse

La Normadie est une région tellement unique en son genre que **vous trouverez** énormément de locutions et expressions dans la langue française **qui lui sont consacrées**. **L'une d'entre elles** est **la suivante** : « Réponse normande ». **On qualifie** une réponse de normande lorsque la personne **qui l'a donnée a employé** des termes ambigus et **il faut dire** que cette expression est tout à l'image de la région **elle-même**.

La Normandie est une région qui est **née** et s'est développée grace aux **guerres** interminables et très **sanglantes** qui l'**ont hantée**, mais paradoxalement, c'est aussi celle qui **a contribué** énormément à l'enrichissement littéraire et culturelle tant de la France que de l'Angleterre. Il est impossible de faire **le décompte** de poètes **célèbres**, tant dans le passé qu'au présent, qui étaient et sont d'origine normande. De même que l'**on compte** une quantité innombrable de **mots** dans la langue anglaise actuelle qui ont une origine normande.

Outre son passé houleux et sa culture très riche, la Normandie est aussi célèbre en France et de part **le monde** pour ses merveilles gastronomiques incomparables. **Des boissons telles que le calvados**, le cidre **ont conquis** le monde entier, il en est de même pour **des mets** tels que le soufflé de **crevettes**, les **galettes** à la pâte d'amande, **le gâteau de lait** ou la confiture de lait (création **des moines** normands).

En plus des plages merveilleuses **qui feront sans aucun doute le bonheur** de beaucoup de touristes, la Normandie met aussi à votre disposition des sites historiques et architecturaux **à couper le souffle**. Le seul Mont Saint-Michel **éblouira** et **ravira** tous **ceux qui auront pris la peine** de s'y **rendre**. Cet **îlot** sur lequel **se dresse fièrement** l'abbaye du mont Saint-Michel est classé monument historique sur la liste du patrimoine de l'UNESCO **depuis** 1979.

Les pâtisseries de Paris

Paris, la capitale française, **regorge de plaisirs nombreux** et éclectiques. Mais il en est un dont personne **ne voudrait se priver** : celui qui consiste **à humer** le parfum **envoûtant** de **beurre qui émane des boulangeries** et des pâtisseries.

Il est facile de trouver de fabuleux croissants à Paris et bien **qu'ils semblent** tout aussi délicieux les uns que les autres, **les meilleurs** se trouvent *Au Levain du Marais*. Les *palmiers* en forme de **têtes d'éléphants** et **fabriqués à partir d'une légère pâte feuilletée** sont aussi une pure merveille. **Un truc de connaisseur : choisir** les plus **foncés** dont **le dessus** est bien caramélisé.

Le **célèbre** *gâteau opéra*, est une pâtisserie française **parmi les plus appréciées**. C'est chez *Dalloyau* que l'**on associe**, pour **constituer** ce délice, une pâte délicate à du café, le tout dans **un enrobage** de chocolat noir.

Les meilleures glaces de la capitale sont **amoureusement** concoctées au *Berthillon*. **Ne désespérez pas si la file d'attente semble interminable**, ou si c'est **jour de fermeture**, il y a aux **alentours** de nombreuses petites **échoppes qui proposent également** des glaces **bien fondantes**.

C'est au *Blé Sucré* que l'on trouve les meilleures *madeleines*. Ces petits **gâteaux** tout simples ont fait les délices du mélancolique **écrivain** Marcel Proust. **Que vous les préfériez** telles quelles ou **légèrement trempées dans** votre **thé** ou votre café, **elles constituent un goûter parfait** en **fin d'après-midi**.

Enfin, **on déniche** les *financiers* les plus délicieux, **ces gateaux spongieux** fabriqués **à partir de farine d'amandes**, chez *Éric Kayser*.

Vous planifiez un voyage en France **au printemps** ? **Songez alors**, tout comme les Français, à dénicher **le pain le plus savoureux grâce à** leur traditionnel *Grand Prix de la Baguette*, **remis** au mois de mars !

(elle) regorge de: (ela) está cheia de
plaisirs nombreux: numerosos prazeres
(on) ne voudrait (vouloir): nós não queríamos
se priver: privar-se
à humer: cheirar
envoûtant: cativante
le beurre: a manteiga
qui émane: que emana
boulangeries: padarias

il est facile de trouver: é fácil encontrar
qu'ils semblent: eles parecem
les meilleurs: os melhores
têtes d'éléphantes: cabeças de elefantes
fabriqués: feitos
à partir de: de
une légère pâte feuilletée: uma leve massa folhada
un truc de connaisseur: uma dica de especialista
choisir: escolher
foncés: marrom
le dessus: parte superior

célèbre: famoso
parmi: entre
les plus appréciées: os mais apreciados
on associe (associer): nós associamos (associar)
constituer: perceber
enrobage: revestimento

les meilleures glaces: os mehores sorvetes
amoureusement: com amor
ne désespérez pas: não se desespere
si la file d'attente: se a fila de espera
semble (sembler): parece (parecer)
interminable: interminável
le jour de fermeture: dia de fechamento
aux alentours: em torno, na vizinhança
échoppes: lojas
qui proposent (proposer): que oferecem (oferecer)
également: também
bien fondantes: que derrete na boca

gâteaux: bolos
écrivain: escritor
vous les préfériez: você preferiria
légèrement: levemente
trempées dans: mergulhados em
le thé: o chá
elles constituent: elas são
un goûter parfait: um lanche perfeito
fin d'après-midi: final da tarde

on déniche (denicher): nós seguimos (seguir)
ces gâteux spongieux: esses bolos esponjosos
à partir de: feitos de
la farine: a farinha
amandes: amêndoas

vous planifiez (planifier): você planeja (planejar)
au printemps: na primavera
songez alors: sonhe então (como os franceses)
le pain: o pão
le plus savoureux: mais saboroso
grâce à: graças a
remis: dado

voyages 25

Le visage unique de Montréal

Montréal est une ville **sans égale** en Amérique du Nord. **Elle emprunte** son charme et son originalité aux nombreux **mélanges** dont elle a été l'objet **au fil du temps. Bordée par les eaux** du **fleuve** Saint-Laurent, principal **cours d'eau ayant jadis ouvert** le continent aux explorateurs, elle fut **fondée** dès 1642 par les Français et **devint le** principal **poste** de commerce de **fourrures** de la colonie. **Ce n'est qu'**en 1760 que la ville **est cédée** aux armées britanniques et **tombe** sous la domination anglaise. **Elle accueillera plus tard** de nombreuses **vagues** d'immigration internationales **qui contribueront** à **façonner** son **visage** multiculturel.

En **survolant l'île** de Montréal, **on peut** aussitôt **apercevoir** le Mont Royal, élément central de **la vie** montréalaise. Cette **colline** de **verdure** a su **résister** à l'urbanisation et constitue **aujourd'hui un** immense **poumon en plein coeur de la ville**. Été comme **hiver**, on peut y explorer **les** nombreux **sentiers à travers la forêt, escalader** son sommet pour y **décrocher** une vue **saisissante des gratte-ciels** du centre-ville. On y admire, en **toile de fond**, **l'étendue** des grands espaces de la vallée du Saint-Laurent et des collines **montérégiennes** qui **au loin**, **viennent découper** l'horizon.

Un des caractères **marquants** de la ville **demeure** encore le contraste **éclatant** par lequel **cohabitent bâtiments** anciens et architecture moderne. **On y découvre des églises, des immeubles** centenaires **au pied** des gratte-ciels de **verre**.

---

sans égale: incomparável
elle emprunte: ela empresta
mélanges: misturas
au fil du temps: com o passar do tempo
bordée par (border): bordado por (bordar)
eaux: águas
fleuve: rio
un cours d'eau: um canal
ayant (avoir): tendo (ter)
jadis: uma vez
ouvert (ouvrir): aberto (abrir)
fondée (fonder): fundado (fundar)
devint (devenir): tornou-se (tornar-se)
poste: estação
fourrures: peles
ce n'est qu': foi somente em
est cédeé (ceder): foi cedido (ceder)
(elle) tombe (tomber): ela cai (cair)
elle accueillera: ela acolherá
plus tard: mais tarde
vagues: ondas
qui contribueront (contribuer): que contribuirão (contribuir)
façonner: modelar
un visage: uma face, aspecto

survolant (survoler): sobrevoando (sobrevoar)
île: ilha
on peut (pouvoir): nós podemos (poder)
aussitôt: imediatamente
apercevoir: perceber
la vie: a vida
colline: colina
la verdure: a vegetação
résister: resistir
aujourd'hui: hoje
poumon: pulmão
en plein coeur de: no coração, no centro de
hiver: inverno
sentiers: trilha
à travers: através
forêt: floresta
escalader: escalar
décrocher: pegar
saisissante: impressionante
gratte-ciels: arranha-céus
toile de fond: pano de fundo
l'étendue: a área
montérégiennes: « realeza de montreal »
au loin: de longe
(ils) viennent (venir): eles vêm (vir)
découper: cortar

marquants (marquant): marcante, impressionante
il demeure (demeurer): ele permanece (permanecer)
éclatant: espetacular
(ils) cohabitent (cohabiter): eles coabitam (coabitar)
bâtiments: edifícios
on y découvre (decouvrir): ali descobrimos (descobrir)
églises: igrejas
des immeubles: um bloco de apartamentos
au pied de: aos pés de
verre: vidro

Le centre-ville a tout d'une ville nord-américaine, avec son asphalte et son **béton**, sa circulation automobile, ses boutiques **branchées**, ses **tours de bureaux** et **le fourmillement agité** de ses **citadins**. Montréal **jouit** d'**un** important **réseau** de tunnels souterrains **qui permettent** d'**accéder** à des kilomètres de boutiques et de **magasins** sans avoir à **braver le froid pendant les** longs **mois** d'hiver.

Montréal est également une ville **bouillonnante** et festive, surtouten période **estivale**, car elle est **l'hôte** de **plusieurs** événements internationaux: le Festival de Jazz, les Francofolies, le Festival Juste Pour Rire, et le Festival des Films du monde, pour n'en **nommer** qu'**une poignée**. Sa réputation de ville culturelle **n'est plus** à **faire**. Avec ses nombreuses productions cinématographiques, ses **musées**, ses expositions et son **nouveau** Quartier des Spectacles, elle constitue un terreau fertile pour l'expression du **génie** artistique québécois.

Même l'hiver il est possible de profiter des activités de **la** belle **saison blanche** avec le Festival Montréal en Lumières, l'Igloofest, la Fête des Neiges, ou les nombreux sports d'hiver sur le Mont-Royal. **À ne pas manquer**: l'île Ste-Hélène, le Jardin Botanique, le Stade Olympique et le Biodôme.

Bien que Montréal soit aujourd'hui francophone à 80%, les habitants y **parlent** généralement les deux **langues officielles**. **Au fil du temps**, son caractère international et cosmopolite a su **gagner** du terrain, ce qui **se reflète** également dans sa gastronomie. **Que ce soit** dans le Quartier chinois, la Petite Italie, ou le Plateau Mont-Royal, on peut y dénicher des cafés branchés et des restaurants **qui proposent** dès cuisines des quatre **coins du monde**.

Montréal **nous offre** ainsi **un milieu** riche en histoire, une culture distincte, bouillonnante et **audacieuse**, **qui recèle** de **trésors** et qui **sauront plaire à chacun**, peu importe **leur âge**. **Si vous venez** à Montréal, vous apprécierez également le contact avec les Montréalais, **reconnus pour** leur **accueil** et leur **ouverture d'esprit**. **Ils vouent** un **amour fidèle** à leur ville et à leur culture, qu'**ils adorent partager** avec les étrangers.

---

béton: concreto
branchés: na moda
tours de bureaux: edifícios de escritórios
le fourmillement: a multidão
agité: agitado
citadins: cidadãos
jouit: apreciam
un réseau: uma rede
qui permettent (permettre): o que torna (tornar)
accéder: acessar
magasins: lojas
braver: desafiar
le froid: o frio
pendant: durante
mois: mês

bouillonnante: borbulhamento
estivale: verão
l'hôte: anfitrião
plusieurs: muitos
nommer: nomear
poignée: punhado
ne... plus: não mais
faire: fazer
musées: museus
nouveau: novo(a)
un génie: gênio

la saison: a temporada
blanche: branca
à ne pas manquer: para não perder

bien que: embora
(ils) parlent (parler): eles falam (falar)
langues officielles: línguas oficiais
au fil du temps: com o passar do tempo
gagner: ganhar
(il) se reflète (se refléter): é refletido (refletir)
que ce soit: quer seja
qui proposent (proposer): que oferecem (oferecer)
coins du monde: cantos do mundo

nous offre (offrir): que nos oferece (oferecer)
un milieu: um ambiente
audacieuse: audacioso
qui recèle (recéler): que detém (deter)
trésors: tesouros
qui sauront (savoir): que saberão como (saber)
plaire: agradar
chacun: cada um
leur âge: sua idade
si vous venez (venir): se você viesse (vir)
reconnus pour: famosos por
un accueil: boas-vindas
ouverture d'esprit: de mente aberta
ils vouent (vouer): eles dão (dar)
amour: amor
fidèle: fiel
ils adorent (adorer): eles adoram (adorar)
partager: dividir

sud:	sul
pays:	país
langue officielle:	língua oficial
la monnaie:	a moeda
s'appelle (s'appeler):	se chama (ser chamado)
voisins:	vizinhos
il se situe (se situer):	está situado (se situar)
au milieu:	no centro
il partage (partager):	ele divide (dividir)
paysages:	paisagens
(il) compte (compter):	ele possui (possuir)
outre-mer:	ultramarino
c'est-à-dire:	isto é
à plus de:	em mais de
devenue (devenir):	tornou-se (tornar-se)
étonnant:	incrível, surpreendente
le soleil:	o sol
la plage:	a praia
deux autres:	dois outros
composé de:	compostos de
la forêt:	a floresta
huit ou neuf:	oito ou nove
fleuves:	rios
qui le traversent (traverser):	que passam por (passar)
dont:	entre os quais
étonne (étonner):	surpreende, impressiona (surpreender, impressionar)
aussi:	também
espèces:	espécies
animaux:	animais
en voie de disparition:	em perigo de extinção
mais comment:	mas como
lointain:	distante
repérée (repérer):	descoberto (descobrir)
lors:	durante
il trouva (trouver):	encontrará (encontrar)
vert d'émeraude:	verde-esmeralda
beaucoup:	muitos
(elles) vivent (vivre):	elas vivem (viver)
encore:	ainda
peuplée:	povoado
bagne:	campo de trabalho
jusque:	até

Des îles pleines de richesses

Il existe en Amérique du **Sud un pays** où le français est la **langue officielle**, où l'Euro est **la monnaie** officielle et où le président **s'appelle** Nicolas Sarkozy. Ses **voisins** sont Le Surinam à l'ouest et le Brésil à l'est. **Il se situe au milieu** de ces deux pays et il en **partage les paysages** très spécifiques.

Quel est ce pays ?

Et oui, c'est la Guyane (française, bien sûr). Le continent américain **compte** trois départements français d'**Outre-Mer**, **c'est-à-dire** trois régions administratives de France, **à plus de** 7 000 kms de distance: La Guadeloupe, la Guyane française et la Martinique.

La Guyane, **devenue** française en 1503, est le plus **étonnant** des départements français d'Amérique car il ne correspond pas au « **soleil**, plage et rhum », associé aux **deux autres**. Cet environnement **si** particulier est **composé de la forêt** tropicale présentae sur 96% du territoire et de **huit ou neuf fleuves qui le traversent**, **dont** Le Maroni, l'Oyapock et le Sinamary. La Guyane **étonne aussi** par sés très nombreuses **espèces** d'**animaux** rares ou **en voie de disparition** et ses populations très diverses.

Mais comment ce **lointain** pays est-il devenu français? **Repérée** par Christophe Colomb, **lors** d'un voyage en 1498, **il trouva** dans les paysages au **vert d'émeraude**, de très nombreuses populations amérindiennes, dont **beaucoup** y **vivent encore**. **Peuplée** des 1503 par les Français, la Guyane devient en 1792 **un bagne**, où étaient exiles les criminels et les ennemis politiques français et ce **jusqu**'en 1946.

28 voyages

Les Guyanais d'**aujourd'hui** sont un peuple aux origines très diverses, ceci **grâce à** l'histoire **mouvementée** du pays :

Il y a une majorité de « Créoles » descendants d'esclaves ou d'Africains arrivés après l'**esclavage qui forment** environ 50% de la population, 14% sont des Européens, 12% des Amérindiens de diverses tribus comme les Arawaks et les Ka'linas. Les 28% **restants** sont composés d'Asiatiques comme les H'Mongs venus de Chine, du Laos ou du Vietnam, de Libanais, d'Indiens **mais aussi** d'une très **forte** immigration du Brésil et du Surinam.

Cette population de 200 000 habitants qui **augmente** très **vite**, **vit** dans **les** trois grandes **villes** du pays : Cayenne, Kourou et Saint-Laurent du Maroni, mais a aussi développé **une vie autour** des fleuves.

La Guyane est un pays **qui regorge** d'**atouts** et d'activités :

A Kourou **se trouve** le Centre Spatial **d'où est lancée la fusée** Ariane, qui **transporte** de nombreux satellites européens dans l'espace.

Au **mois** de **janvier**, de **février** et **parfois** jusqu'en **mars**, les visiteurs **peuvent** vivre avec les Guyanais au rythme du carnaval, qui est un événement culturel très important où **se mêlent** les traditions française, africaine et brésilienne. Le carnaval guyanais est très **célèbre** pour ses « Touloulous ». Ce sont **des femmes** déguisées entièrement et qui ne peuvent être **reconnues par personne** et **même pas leurs époux**. C'est alors **un jeu pour elles d'aller** inviter des hommes à danser, incognito.

Pour finir, les Guyanais **utilisent** aujourd'hui ce qui **était autrefois** négatif, pour **promouvoir** leur pays : on peut visiter **les bagnes**, faire des expéditions en **pirogue** sur les fleuves et aller à **la découverte** de la forêt amazonienne, qui **faisait si peur** autrefois. Ce **dernier outil** touristique sert aussi à **sensibiliser** la population **mondiale** aux problèmes de la déforestation, de **la disparition** d'espèces rares et aussi à **la survie** des Amérindiens et de leurs traditions.

---

aujourd'hui: hoje
grâce à: graças a
mouvementée: agitado

il y a: há
esclavage: escravidão
qui forment (former): que formam (formar)
restants: remanescentes
mais aussi: mas também
forte: forte

augmente (augmenter): aumentam (aumentar)
vite: rápido
(elle) vit (vivre): ela vive (viver)
villes: cidades
vie: vida
autour de: em torno de

qui regorge (regorger): que está cheio de
atouts: trunfos

se trouve (se trouver): é encontrado (ser encontrado, estar situado)
d'où: de onde
(elle) est lancée (lancer): ela é lançada (lançar)
fusée: foguete
transporte (transporter): carrega (carregar)

un mois: um mês
janvier: janeiro
février: fevereiro
parfois: algumas vezes
mars: março
peuvent (pouvoir): pode (poder, ser capaz de)
se mêlent (se mêler): misturar-se
célèbres: famosos
femmes: mulheres
reconnues (reconnaître): reconhecidas (reconhecer)
par personne: por ninguém
même pas: nem mesmo
leurs époux: seus cônjuges
un jeu: um jogo
pour elles: para elas (feminino)
d'aller: para levar

utilisent (utiliser): usam (usar)
était (être): era (ser)
autrefois: no passado
promouvoir: promover
bagnes: prisões
une pirogue: uma canoa
découverte: descoberta
faisait si peur: era tão assustador
dernier: último
outil: ferramenta
sensibiliser: sensibilizar
mondiale: mundial
disparition: extinção
survie: sobrevivência

voyages

Aix-en-Provence

L'un **des** simples **plaisirs** que **j'ai** à **vivre** dans la région dans laquelle **je vis**, est que **je me situe à peine** à 20 minutes **au sud** d'Aix-en-Provence.

Il s'agit d'une petite cité **pleine de** charme, **qui propose un mélange parfait** de l'ancien et du **nouveau**. Les tourists affluent **du monde entier** pour **arpenter** ses **petites ruelles sinueuses**, et en **profitent** pour explorer tous ses petits **commerces qui offrent** un mix atypique de **la mode** et de l'artisanat.

Mais tout le monde **n'est quand même** pas là que pour **se détendre** à Aix. La ville est **également animée** par **un quartier d'affaire** très dynamique. **Avocats**, **agents immobiliers**, **comptables**, **banquiers**.... Eux aussi **viennent** des quatre **coins** de la France pour **travailler** dans une ville **décrite** par certains comme étant l'une des **plus belles** villes françaises. **On y travaille** dur mais pas **sans oublier** de **vite apprendre** qu'ici, en Provence, **on prend** toujours **le temps** de **se détendre** en **buvant un café chaud au coeur du matin** et un apéritif **rafraîchissant l'après-midi**.

Le résultat en est que **peu importe l'heure** de la journée, les nombreux cafés et pubs qui **s'alignent** dans les rues, **se peuplent** d'un éventail de touristes et de **locaux parlant** toutes sortes de langues.

Moi, **j'adore venir** à Aix **durant** la matinée, et plus spécialement **au printemps** et en **été**, lorsque **les beaux jours reviennent**. Il n'est alors pas **surprenant** de **rencontrer** un musicien dans la rue **qui nous fait revivre** l'un des classiques français ou italiens avec un accordéon. **Je m'arrête** souvent pour **acheter le quotidien régional** « La Marseillaise », puis **je trouve un endroit sympa** pour boire mon café crème, et absorber **un peu de toute** cette atmosphère qui circule à travers le vieux village, **en même temps** que **les passants**.

Les touristes **ne viennent pas** à Aix simplement pour ses cafés du coin ou ses boutiques. Aix est une ville d'histoire, qui date de **plusieurs millénaires**. De magnifiques **chapelles** et **églises** médiévales sont **nichées au détour** des ruelles et, lorsque l'**on y rentre, on peut ressentir** toute leur histoire.

Aix en Provence est particulièrement **connue** pour son grand nombre de fontaines. La région est riche en **eaux**, **chaudes** et **froides**, et les ingénieurs romains **ont construit** de splendides fontaines approvisionnant toute la ville d'eau **fraîche**. Ces fontaines **apportent** aux tourists et aux photographes du monde entier **le besoin** de capturer cette image **parfaite** de « La Rotonde » ou même de juste rester **pendant quelques** minutes à la **contempler**.

Pour toutes ces raisons Aix reste la ville provençale que **je préfère**. **Je me sens chanceuse** lorsque **je m'y promene**. C'est une ville qui inspire ses habitants et ses touristes, tout comme elle inspirait de grands artistes comme Cézanne qui y **a passé** une grande partie de **sa vie**.

---

j'adore (adorer): eu adoro (adorar)
venir: vir
durant: durante
au printemps: na primavera
un été: um verão
les beaux jours: os dias bonitos
reviennent (revenir): voltam (voltar)
surprenant: surpreendente
rencontrer: encontrar
qui nous fait revivre: que nos faz reviver
je m'arrête (s'arrêter): eu paro (parar)
acheter: comprar
le quotidien regional: o jornal regional
je trouve (trouver): eu descubro (descobrir)
un endroit: um lugar
sympa: legal
un peu de toute: um pouco de tudo
en même temps: ao mesmo tempo
passants: transeuntes

ne viennent pas (venir): não vêm (vir)
plusieurs: muitos
millénaires: milhares de anos
chapelles: capelas
églises: igrejas
nichées (nicher): aninhada (aninhar)
au détour de: em torno da curva de
on rentre (rentrer): nós entramos (entrar)
on peut (pouvoir): nós podemos (poder)
ressentir: sentir

connue (connaître): conhecido (conhecer)
eaux: águas
chaudes: quentes
froides (froid): frias
ont construit (construire): nós construímos (construir)
fraîche: fresco
apportent (apporter): trazem (trazer)
besoin: necessidade
parfaite: perfeita
pendant: durante
quelques: alguns
contempler: contemplar, admirar

pour toutes: por todas
raisons: razões
je préfère (préférer): eu prefiro (preferir)
je me sens (se sentir): eu me sinto (sentir)
chanceuse: sortuda
je m'y promene (se promener): eu passeio (passear)
(il) a passé (passer): ele passou (passar)
sa vie: a vida dele
évoquer: evoca

voyages 31

Le quartier de la Croix-Rousse

Pour moi, le quartier de la Croix-Rousse **évoque d'abord des souvenirs** d'**enfance** : **la vogue aux marrons**, le petit **marché quotidien** de la place de la Croix-Rousse, **la maison des canuts, le gros caillou ou** encore la « **ficelle** ». **Cela ne vous dit rien** ? Alors en route pour une visite **à la fois** touristique et historique de l'un des quartiers **les plus originaux** de **la ville** de Lyon.

D'un point de vue géographique, le quartier de la Croix-Rousse **se situe entre** la Saône et le Rhône, au nord de la Presqu'île de Lyon. **Il s'agit d'une colline** composée d'un plateau, le 4ème arrondissement, et **des pentes**, le 1er arrondissement.

J'ai vécu la majeure partie de mon enfance sur le plateau de la Croix-Rousse. Pour moi, c'est comme un village **au milieu** d'une grande ville avec ses restaurants et bistrots traditionnels, le petit marché de la Place de la Croix-Rousse où **ma grand-mère allait faire tous les jours ses courses**, la vogue aux marrons **qui s'installait** tous **les ans** à l'automne. Cette **fête foraine** était l'occasion pour moi de **manger des marrons chauds**, de **la barbe à papa rose** et de **conduire mês premières autos tamponneuses**. Mais le plateau, c'est aussi et **surtout** la maison des Canuts de la Rue d'Ivry, où l'on peut tout **apprendre** sur l'histoire de **la soie**, **voir des métiers à tisser d'antan fonctionner** et **comprendre** le **mode de vie** des canuts, **les ouvriers** de la soie.

Un autre symbole du quartier est le Gros Caillou. Cet **énorme rocher a été déterré** en 1892 lors de la construction de la « ficelle », **un funiculaire qui relie** la Croix-Rousse à **la Presqu'île** de Lyon. Le Gros Caillou se situe **désormais** sur les pentes de la Croix-Rousse.

---

d'abord: primeiramente
souvenirs: memórias
l'enfance (fem): infância
la vogue aux marrons: uma tradição de 150 anos da Cruz Vermelha para celebrar as primeiras castanhas da temporada, literalmente: a festa da castanha
marché: mercado
quotidien: cotidiano
la maison: a casa
canuts: trabalhadores da seda de Lyon
le gros caillou: a pedra grande
la ficelle: o fio
cela ne vous dit rien? isso não diz nada para você?
à la fois: ambos
les plus originaux: os mais originais
la ville: a cidade

il se situe (situer): está localizada (localizar)
entre: entre
il s'agit de: isso consiste em
une colline: uma colina
pentes: pistas

j'ai vécu (vivre): eu vivi (viver)
la majeure partie de mon enfance: a maior parte da minha infância
au milieu de: no centro de
ma grand-mère: minha avó
allait faire ses courses: ia fazer as suas compras
tous les jours: todos os dias
qui s'installait (s'installer): que se instalava (instalar)
ans: anos
automne: outono
la fête foraine: a festa divertida
manger: comer
marrons chauds: castanhas quentes
barbe à papa: algodão doce
rose: rosa
conduire: dirigir
mes premières: meus primeiros
auto-tamponneuses: carrinho de bate-bate
surtout: sobretudo
apprendre: aprender
la soie: a seda
voir: ver
métiers à tisser: máquinas de tecido
d'antan: antigas
fonctionner: funcionar
comprendre: compreender
un mode de vie: um modo de vida
ouvriers: trabalhadores

autre: outro
un énorme rocher: uma enorme rocha
a été déterré: foi desenterrada
funiculaire: teleférico
qui relie (relier): que liga (ligar)
presqu'île: península
désormais: de agora em diante

Le quartier des pentes **se caractérise** comme son **nom l'indique** par un **très fort dénivelé**. **Les rues** sont **étroites** et sinueuses, **parfois** encore **pavées**. **Elles se transforment** souvent en **escalier** et **relient** ainsi **plus facilement** le plateau au centre ville de Lyon. **Je me rappelle** ainsi **avoir descendu quatre à quatre** des marches qui **me semblaient** immenses pour **rejoindre en moins** d'**une demi-heure le parc de La tête d'Or** sur **les rives** du Rhône. **Il est à noter** que les pentes de la Croix-Rousse font partie du territoire classé au patrimoine **mondial** de l'UNESCO.

Au début du XIXème siècle, **la soierie** est présente à Lyon dans lês quartiers de Saint-Nizier sur la Presqu'île ou de Saint Jean, **au pied de** la Colline de Fourvière. La création d'une **nouvelle** génération de métiers à tisser **de taille imposante rend impossible** leur utilization dans **les logements** traditionnels **des ouvriers**. Les nouvelles machines à tisser **nécessitent des plafonds hauts**. Les premières mécaniques **seront alors déménagées** dans les anciens couvents de la Croix-Rousse dont l'architecture permet de **les recevoir**. C'est ainsi que les premiers canuts et leurs familles s'installent sur la colline de la Croix-Rousse. Puis, **pour faire face à la venue sans cesse** croissante des ouvriers de La soie, **des immeubles adaptés à la taille** des métiers à tisser **vont y être construits**. Il s'agit en général de constructions composées de cinq à six **étages**, **divisées en** appartements **dotés de** hauts plafonds et **hautes fenêtres** ainsi que d'une mezzanine adaptée à **la vie de famille**. Entre les immeubles, **des passages étroits** qui vont dans **le sens** de la pente **sont créés** : ce sont les **fameuses traboules**.

Si vous visitez le quartier de la Croix-Rousse, **vous ne pourrez pás manquer** ces caractéristiques architecturales. Bonne visite!

---

se caractérise (se caractériser): é caracterizado (caracterizado)
un nom: um nome
il indique (indiquer): isso indica (indicar)
très fort: muito forte
un dénivelé: uma diferença em peso/altura
les rues (la rue): as ruas
étroites (étroit): estreitas
parfois: algumas vezes
pavées: pavimentadas
elles se transforment (se transformer): elas se transformam (se transformar)
un escalier: uma escada
(elles) relient (relier): elas ligam (ligar)
plus facilement: com mais facilidade
je me rappelle (se rappeler): eu me lembro (lembrar-se)
avoir descendu: ter descido
quatre à quatre: quatro ao mesmo tempo
me semblaient: pareciam-me
rejoindre: para voltar
en moins de: em menos de
une demi-heure: meia hora
le parc de la tête d'or: parque famoso de Lyon
les rives (la rive): as margens
il est à noter: é preciso dizer
mondial: mundial

au début du: no início de
la soierie: a indústria da seda
au pied de: aos pés de
nouvelle: nova
de taille imposante: enorme, de tamanho imponente
(elle) rend impossible (rendre): ela torna impossível (tornar)
les logements (le logement): as acomodações
des ouvriers (un ouvrier): dos trabalhadores
(ils) nécessitent (nécessiter): (eles) precisam (precisar)
des plafonds hauts: tetos altos
seront alors déménagées: para que sejam movidos
les recevoir: recebê-los
pour faire face: para lidar, para enfrentar
la venue: a chegada
sans cesse: constante
des immeubles (un immeuble): os edifícios
adaptés à: adaptados ao
la taille: tamanho
(ils) vont y être construits: eles serão construídos aí
étages (un étage): andares
divisées en: divididos em
dotés de (doter): equipados com (equipar)
hautes fenêtres: janelas altas
la vie de famille: a vida familiar
des passages étroits: de corredores estreitos
le sens: a maneira
sont créés (créer): são criados (criar)
fameuses: famosos
traboules: passagem entre casas

si vous visitez (visiter): se você visitar
vous ne pourrez pas manquer: você não poderá perder

voyages 33

Le vieux Marseille: le panier

Il existe un **très vieux** village dans **la ville** de Marseille. **Il s'agit** du plus ancien quartier de **la cité phocéenne** et aussi de son centre historique. C'est **un lieu incontournable** pour tous **les grands férus** d'histoire et de culture. **Bâtie** au XVIIème **siècle autour** de **l'auberge** du « Logis du Panier », la place du petit village du Panier **regorge** de petits **artisans-commerçants**.

Si vous vous y **promenez**, vous irez de **découverte** en découverte! En arrivant, **vous sentirez** la **bonne odeur** du **savon** de Marseille ! L'artisan **savonnier ouvre** sa boutique à 13h et l'odeur du **propre se propage** dans toute **la rue : il a fini** de confectionner **ses derniers savons** et **cela se sent** dans tout le village.

À **chaque fois** que **je passe par là**, **je ne peux pas m'empêcher** d'en **acheter** un ou deux… Et **je ne suis pas la seule** ! Une foule de touristes **venant** des quatre **coins** de France et d'Europe **se déverse** dans lês rues : ils descendent du petit train de la ville **qui passe par là**.

Plus loin, il y a le chocolatier du Panier. **Son nom est déjà paru** plus d'une fois dans un très **célèbre** journal national. **Il adore inventer** de **nouvelles recettes** à base de chocolat : chocolat à **l'huile d'olive**, au **gingembre**, au **poivre** … **Tout ce que l'on peut imaginer, il l'a déjà réalisé** dans son humble **atelier** de chocolatier.

---

il existe (exister): existe (existir)
très vieux: muito velha
la ville: cidade
il s'agit de (s'agir de): é sobre (ser sobre)
la cité phocéenne: cidade foceana
un lieu: um lugar
incontournable: imperdível
grands férus: apaixonados
bâtie (bâtir): construída (construir)
un siècle: século
autour de: em torno de
la auberge: albergue
elle regorge (regorger): ela está cheia de (estar cheia de)
artisans-commerçants: artesãos e comerciantes

si vous promenez (se promener): se você caminhar (caminhar)
une découverte: uma descoberta
vous sentirez (sentir): você sentirá o cheiro
bonne : boa
une odeur: um cheiro
un savon: um sabão
savonnier: produtor de sabões
ouvre (ouvrir): abre (abrir)
propre: próprio
(elle) se propage (propager): espalha-se (espalhar)
la rue: rua
il a fini (finir): ele terminou (terminar)
ses derniers savons: seus últimos sabões
cela se sent: é possível cheirar

chaque fois: cada vez
je passe par là (passer): que passo por ali (passar)
je ne peux pas m'empêcher: não consigo parar
acheter: comprar
je ne suis pas la seule: eu não sou a única
une foule: uma multidão
venant (venir): vindo (vir)
coins: cantos
(elle) se déverse (déverser): ela se derrama (derramar)
qui passe par là: que passa por lá

plus loin: mais longe
son nom (un nom): seu nome
(il) est déjà paru (paraître): já apareceu (aparecer)
célèbre: famoso
il adore (adorer): ele adora (adorar)
inventer: inventar
nouvelles recettes: novas receitas
l'huile d'olive: azeite de oliva
le gingembre: o gengibre
le poivre: a pimenta
tout ce que l'on peut imaginer: tudo o que possamos imaginar
il l'a déjà réalisé (réaliser): ele já criou (criar)
un atelier: ateliê

34 voyages

Puis **vous trouverez** l'atelier de céramique d'**un ami** à moi. Il a le statut d'artiste car **il fait** des pièces uniques. **Il conçoit les carrelages** de **salles de bain** ou autres poteries aux réminiscences provençales. **Il décore** sa boutique de ses **oeuvres** et **reçoit** des **commandes** em provenance du sud de l'Europe.

Enfin, au centre de tout, vieille de plus de 500 ans, **se dresse** la Vieille Charité de Marseille. Au tout début de son existence, **elle abritait les orphelins** et vagabonds. Le Corbusier, grand architecte de **renommée mondiale**, sera à l'origine de sa restauration **qui s'achèvera** en 1986.

Aujourd'hui, la Vieille Charité représente un des plus grands centres multiculturels de la ville de Marseille. **Désormais entretenue** par **la mairie**, elle est le lieu de **plusieurs** expositions **mondialement connues**. Par exemple, l'exposition de **peintres provençaux** intitulée « **Sous le soleil** » en hommage à **la fameuse chanson** de Serge Gainsbourg, a fait plus de 10 000 entrées en 2005. Cette exposition a été **assurée** à plus de 700 millions d'euros car elle présentait **des tableaux venant des** quatre coins du monde.

Le panier est **également au coeur** d'**un essor** touristique. **En effet**, **sa renommée** lui a valu **le tournage** d'une série française « Plus Belle La Vie », **diffusée** dans les pays francophones. Les touristes **viennent** aujourd'hui visiter les rues qu'**ils voient si souvent** sur leur petit **écran**.

Le petit village du Panier est **un endroit** emblématique de la ville de Marseille ! **Si vous vous rendez** sur la place, au centre du village, **vous pourrez siroter** un bon 51 ou un bon Ricard **selon les goûts**. **Cela aide** quand l'été arrive et que le soleil **cogne sec**. Les Marseillais y **sont attroupés** comme au coeur d'un petit village de Provence. **C'est assez surprenant** et **en même temps** très agréable **lorsque** l'**on sait** qu'il est **situé** au centre d'une des plus grandes métropoles de France.

voyages 35

Belle-Île-en-Mer

Je devais avoir une dizaine d'années la première fois que **j'y suis allée** et **j'en ai toujours gardé un souvenir lumineux**… **J'y suis retournée plusieurs** fois **depuis**, et, **la semaine dernière, j'y ai accompagné une amie Québécoise de passage** dans la région.

D'abord, il y a la joie de **prendre le bateau**, l'impression de **partir** à l'aventure, et puis **le plaisir** de **voir** l'Île **prendre de l'ampleur au fur et à mesure** qu'**on s'approche d**'elle, comme hypnotisé.

Après environ 45 minutes **passées à bord, nous débarquons** au petit port de Palais. Les amateurs d'histoire **iront visiter** la citadelle dont la construction **a commencé** au XVIème **siècle**… **En ce qui me concerne**, mon plaisir, à Belle-Île, c'est … **savourer** Belle-Île !

Des loueurs de voitures (dont certaines électriques), scooters et **vélos vous y attendent**, mais **vous pouvez** aussi **parcourir** l'île en bus ou, **mieux encore**, **à pied**. **Longue** de 17km, large de 9km, Belle-Île **compte près de** 100 km de **sentiers côtiers**.

Voilà de quoi **se régaler** ! Avec de **bonnes chaussures**, un sac à dos, un petit pique-nique, **une bouteille d'eau, des lunettes de soleil** et **un coupe-vent, vous serez parfaitement équipés** pour **découvrir** les nombreux points de vue qu'offre cette île **qui surplombe la mer** d'**une quarantaine** de mètres.

---

je devais avoir (devoir): eu devo ter tido (dever)
une dizaine d'années: uma dezena de anos
la première fois: a primeira vez
je suis allée (aller): eu fui (ir)
j'en ai toujours gardé (garder): eu sempre guardei (guardar)
un souvenir: uma lembrança
lumineux: luminosa
je suis retournée (retourner): eu voltei (voltar)
plusieurs: muitos
depuis: desde
la semaine dernière: a última semana
j'ai acompagné (acompagner): eu fui com (ir)
amie: uma amiga
Québécoise: de Quebec
de passage: de passagem

d'abord: em primeiro lugar
prendre: pegar
le bateau: o barco
partir: partir
le plaisir: o prazer
voir: ver
prendre de l'ampleur: aumentar, ganhar
au fur et à mesure: enquanto
on s'approche de (s'approcher): nós nos aproximamos (aproximar)

passées à bord (passer): passados a bordo (passar)
nous débarquons (débarquer): nós desembarcamos (desembarcar)
(ils) iront (aller): eles irão (ir)
visiter: visitar
a commencé (commencer): começou (começar)
un siècle: um século
en ce qui me concerne: no que me diz respeito
savourer: saborear

des loueurs de voitures: agência de aluguel de carros
vélos: bicicleta
vous y attendent (attendre): eles esperaram por você (esperar)
vous pouvez (pouvoir): você pode (poder)
parcourir: percorrer
mieux encore: ainda melhor
à pied: a pé
longue: com uma distância de
compte (compter): tem (ter, contar)
près de: cerca de
sentiers: trilhas
côtiers: costa

se régaler: aproveitar
bonnes chaussures: bons sapatos
une bouteille d'eau: uma garrafa de água
des lunettes de soleil: óculos de sol
un coupe-vent: moletom
vous serez équipés: vocês estarão equipados
parfaitement: perfeitamente
découvrir: descobrir
qui surplombe (surplomber): que sobressai (sobressair)
la mer: o mar
une quarantaine: uma quarentena

36 voyages

Il n'y a ici **pas** (ou pratiquement pas) de **grosses** structures hôtelières. Dans les ports **principaux**, de **jolies boutiques** et de **charmants** petits restaurants (où l'**on mange** très bien !) s'**alignent sagement** face à la mer. La côte **a conservé** un caractère **sauvage** et pur dont **on ne peut se lasser**. L'air est **vif**, les odeurs de **fleurs**, d'**embruns** et d'**aiguilles de pin séchées** au **soleil** sont **enivrantes**.

On se sent vivre, revivre, ressourcer…

Pour **accéder** aux **plages** et aller **vous baigner** (attention, l'eau est **limpide**, mais **fraîche** !) **vous devrez descendre des pentes souvent raides, si vous arrivez** par le sentier, mais l'effort est **toujours récompensé** car si les odeurs de BelleÎle sont irrésistibles, les couleurs de cette île le sont **tout autant**. Une infinie palette de bleus et de **verts cerne l'île tandis que la terre** est **couverte** de **fleurs jaunes**, roses, **rouges**, **blanches**, d'une végétation variée et **parfois étonnante puisque** l'île bénéficie d'un microclimat qui lui permet d'**abriter** dês espèces habituellement **inconnues** en Bretagne.

Véritable petit **bijou** de l'océan Atlantique, Belle-Île n'a pas encore **perdu** son âme à la fois douce et **indomptée**. Pourvu que ça dure !

---

il n'y a pas: não há
grosses (grosse): grandes
principaux (principal): principais
jolies boutiques: lojas bonitas
charmants (charmant): charmosas
on mange (manger): nós comemos
(ils) s'alignent (s'aligner): eles se alinham (alinhar)
sagement: sabiamente
a conservé (conserver): conservou (conservar)
sauvage: selvagem
on ne peut (pouvoir): nós não podemos (poder)
se lasser: entediar-se
vif: estimulante
fleurs: flores
embruns: salpicos
des aiguilles de pin: agulhas de pinheiro
séchées (secher): secas (secar)
le soleil: o sol
enivrantes: emocionantes

on se sent (sentir): nós nos sentimos (sentir)
vivre: vivos (as)
revivre: reviver
ressourcer: recarregar
accéder: acessar
plages (une plage): praias
vous baigner (se baigner): nadar
limpide: fresca
vous devrez (devoir): você deverá (dever)
descendre: descer
des pentes (une pente): pistas
souvent: muitas vezes
raides (raide): íngremes
si vous arrivez (arriver): se você chegar (chegar)
toujours: sempre
récompensé: recompensado
tout autant: tanto
verts (vert): verdes
(il) cerne (cerner): ele circunda (circundar)
l'île: a ilha
tandis que: enquanto
la terre: o chão
couverte: coberta
fleurs (une fleur): flores
jaunes (jaune): amarelas
rouges (rouge): vermelhas
blanches (blanc): brancas
parfois: algumas vezes
étonnante (étonnant): surpreendente
puisque: já que
abriter: abrigar
inconnues (inconnu): desconhecidas

véritable: verdadeira
un bijou: joia
perdu: perdido
une âme: uma alma
à la fois: ao mesmo tempo
douce (doux): macia, doce
indomptée (indompté): descontrolada
pourvu que ça dure: desde que dure

voyages 37

Saint Tropez

Si vous ne connaissez pas cette ville, cela signifie probablement que **vous êtes** indifférents à **la vie** des célébrités de notre planète. Cet oppidum du XVème **siècle** qui est actuellement l'une **des stations balnéaires les plus huppées** du **monde** est capable d'**offrir** à ses visiteurs plus que l'image mythique **imposée** par de nombreux magazines de **mode** et **luxe**.

C'est une commune française **située non loin d'une autre ville** côtière Marseille dans la région Provence-Alpes-Côte d'Azur **qui met** à votre disposition **non seulement** ses **plages** merveilleuses, **mais aussi** denombreux monuments historiques. **Citons** entre autre l'**Église** de Saint-Tropez du XVIIIème siècle, la chapelle Sainte-Anne du début du XVIIème siècle, la chapelle de l'Annonciade, actuellement aussi Musée du **même nom**, qui date du XIVème siècle.

Commençons toutefois par les plages. C'est évident **parce que** la majorité des touristes **se rendent** principalement dans la station balnéaire et non dans la ville historique. **Les amoureux** de **bain de soleil** et de sports aquatiques **pourront se livrer** à leur activité favorite sur l'une des six plages publiques, car Saint Tropez c'est douze kilomètres de plages **dorées** et absolument sublimes. Saint Tropez, c'est aussi de nombreux magasins où les amateurs de shopping **se sentiront** comme au paradis ainsi que des restaurants où l'**on vous servira** de véritables délicatesses culinaires, trésors de la gastronomie française et internationale.

Une fois bronzé, **détendu** et **rassasié**, **vous pourrez enfin faire connaissance** avec l'histoire de la ville. **Toutefois**, même **si vous n'êtes pas** amateur d'histoire, **vous devez** visiter Saint-Tropez **tout au moins** pour vous livrer au sport favori de cette ville splendide « **voir et être vu** ». C'est logique dans une ville qui a pour devise « Ad usque fidelis » ce qui **se traduit** du latin comme « **Fidèle jusqu'au bout** ».

---

si vous ne connaissez pas (connaître): se você não conhece (conhecer)
vous êtes (être): você é (ser)
la vie: a vida
un siècle: um século
des stations balnéaires: balneários
les plus huppées: mais elegantes
le monde: o mundo
offrir: oferecer
imposée par: imposta por
la mode: a moda
le luxe: o luxo

située: localizada
non loin d'une autre ville: não muito longe de outra cidade
qui met (mettre): que colocam (colocar)
non seulement: não somente
plages: praias
mais aussi: mas também
citons (citer): citemos (citar)
une église: uma igreja
même nom: mesmo nome

commençons (commencer): vamos começar (começar)
parce que: porque
se rendent (se rendre): eles vão (ir)
les amoureux: os amantes
bain de soleil: banho de sol
(ils) pourront (pouvoir): eles podem (poder)
se livrer: entregar-se
dorées: douradas
(ils) se sentiront (se sentir): eles sentirão (sentir)
on vous servira (servir): lhe será servido (servir)

une fois bronzé: uma vez bronzeado
détendu: relaxado
rassasié: satisfeito
vous pourrez (pouvoir): você poderá (poder)
enfin: finalmente
faire connaissance: conhecer
toutefois: no entanto
si vous n'êtes pas: se você não é
vous devez (devoir): você deve (dever)
tout au moins: ao menos
voir et être vu: ver e ser visto
se traduit (se traduire): traduz-se (traduzir)
Fidèle jusq'au bout: fiel até o fim

Le Sud-Ouest de la France

Nichée au coeur du Sud-ouest de la France, à quatre heures de Paris en TGV (Train à Grande Vitesse), à **quarante** minutes à peine **des plages** de l'Atlantique et à deux heures de l'Espagne, Bordeaux est **une ville pleine d'attraits**. De nombreuses petites communes **des alentour**s comme *Pessac, Bègles* ou *Mérignac* **sont regroupées sous l'égide de** la *Communauté urbaine de Bordeaux* **qui compte** plus de **sept-cent mille** habitants.

Non contente de **représenter dignement le monde** de l'oenologie auprès des amateurs de **vin** du **monde entier**, **elle possède** une histoire riche et **parfois même douloureuse** et une architecture classique **qui lui a permis** d'être **inscrite** au *Patrimoine de l'Humanité de l'Unesco*.

La ville de Bordeaux est **située au bord de** la Garonne, ce **fleuve** qui a vu remonter **les navires s'adonnant à la traite des esclaves** d'Afrique. **De nos jours, elle accueille plutôt les plus gros bateaux de croisière** du monde, **qui ne manquent pas** d'y **faire une escale estivale**.

Venus pour visiter les vignes et les châteaux **qui pullulent dans** les villes environnantes, les touristes **sont ébahis** par la beauté de son architecture et par l'accueil de ses habitants. **Qu'il s'agisse** du Grand Théâtre, de la majestueuse Place de la Bourse **qui domine les quais**, de la Grosse Cloche ou de son jardin public, **le promeneur** est **ravi par** la majesté et la sérénité **des lieux**.

Ville étudiante par excellence, c'est dans le *quartier St-Michel* et à la *Place de la Victoire*, où un obélisque gigantesque domine la rotonde devant laquelle **s'arrête** le tramway tout neuf, que **les jeunes s'attardent** aux terrasses des cafés.

On va y faire **ses courses** à *Mériadeck*, mais c'est au Lac, situé em périphérie, que l'**on aime passer** son **dimanche** ou à *Lacanau*, l'une des plus belles plages de France.

---

nichée: aninhado, localizado
au coeur du: no coração da
quarante: quarenta
des plages (une plage): praias
une ville: cidade
pleine de: cheio de
attraits (un attrait): atrações
des alentours: arredores
(elles) sont regroupées (regrouper): (eles) são reunidos (reunir)
sous l'égide de: sob o controle de
qui compte (compter): que conta (contar)
sept-cent mille: setecentos mil

non contente de: não feliz de
représenter: representar
dignement: com dignidade
le monde: o mundo
le vin: o vinho
monde entier: o mundo inteiro
elle possède (posseder): ela possui (possui)
parfois même: algumas vezes mesmo
douloureuse: dolorosa
qui lui a permis (permettre): que lhe permitiu (permitir)
inscrite: registrado

située: localizado
au bord de: às margens de
le fleuve: rio
les navires (le navire): os navios
s'adonnant à: fazendo
la traite des esclaves: o comércio de escravos
de nous jours: de nossos dias
elle accueille plutôt: ela dá boas-vindas
plus gros: os maiores
bateaux de croisière: barco de cruzeiros
qui ne manquent pas (manquer): que não perdem (perder)
faire une escale: fazer uma escala
estivale: nos meses de verão

venus pour (venir): vindos para (vir)
visiter: visitar
les vignes (la vigne): os vinhedos
qui pullulent dans: que estão fervilhando com
(ils) sont ébahis (ébahir): (eles) são calados
qu'il s'agisse: quer envolva
qui domine (dominer): que domina (dominar)
les quais (le quais): os cais
le promeneur: o transeunte
ravi par: encantado por
des lieux (un lieu): lugares

ville étudiante: cidade estudantil
(il) s'arrête (s'arrêter): ele para (parar)
les jeunes (un jeune): os jovens
s'attardent (attarder): ficam até tarde

on va (aller): nós vamos (ir)
ses courses (une course): compras
on aime passer: nós gostamos de passar
un dimanche: um domingo

Évaluez votre compréhension

La grande et la merveilleuse, Página 24

1. A Normandia é uma região nascida da guerra. No entanto, em que contribuiu a guerra para a França?

2. Que prato você encontrará na Normandia, preparado pelos monges?

Les pâtisseries de Paris, Página 25

1. Que dica é dada para escolher o melhor palmier?

2. Onde é possível encontrar as melhores *madeleines*? Essa sobremesa é perfeita em que ocasião?

Le visage unique de Montréal, Página 26

1. Em que ano foi fundada Montreal e que comércio fundou a cidade?

2. Qual é uma das características mais marcantes da cidade?

3. Os túneis subterrâneos de Montreal permitem que você compre enquanto evita o quê?

4. Se você visitar Montreal, você achará pessoas famosas pelo quê?

Des îles pleines de richesses, Página 28

1. Como e quando foi fundada a ilha de *La Guyane*?

2. O carnaval da *Guyane* é famoso por qual motivo?

Teste sua compreensão

Le quartier de la Croix-Rousse, Página 32

1. Onde está localizado Le *quartier de la Croix-Rousse*?

2. Quais são algumas coisas que o autor estava ansioso para encontrar na fun fair?

3. O que é o *Le Gros Caillou*?

Le vieux Marseille: le panier, Página 34

1. Se sair para uma caminhada, o que descobrirá?

2. A que propósito servia a *La Vieille Charité*? Qual seu propósito agora?

3. *Le panier* está no coração do distrito turístico. O que tornou essa área especialmente popular entre os turistas?

Belle-Île-En-Mer, Página 36

1. Os amantes de História gostarão de visitar o quê?

2. Como o autor prefere viajar ao redor da ilha? Com o que você deveria estar equipado?

3. Como é possível acessar a praia?

Saint Tropez, Página 38

1. Cite três monumentos históricos.

2. Quantos quilômetros de praias Saint Tropez possui?

Un jour, un chocolat

Le calendrier de l'Avent **n'est pas n'importe quel calendrier** ! Contrairement à **tous les autres, il ne comporte pas** 30 ou 31 **jours, ni même** 28. Ce calendrier si spécial **compte** en effet les jours **restants avant** Noël. Traditionnellement, **il commençait** le premier **dimanche** de l'avent, **quatre semaines** avant Noël, mais **l'usage veut maintenant qu'il commence** le 1er décembre et se finisse le 24, **le soir** de Noël.

Le calendrier de l'Avent a très probablement **été créé pour faire patienter les enfants** jusqu'à Noël. **Il est apparu** en **Allemagne** au début du XIXème siècle, quand des familles ont **commencé** à **dessiner des traits** de **craie** pour compter **les journées écoulées** avant le grand jour. Le premier véritable calendrier de l'avent, **tel qu'on le connaît aujourd'hui**, n'a cependant **été fabriqué qu'**en 1851.

Il se présente maintenant **comme un** grand rectangle de **carton** dans lequel **sont découpées, dans le désordre**, 24 petites **fenêtres**. Derrière ces petites fenêtres... **on trouve des trésors**. Images religieuses ou dessins de Noël, biscuits, chocolats, décorations de Noël miniatures et même de petits **jouets**. Ces « trésors » n'ont aujourd'hui comme limite que l'imagination **des fabricants. On voit** maintenant **fleurir** les calendriers Lego, Lindt, Playmobil ou même Barbie.

Mais pour nous, les enfants, qu'importe **le cadeau** ! L'important, c'est ce sentiment d'impatience au **creux** du **ventre**, ce sentiment qui grandit jour après jour. Ce sentiment qui **nous donne envie** d'ouvrir toutes les fenêtres **d'un coup** pour **accélérer le cours du temps**... Mais **il faut être patient**. Alors **on se console** avec un chocolat, un par jour, en attendant le jour où le Père Noël **arrivera enfin**.

44 tradition

Les vacances à la française

Dites à un Français **qu'il ne pourra** bénéficier que de **deux semaines** de vacances par **année** et **vous verrez** sa mine s'**allonger** considérablement, et l'**entendrez entamer** une diatribe dont **vous vous souviendrez**. Les longues vacances font tellement partie **des moeurs** françaises que nombreux sont ceux **qui n'hésiteraient pas à sortir** leurs **bannières poussiéreuses** pour **manifester** dans **les rues** si **les congés annuels étaient écourtés**.

C'est en 1920 que l'idée de **payer** des vacances aux employés **a germé** pour **la première fois au sein d'un quotidien** politique et économique parisien. En 1936, la victoire du *Front populaire*, un parti politique socialiste, **a fait éclore** de nouvelles revendications de la part **des travailleurs**. C'est suite à **la pression** des employés **qui se sont mis en grève** et ont pratiquement paralysé **le pays**, que **le droit** à des vacances payées a été **accordé à tous**.

La durée des vacances annuelles **n'a cessé de s'accroître** de manière exponentielle depuis cinquante ans, **passant** de deux semaines à cinq semaines annuellement. Au contraire, le nombre d'**heures** de la semaine de travail suit la tendance inverse, tournant, dans l'Hexagone, autour d'un petit trente-cinq heures. Les Français, **loin d'être paresseux**, sont de **bons vivants qui ont su conserver**, à l'âge adulte, **le doux souvenir** des longues journées de vacances de leur enfance passées à **la plage** ou à **la montagne**.

Souhaitant ardemment retrouver l'insouciance de leur **jeunesse** où les responsabilités étaient l'**apanage** exclusif des adultes, les Français voient dans les vacances prolongées l'occasion de **prendre un bain de jouvence** qui leur permet de **refaire** leur plein d'énergie pour l'année entière. **Mais non contents d'être parmi** les plus favorisés **en matière de congés** payés en Europe et dans **le monde**, **ils se permettent souvent quelques** « ponts » supplémentaires (addition des jours de **fin de semaine** et autres congés pour **étirer** les vacances) dès qu'ils en ont l'occasion.

---

qu'il ne pourra (pouvoir): que ele não poderá (poder)
deux semaines: duas semanas
une année: ano
vous verrez (voir): você verá (ver)
allonger: alongar
entendrez entamer (entendre): você escutará... começar (começar)
vous vous souviendrez (se souvenir): você se lembrará (lembrar)
des moeurs: dos costumes
qui n'hésiteraient pas à: que não hesitarão em
sortir: sair
bannières poussiéreuses: bandeiras empoeiradas
manifester: manifestar
les rues (la rue): as ruas
les congés annuels: as férias anuais
ils étaient écourtés (écourté): foram encurtadas (encurtar)

payer: pagar
a germé (germer): foi formada (formar)
la première fois: a primeira vez
au sein de: entre
un quotidien: um jornal diário
a fait éclore: estava na origem de
travailleurs: trabalhadores
la pression: a pressão
qui se sont mis en grève: que entraram em greve
le pays: o país
le droit: o direito
accordé à tous: garantido a todos

la durée: a duração
n'a cessé de (cesser): tem mantido (manter)
s'accroître: aumentar
passant (passer): passando de... até
heures: horas
loin d'être paresseux: longe de ser preguiçoso
bons vivants: uma pessoa que aprecia luxos, literalmente um boa-vida
qui ont su conserver (savoir): que souberam conservar (saber)
le doux souvenir: a lembrança feliz
la plage: a praia
la montagne: a montanha

souhaitant ardemment retrouver: desejando ardentemente recuperar
jeunesse: a juventude
apanage: prerrogativa
prendre un bain de jouvence: ter um gostinho da fonte da juventude
refaire: recuperar
mais non contents d'être: não só eles são
parmi: entre
en matière: em termos de
de congés: férias
le monde: o mundo
ils se permettent: eles se permitem
souvent quelques: muitas vezes alguns
fin de semaine: fim de semana
étirer: esticar

tradition

Le temps des sucres

C'est vers **la fin** du mois de mars et **au début** du mois d'avril, après **un hiver** rude et hostile, que les premières **chaleurs printanières annoncent enfin des jours meilleurs**. Quand **le mercure remonte au-dessus** de zéro, **la fonte des neiges s'amorce. On peut enfin se dépouiller** de nos **lourds habits d'hiver** et s'abandonner à la **chaleur rayonnante** du **soleil** qui **scintille de nouveau** avec force. Ce moment privilégié annonce également le retour du **temps des sucres**, période festive où l'**on récolte la sève** de l'érable à sucre (**l'eau d'érable**) qui est à l'origine du fameux **sirop d'érable**.

Des **milliers** de Québécois **se rendent** alors dans les **érablières**, qu'**on appelle** communément « **cabanes à sucre** », pour se **régaler** d'**un bon repas** copieux, en famille ou entre **amis**, et se « sucrer **le bec** ». Le menu, typique de la cuisine du **terroir**, est **composé** d'**aliments** riches en calories: **jambon**, **soupe aux pois**, omelette, **fèves au lard**, crêpes au sirop d'érable, tarte au sucre, et des célèbres « oreilles de Christ », **faites de couenne** de lard frite **et salée**. Un véritable **repas de bûcheron** ! Après avoir **dansé**, au son festif de la musique traditionnelle, **on se prépare** à savourer **la tire d'érable**, servie dans des grands **bacs de neige**. **Plus épaisse** et plus concentrée que le sirop d'érable, **elle durcit** au contact de la neige. **On peut alors** l'enrouler autour d'**un bâtonnet** et la **déguster** comme **un suçon**.

Mais la récolte de l'eau d'érable ne **date pas d'hier**. Ce sont les Amérindiens qui ont **découvert** les premiers son **goût** sucré et **prirent l'habitude** de la **faire bouillir** pour en **extraire** le sucre. **Ils enseignèrent** cette technique aux premiers colons **venus** de France qui l'**adoptèrent** et en firent, avec le temps, un élément essentiel des traditions québécoises.

Aujourd'hui, la technique a **quelque peu évolué**, mais le principe reste **le même**. Pour récolter l'eau d'érable, **il faut attendre les** premières **journées** de **dégel**. **C'est à ce moment** que les réserves de sucre de l'érable, **emmagasinées** dans ses **racines pendant** l'hiver, **commencent à remonter** dans **le tronc**. On fait alors **une entaille** à **environ** 1 mètre du **sol** et on y **enfonce un chalumeau, qui permet l'écoulement** de l'eau d'érable dans **une chaudière suspendue plus bas**. L'eau d'érable est ensuite **filtrée**, et **vidée** dans **un évaporateur**, qui permettra d'**augmenter** la concentration de sucre en éliminant l'excédant d'eau. **C'est ainsi** qu'**on obtient** le sirop d'érable. **Au départ**, l'eau d'érable **ne contient que** 2 à 3 % de sucre. Ainsi, pour produire un litre de sirop d'érable, Il faut près de 43 litres d'eau d'érable. **Pourtant, on ne prélève qu'une partie minime** des réserves de sucre de l'arbre, ce qui **ne menace pas sa santé**.

Le temps des sucres **dure** environ un mois, et **s'achève** lorsque la sève est remontée dans le tronc jusque dans **les feuilles** et que son goût **est devenu âcre**. 75% de **la production mondiale** de sirop d'érable **est réalisée** au Québec. 85% en est exporté, majoritairement vers les États-Unis. Tout comme pour **le vin, il y a de bonnes et de mauvaises années** pour la récolte de l'eau d'érable. En 2009, les cycles de **gel** et de dégel ont été particulièrement favorables aux acériculteurs (les producteurs de sirop) et 2009 s'annonce excellente en termes de volumes et de qualité. Les produits de l'érable **se conservent bien** et sont **disponibles tout au long de l'année**. Mais il est **plus facile** et **plus amusant** de se rendre dans une cabane à sucre au **printemps** pour **boire** l'eau d'érable à même la chaudière et déguster la tire d'érable servie sur la neige.

aujourd'hui: hoje
quelque peu: um pouco
évolué (évoluer): evoluído (evoluir)
le même: o mesmo
il faut attendre: é preciso esperar
les journées (la journée): dias
le dégel: derretimento
c'est à ce moment: é neste momento
emmagasinées: armazenados
racines (la racine): raízes
pendant: durante
(elles) commencent (commencer): elas começam (começar)
remonter: subir
le tronc: um tronco
on fait une entaille: nós fazemos um recorte
environ: em torno
le sol: o chão
on enfonce (enfoncer): nós puxamos (puxar)
un chalumeau: um maçarico
qui permet (permettre): que permite (permitir)
un écoulement: um fluxo
une chaudière: uma caldeira
suspendue (suspendre): suspensa (suspender)
plus bas: mais baixo
filtrée: filtrada
vidée: esvaziada
un évaporateur: um vaporizador
augmenter: aumentar
c'est ainsi: é assim
on obtient (obtenir): nós obtemos (obter)
au départ: no início
(elle) ne contient que (contenir): ela contém apenas (conter)
pourtant: no entanto
on ne prélève que (prélèver): eles só tiram (tirar)
une partie minime: uma parte mínima
ne menace pas (menacer): não ameaça (ameaçar)
sa santé (la santé): sua saúde

dure (durer): dura (durar)
cela s'achève (s'achever): isso termina (terminar)
les feuilles (la feuille): as folhas
est devenu (devenir): torna-se (tornar)
âcre: acre, acentuado
la production mondiale: a produção mundial
est réalisée (réaliser): é feita (fazer)
le vin: o vinho
il y a des bonnes et de mauvaises années: existem anos bons e anos ruins
le gel: congelamento
se conservent bien (se conserver): conserva bem (conservar)
disponibles (disponible): disponível
tout au long de l'année: ao longo do ano
plus facile: mais fácil
plus amusant: mais divertido
printemps: primavera
boire: beber

tradition **47**

Le réveillon de la Saint Sylvestre

Le nouvel an est **une fête** d'origine **païenne qui vit le jour vers 46 avant notre ère**. C'est Jules César **qui décida** que le 1er janvier serait le Jour de l'An. Janus **était le Dieu** païen **des portes** et **des commencements**, **il donna** ainsi son nom à janvier, premier **des douze mois** de l'année.

Dans la Rome antique, à l'occasion du **changement** d'année, **la tradition voulait que l'on s'échange des pièces** et **des médailles**. Cette coutume **perdure** de nos jours **au travers des fameuses étrennes qui sont remises** aux enfants le 1er janvier. A l'**époque** déjà, les Romains organisaient de gigantesques banquets à l'occasion du **réveillon** du Jour de l'An: le nombre de plats **indiquait** l'opulence de l'année **à venir**…

Une dizaine de jours **après**, les échanges **de voeux** étaient réalisés à l'occasion de **copieux repas** qui s'accompagnaient d'**offrandes** de **rameaux verts** et de **confiseries**. Cette période de fête **était** ensuite **clôturée** par les **célèbres jeux du cirque**.

En France, alors que le réveillon de **Noël** est souvent **consacré** à la famille, celui du 31 décembre **est** généralement **passé entre amis**. Il est de coutume de **fêter** le nouvel an par un **très bon** repas **la veille**, **c'est-à-dire** le 31 décembre au soir.

---

le nouvel an: o ano novo
une fête: uma festa
païenne (païen): pagã
qui vit le jour (vivre): que se originou (originar)
vers: ao redor de
46 avant notre ère: 46 a.c.
qui décida (décider): que decidiu (decidir)
(il) était (être): era (ser)
le dieu: o deus
des portes (une porte): portas
des commencements (un commencement): inícios
il donna (donner): ele dá (dar)
un nom: um nome
des douze mois (un mois): os doze meses

le changement: a mudança
la tradition voulait que: a tradição exigia que
l'on s'échange (échanger): que mudássemos (mudar)
des pièces (une pièce): moedas
des médailles (une médaille): medalhas
perdure (perdurer): dura (durar)
au travers: através
des fameuses (fameux): famosos
des étrennes: presente de dinheiro
qui sont remises (remettre): que são dados (dar)
l'époque (une époque): tempo
le réveillon: festa de ano novo
indiquait (indiquer): indicava (indicar)
à venir: próximo, a vir

une dizaine: uma dezena
après: depois
des voeux (un voeu): desejos
copieux: abundante
le repas: a refeição
des offrandes (une offrande): oferendas
rameaux (un rameau): galhos
verts (vert): verdes
confiseries (une confiserie): doces
(elle) était clôturée (clôturer): ela foi levada a um fim
célèbres: famosos
jeux de cirque: jogos de circo

Noël: natal
consacré (consacrer): dedicado (dedicar)
(il) est passé (passer): é passado (passar)
entre: entre
les amis (un ami): os amigos
fêter: festejar
très bon: muito bom
la veille: véspera
c'est-à-dire: isto é

C'est l'occasion de faire la fête. Le repas, commencé **tardivement**, **est prévu pour durer** jusqu'à minuit, **heure à laquelle le décompte** des secondes sera fait **en choeur**, jusqu'à ce que **les douze coups de minuit retentissent**. A ce moment là, quelle que soit l'activité en cours, **tout le monde s'arrête** pour **s'embrasser** et chacun **se souhaite** bonne année **de façon joyeuse**. La phrase traditionnelle reste: « Bonne année et bonne **santé** » !

Les échanges de voeux, sont souvent associés à **des lancers** de **cotillons**, de **boules** et **rubans** de papiers… **cris** de joie, chants, concerts de **klaxons**, **défilés** et **farandoles** dans **la rue**….

Tout est prétexte à **se souhaiter** bonne année. La tradition veut également que l'on s'embrasse sous un bouquet de **gui suspendu**, afin de se **porter chance**. Ensuite, la fête continue jusqu'à « **épuisement** » **des convives**.

La période de la Saint Sylvestre est également un moment pour **faire preuve** de bonnes résolutions. Chacun **dresse la liste** des bonnes résolutions qu'**il compte entreprendre** dans l'année…. **arrêter de fumer**, faire un régime, **mieux travailler à l'école**…. sont autant de résolutions qui, tout le monde le sait, sont rarement **tenues**. Mais cela reste **un petit plaisir** auquel tout Français **s'adonne** avec innocence, histoire de faire le point sur ce qui doit être **amélioré** dans sa **vie**.

De nombreuses **villes** en France **célèbrent** la nouvelle année en organisant **des feux d'artifice la nuit du** 31 décembre.

---

tardivement: tardiamente
(il) est prévu (prévoir): está programado
pour durer: para durar
heure à laquelle: hora na qual
le décompte: a contagem regressiva
en choeur: em uníssono
les douze coups de minuit: as doze badaladas da meia-noite
(ils) retentissent (retentir): (eles) ressoavam (ressoar)
tout le monde: todo mundo
s'arrête (s'arrêter): para (parar)
s'embrasser: abraçar
(il) se souhaite (souhaiter): (eles) se desejam (desejar)
de façon joyeuse: de maneira feliz
la santé: a saúde

lancers: jogadores
cotillons (un cotillon): anágua
boules (une boule): bolas
rubans (un ruban): fitas
cris (un cri): gritos
klaxons (un klaxon): buzina
défilés (un défilé): desfile
farandoles: farandola (dança)
la rue: a rua

se souhaiter: se desejar
un gui: visco
suspendu (suspendre): suspenso (suspender)
se porter chance: ter sorte
épuisement: exaustão
des convives (un convive): convidados

faire preuve: mostrar
(il) dresse la liste (dresser): (ele) faz uma lista (fazer)
(il) compte entreprendre (compter): (ele) pretende realizar
arrêter de fumer: parar de fumar
mieux travailler: trabalhar melhor
à l'école: na escola
tenues (tenir): mantido (manter)
un petit plaisir: um pequeno prazer
(il) s'adonne (s'adonner): (ele) devota (devotar)
améliorer: melhorar
la vie: a vida

villes (la ville): cidades
célèbrent (célébrer): celebram (celebrar)
des feux d'artifice: fogos de artifício
la nuit du: a noite de

tradition 49

Des chants sacrés

De toutes **les fêtes** guadeloupéennes, la plus fêtée est celle de **Noël que ce soit par** les chrétiens ou les non-chrétiens. **En effet, depuis longtemps,** Noël en Guadeloupe **est devenue autant** la fête des familles et du **partage qu'**une fête religieuse.

Pour une grande partie des Guadeloupéens, la tradition de Noël en Guadeloupe est symbolisée par **la nourriture** locale **consommée** en famille: plat d'igname (**tubercule** locale), de **riz** accompagné de **pois d'angole** en sauce, de porc en **fricassée** et de **jambon** de Noël **épicé**.

Pourtant, pour la majorité d'**entre eux**, ce qui symbolise avant tout la période de Noël, ce sont les « Chanté Nwel ». Cette expression **qui désigne** en créole les réunions où l'**on chante en coeur** et à **tue-tête les cantiques** de Noël, représente l'un **des temps forts** de Noël dans les Antilles françaises.

Le Chanté Nwel est donc une tradition **ancrée au coeur de** la célébration de Noël car depuis **la fin du mois** de novembre, **jusqu'à la veille** de Noël, **des anonymes**, des associations ou **des entreprises invitent le plus grand nombre** de personnes à **venir**, avec leur **recueil** de cantiques, afin de **chanter ensemble**.

Lors de ces Chanté Nwel, les **mêmes** cantiques **reviennent** régulièrement, si bien que toutes les générations **les connaissent**, **même s'ils subissent parfois** des modifications dans leurs airs ou leurs accompagnements **musicaux**. Il est parfois **assez surprenant pour les non-initiés** d'**entendre** « Michaux veillait » ou « Oh la bonne nouvelle », chants religieux à l'origine, ainsi chantés à tue-tête, avec **un verre de** punch à **la main**. Mais depuis longtemps, les cantiques de Noël **ont trouvé** leur place dans le folklore et la culture antillais, bien au delà de leur dimension **sacré**.

D'ailleurs, l'**engouement** de la population pour les Chanté Nwel **devient** même un argument commercial car les Chanté Nwel sont **enregistrés** et **gravés** sur des CD ou alors des associations et autres formations musicales **se spécialisent** dans l'animation des grands Chanté Nwel et **font payer** leurs prestations, comme **n'importe** quelle prestation artistique. **Il faut croire** alors que les Chanté Nwel **ont encore** de **beaux jours devant eux**.

---

lors de ces: durante esses
mêmes: mesmos
(ils) reviennent (revenir): são muitas vezes cantadas (cantar)
les connaissent: conhecem
même si (s'): mesmo se
ils subissent (subir): eles subam (subir)
parfois: algumas vezes
musicaux: instrumental
assez surprenant pour: bastante intrigante para
les non-initiés: os não iniciados
entendre: escutar
un verre de: um copo de
la main: a mão
(ils) ont trouvé (trouver): eles encontraram (encontrar)
sacré: sagrado, religioso

d'ailleurs: a propósito
engouement: paixão
devient (devenir): tornou-se (tornar-se)
enregistrés (enregistrer): registrado (registrar)
gravés (graver): gravado (gravar)
se spécialisent: especializam-se em
(elles) font payer (faire): elas cobram (cobrar)
n'importe: qualquer
il faut croire: aqui está a prova de
ils ont encore (avoir): eles ainda tem (ter)
beaux jours: bons tempos
devant eux: diante deles

NOTA CULTURAL: As cantigas de Natal apareceram pela primeira vez na França, durante o século XV como parte de uma encenação religiosa. No início do século XVIII, as canções de Natal vieram a incorporar danças, como as gavotas e os minuetos. As cantigas do século XIX possuem um caráter pomposo. Geralmente cantadas nas praças das catedrais no Natal, essas encenações deram origem ao teatro francês. O teatro de fantoches também é realizado todos os anos no Natal e muitas vezes é combinado com cantigas de Natal, especialmente em Paris e em Lyon. Uma das peças mais famosas para teatros de fantoches, escrita por Marynbourg, é chamada "Belém 1933" e é considerada como uma obra-prima da arte popular.

Algumas das cantigas de Natal francesas mais populares são[*]:

- *Minuit Chrétiens*, também conhecida como *Cantique de Noël*. É uma cantiga francesa natalina tradicional. É a equivalente à cantiga inglesa "O Holy Night", ainda que as letras sejam diferentes.
- *Ah ! Quel grand mystère!* é uma cantiga natalina francesa tradicional do século XIX.
- *Douce nuit* é a equivalente francesa a "Silent Night" e é cantada no mesmo tom.

---

[*] N.T.: Esta é uma obra traduzida do inglês. A Editora optou por não fazer citações com relação aos nomes das canções e manter as correspondências como no original.

tradition

La tradition du pastis

Le pastis est l'une des plus fameuses liqueurs **produites** en Provence. Très **célèbre aujourd'hui** dans toute l'Europe, le pastis est **une boisson** alcoolisée **parfumée** à l'anis. Il est produit **à partir de la macération** de **la réglisse** et du **fenouil**, qui est une plante parfumée typiquement provençale. **Il fait** donc **partie de** la grande famille des boissons **anisées** dont la plus célèbre **reste** l'absinthe, 72% d'alcool.

En 1915 **la loi** de la prohibition de la consommation d'absinthe et de tous les produits similaires **est votée**. **Il faudra attendre** 1920 pour que les alcools anisés **soient fabriqués de nouveau** à condition qu'**ils ne contiennent pas plus** d'un certain pourcentage d'alcool, mais **ce ne sera qu'en** 1938 que **le vrai** pastis **sera inventé** avec 45%.

Les Marseillais **adorent siroter** leur pastis en été sur **les terrasses ensoleillées**. Cette boisson qui **renferme** un **étonnant pouvoir désaltérant**, **se boit** lors de l'apéritif **en fin d'après midi**. Sa couleur à l'origine **plutôt ambrée** s'**éclaircit** beaucoup avec **l'eau jusqu'à donner** une couleur **jaune** très pale.

Dans **le sud**, le pastis est utilisé dans de **nombreuses recettes** de cuisine dont **ma préférée est** : **les gambas** flambées au pastis. C'est un délice ! Les poissons de Méditerranée **sont souvent cuisinés** avec les aromates anisés, **badiane**, fenouil, ou pastis, pour parfumer les préparations. **Il y a encore plus** simple comme l'omelette au pastis.

Les boissons anisées sont de **façon** générale **très appréciées** dans **le pourtour** méditerranéen. En Espagne, par exemple, **il s'agira** plutôt de **l'aguardiente** ou encore en Italie, de la sambuca.

---

produites (produire): produzidos (produzir)
célèbre: famoso
aujourd'hui: hoje
une boisson: uma bebida
parfumée: aromatizada
à partir de: a partir de
la macération: a maceração
la réglisse: alcaçuz
le fenouil: erva-doce
il fait partie de (faire partie): faz parte (fazer parte)
anisées (anisé): aromatizada com anis
reste (rester): ficar (ficar)

la loi: a lei
est votée (voter): foi votada (votar)
il faudra (falloir): era necessário (ser necessário)
attendre: esperar
soient fabriqués (fabriquer): que sejam feitas (fazer, fabricar)
de nouveau: de novo
ils ne contiennent pas plus de (contenir): eles não contêm mais que (conter)
ce ne sera qu'en (être): será apenas em (ser)
le vrai: o verdadeiro
il sera inventé (inventer): ele será inventado (inventar)

ils adorent (adorer): eles adoram (adorar)
siroter: sorver
les terrasses (la terrasse): pátios
ensoleillées (ensoleillé): ensolarados
renferme (renfermer): contém (conter)
étonnant: surpreendente
un pouvoir: poder
désaltérant: eliminador da sede
(il) se boit (boire): ele é bebido (beber)
en fin de: ao fim da
un après-midi: tarde
plutôt: um tanto
ambrée (ambré): âmbar
il s'éclaircit (s'éclaircir): ele clareia (clarear)
l'eau: água
jusqu'à: até
donner: dar
jaune: amarelo

le sud: o sul
nombreuses (nombreux): muitas
recettes (une recette): receitas
ma préférée: minha preferida
gambas: camarões jumbo
ils sont souvent cuisinés (cuisiner): eles são muitas vezes cozinhados (cozinhar)
la badiane: anis-estrela
il y a encore plus: existem ainda mais

une façon: um modo
très appréciées (apprécier): muito apreciada (apreciar)
le pourtour: região
il s' agira: será sobre
l'aguardiente: aguardente

52 tradition

La tradition **remonterait au temps des Romains** qui, eux, **buvaient** du vin d'anis aux plantes. Au XIIIème siècle, **une confrérie** produit différents **onguents** et élixirs à base d'anis, **utilisés** pour **guérir** de multiples **maladies**. **Les Maures et plus tard les croisés introduisent** l'anis en France et notamment à Marseille. Avec le temps la plante est adaptée, **raffinée et donne naissance** à l'ancêtre du pastis: l'absinthe.

Aujourd'hui, il existe **un véritable culte** autour du pastis. **Non seulement** le tout Marseille réinvente la cuisine avec les nombreuses recettes à base de pastis mais **il innove également** dans la création de nouveaux cocktails, dont en **voici quelques** exemples:

- La *Mauresque* : à base de pastis et de **sirop d'orgeat**
- La *Tomate* : a base de pastis et de sirop de grenadine
- Le *Perroquet* : a base de pastis et de sirop de **menthe**
- Le *Mazout* : à base de pastis et de soda au cola
- Le *Diesel* : à base de pastis et de **vin Blanc**

Mais le culte du pastis **va bien au-delà** encore. Aujourd'hui **on peut même trouver** un dictionnaire du pastis **qui fait sourire** les Marseillais et **les touristes avisés**. Dans le dictionnaire **on trouve** : <u>Pastis</u> : Liquide indispensable à l'exercice de certaines activités sportives de **haut niveau**, la pétanque par exemple. (Définition Impertinente - Edouard Huguelet).

Plus qu'une boisson, **vous l'aurez bien compris**, le pastis représente **en lui** toute la grande tradition de l'apéritif marseillais. Il est **5 heures et quart**... **le soleil tape toujours et les cigales ne se sont pas** encore **arrêtées de chanter. Je suis** sur la terrasse d'un café **au coeur d'**un petit village au centre de Marseille... **Il fait chaud** mais ici, **on sait se désaltérer. C'est l'heure de** l'apéritif.

---

remonterait au temps de (remonter): remonta ao tempo de (remontar)
Romains: Romanos
(ils) buvaient (boire): eles bebiam (beber)
un vin: vinho
une confrérie: fraternidade
onguents (un onguent): bálsamos, pomadas
utilisés (utiliser): usado (usar)
guérir: para curar
maladies (une maladie): doenças
les Maures: os Mouros
plus tard: mais tarde
les croisés: cruzados
ils introduisent (introduire): eles introduziram (introduzir)
raffinée (raffiné): refinado (refinar)
elle donne naissance (donner): ela deu à luz (dar)

un véritable culte: um verdadeiro culto
non seulement: não somente
il innove (innover): ele inova (inovar)
également: também
voici: aqui
quelques: alguns
le sirop d'orgeat: xarope de orchata
la menthe: a menta
le vin blanc: o vinho branco

va bien au-delà (aller): vai muito além (ir além)
on peut (pouvoir): nós podemos (poder)
même: mesmo
trouver: encontrar
qui fait sourire: que faz sorrir
les touristes avisés: os turistas informados
on trouve (trouver): nós encontramos (encontrar)
un haut niveau: um alto nível

vous l'aurez bien compris (comprendre): você terá melhor entendido (entender)
en lui: em si mesmo
5 heures et quart: 5 horas e 15 minutos
le soleil: o sol
(il) tape (taper): é escaldante, carrega para baixo (escaldar, carregar)
toujours: sempre
les cigales (la cigale): cigarras
ne se sont pas arrêtées (s'arrêter): não pararam (parar)

chanter: cantar
je suis (être): eu sou (ser)
au coeur de: no coração/centro do
il fait chaud: faz calor
mais ici: mas aqui
on sait se désaltérer (savoir): nós sabemos como matar a nossa sede (saber)
c'est l'heure de: é hora de

tradition 53

Le vin et le fromage français

Les vins et **les fromages font partie intégrante** de la culture gastronomique française. **Très peu de repas** en France **ne se passent sans** qu'il n'y ait du vin et du fromage à table.

Une des citations **célèbres** du Général de Gaulle est : « **Comment voulez-vous gouverner un pays** où il existe 246 variétés de fromage ? » Il en existe **en fait plus de** 400 différents types. **Un dicton** célèbre **dit** qu'il en existe 365, **un pour chaque jour** de **l'année**, mais **le nombre** exact est absolument impossible à déterminer. Quant au vin, 340 Appellations d'Origine Contrôlées (**écrit communément** AOC) sont **recensées** sur le seul territoire français.

Ce label AOC, **délivré au** vin, **mais également** au fromage, est donné par l'Institut National des Appellations d'Origine (dépendant du Ministère de l'Agriculture). **Il garantit non seulement** la qualité, mais également l'authenticité de l'origine géographique du produit. **Ceci permet une traçabilité** et un respect de la labellisation des fromages et vins qui, de part leurs nombres, sont **facilement reproductibles**.

On distingue trois types de fromages : les fromages au **lait de vache**, ceux au **lait de chèvre** et ceux au **lait de brebis**. **Etant donné** qu'il existe un grand nombre de fromages en France, **de nombreux adjectifs décrivent** la texture, **le goût** et le type de pâte le caractérisant : le fromage **peut être** frais, à **pâte molle**, à pâte normale, à **pâte pressée**, à **croûte naturelle**, à croûte **dure**... Il y a des fromages **forts** (Roquefort, Maroilles, Cancoillote...), ou des fromages plus doux (Brie, Tomme...), mais **ils méritent tous** un détour.

Certains fromages **portent** dans leur **appellation** le nom de **la ville** d'origine de leur fabrication. Ainsi, le *St Marcellin*, le Brie de *Meaux*, **la feuille** de *Dreux* ou le bleu de *Sassenage* fournissent directement les informations sur la ville de provenance du fromage.

D'autres possèdent juste le nom d'une région, comme le *Cantal*, **le carré** du *Poitou*, **la tomme** de *Savoie*, ou l'Epoisses de *Bourgogne*. De **la même façon**, **la plupart des** vins français sont issus de régions spécifiques du pays. Ces régions, de part leur climat, la caractéristique et **la richesse** de leurs **terres**, font les spécificités de **chacun** des vins et **qui y sont produits**. Par exemple, la Champagne et l'Alsace (régions du nord et nord-est) **produisent des vignes** très différentes **de celles** des régions de Bordeaux et de Provence (sud et sud-est). La région d'origine des vignes et l'un des facteurs **les plus importants** dans la production du vin. Ces caractéristiques sont déterminées **sous le terme** de « terroir ». Un terroir est donc **un ensemble** de **vignobles** d'une **même** région géographique, avec le même type de **sol** (terre) et de conditions climatiques. La dénomination du terroir **garantit** ainsi de **retrouver** un certain type de vin **qui aura** les mêmes caractéristiques générales, mais avec des subtilités de goût différentes.

Les vins français sont issus des 9 grandes régions **suivantes** : Alsace, Beaujolais, Bordeaux, Bourgogne, Côtes du Rhône, Languedoc Roussillon, Loire, Provence/Corse et Sud Ouest. Le **casse-tête des non-initiés** au **savoir viticole** est de **pouvoir choisir** le vin adéquat en accompagnement d'**un repas**. Ainsi, la majorité **des recettes** de cuisine **publiées comporte une annotation** sur le type de vin à **servir** avec le plat en question. **En cas de doute, il vaut mieux laisser** les choix du vin à **quelqu'un qui s'y connaît**, ou **demander conseil**, **plutôt que** de **tenter sa chance au hasard**. Choisir un vin **qui ne se marie pas** du tout avec un plat est **une faute de goût** certaine à la table des Français et vu le nombre de vins **disponibles, on ne peut laisser** la chance **décider** pour soi **sans prendre** un certain risque.

Pour ce qui est de l'alliance du fromage et du vin, **le top du top** est de **savoir marier** le **bon** fromage avec le bon vin. Tout un art, **mais quel délice** pour **le palais** !

---

d'autres: outros
possèdent juste (posséder): possuem apenas (possuir)
le carré: quadrado
la tomme: queijo tomme
la même façon: o mesmo modo
la plupart des: a maioria dos
la richesse: a riqueza
terres (la terre): terras
chacun: cada
qui y sont produits (produire): que são produzidos ali (produzir)
(elles) produisent (produire): elas produzem (produzir)
des vignes (une vigne): parreiras
de celles: dos quais
les plus importants: os mais importantes
sous le terme: pela expressão
un ensemble: grupo
vignobles (un vignoble): vinhedos
même: mesmo
le sol: o solo
il garantit (garantir): garante (garantir)
retrouver: encontrar de novo
qui aura (avoir): que terá (ter)

suivantes (suivant): seguintes
le casse-tête: quebra-cabeças
non-initiés: leigos
le savoir: o conhecimento
viticole: vitícola
pouvoir choisir: poder escolher
un repas: uma refeição
recettes: receitas
publiées (publier): publicadas (publicar)
comporte (comporter): inclui (incluir)
une annotation: um comentário
servir: servir
en cas de doute: em caso de dúvidas
il vaut mieux: seria melhor
laisser: deixar
quelqu'un: alguém
qui s'y connaît (connaître): que sabe sobre (saber)
demander conseil: pedir conselho
plutôt que: em vez de
tenter sa chance: tentar a sorte
au hasard: ao acaso
qui ne se marie pas: que não combina com
une faute de goût: uma falta de gosto
vu: tendo em vista
disponibles: disponíveis
on ne peut laisser: não podemos deixar
décider: decidir
sans prendre: sem tomar

pour ce qui: quanto a
le top du top: o melhor do melhor
savoir marier: saber como combinar
bon: correto
mais quel délice: mas que delícia
le palais: o paladar

tradition 55

Le flamboyant automne

Rouge, **les feuilles** de **l'érable**.
Orange **les champignons des bois**.
Jaune le soleil qui **se voile**.
Marron, comme **le tronc**.
Belles sont les couleurs de l'**automne** !

Les arbres ont un système de **survie adapté** aux régions où **ils sont implantés**. Ainsi, dans les regions **tempérées** et **froides**, les arbres **utilisent** leur énergie **avec parcimonie** et **déclenchent** un système de **veille** en **hiver**. Alors que **les parties** solides de l'arbre comme le tronc et les branches **sont protégées** par l'**écorce**, les feuilles quant à elles ont **un tissu tendre qui ne résiste pas** aux basses températures.

Dès que les températures **commencent à baisser**, **vers la fin** du **mois** de septembre en France, **la sève**, **véhiculée** habituellement dans toutes les parties de l'arbre, **ne peut plus accéder** aux feuilles car le système de veille de l'arbre n'a plus suffisamment d'énergie pour **nourrir** ses extrémités. Les feuilles **arrivent** donc à **survivre pendant** une période avec leur **propre** réserve, **mais petit à petit, elles se déshydratent** et **se durcissent**. Cette déshydratation est symbolisée par **la perte** de leur couleur verte, représentant la chlorophylle qui **n'est plus produite**.

---

les feuilles (la feuille): as folhas
l'érable: a árvore de bordo
les champignons (le champignon): os cogumelos
des bois (un bois): florestas
jaune: amarelo
le soleil: o sol
(il) se voile (se voiler): (ele) cobre (cobrir)
marron: marrom
le tronc: o tronco
belles: bonita
l'automne: o outono

les arbres (la arbre): as árvores
la survie: a sobrevivência
adapté: adaptado
ils sont implantés (implanter): eles são implantados (implantar)
tempérées (tempéré): suave
froides: frias
utilisent (utiliser): usam (usar)
avec parcimonie: com parcimônia
(ils) déclenchent (déclencher): (eles) começam (começar)
la veille: a dormência
un hiver: um inverno
les parties (la partie): as partes
(elles) sont protégées (protéger): (elas) são protegidas (proteger)
écorce: casca
un tissu: tecido
tendre: suave
qui ne résiste (résister): que não resiste (resistir)

dès que: assim que
commencent à (commencer): começam (começar)
baisser: diminuir
vers: em torno de
la fin: o final
le mois: o mês
la sève: seiva
véhiculée (véhiculer): carregado (carregar)
(elle) ne peut plus accéder (pouvoir): (ela) não consegue mais acessar (poder, acessar)
nourrir: para alimentar
arrivent (arriver): conseguem (conseguir)
survivre: sobreviver
pendant: durante
propre: próprio
mais: mas
petit à petit: pouco a pouco
elles se déshydratent: elas se desidratam
(elles) se durcissent (durcir): (elas) endurecem (endurecer)
la perte: a perda
n'est plus produite (produire): não é mais produzida (produzir)

56 tradition

Ainsi, quand arrive l'automne en France, **les paysages** sont illuminés par des **couleurs féeriques plus flamboyantes les unes que les autres:** orange, jaune, violet, rouge, ocre, **mordoré**, **or** … Ce phénomène **dure** habituellement **trois à quatre semaines**, mais **la douceur** des températures de certains automnes prolonge souvent ces magnifiques **tableaux quelques** semaines de plus.

En automne, **les enfants se régalent à faire voler** les feuilles **mortes en donnant de grands coups de pieds** dans **les tas** de feuilles **qui se sont amassées par terre**.

Les feuilles, **châtaignes** et autres **trésors trouvés à même le sol**, dans les bois et **forêts** sont autant d'**outils précieux** pour la réalisation de tableaux et natures mortes dont **les enseignants s'inspirent souvent** pour **créer** des activités de **bricolage** avec **leurs élèves**.

A cette période, **des** petits **stands apparaissent un peu partout** dans **les rues** pour **vendre** des châtaignes grillées, à **déguster** sur place, **encore chaudes**. Ces châtaignes sont grillées dans **des poêles** spécifiques (avec **des trous au fond**), sur **des braises**, **afin que** l'écorce **se craquèle** et permette ainsi au **fruit de cuire** rapidement **tout en gardant** sa texture.

De Paul Verlaine (avec sa « Chanson d'automne »), à Jacques Prévert (avec son **oeuvre** « Les feuilles mortes »), les thèmes de l'automne et des feuilles mortes ont inspiré plus d'**un auteur français** et de nombreux poèmes **ont été écrits** à ce sujet. **En voici deux**, pour **le plaisir des yeux**.

---

les paysages (le paysage): as paisagens
couleurs féeriques: cores mágicas
plus flamboyantes les unes que les autres: cada um mais ardente que o outro
mordoré: marrom dourado
or: ouro
(il) dure (durer): dura (durar)
trois à quatre semaines: três ou quatro semanas
la douceur: a suavidade
ces tableaux (un tableau): quadros
quelques: algumas

les enfants (le enfant): as crianças
se régalent à (se régaler): apreciam (apreciar)
faire voler: para fazer voar
mortes: mortas
en donnant de grands coups de pieds: dando grandes chutes
les tas (le tas): pilhas
qui se sont amassées par terre: que estão empilhadas no chão

châtaignes (une châtaigne): castanhas
trésors (un trésor): tesouros
trouvés (trouver): encontrados (encontrar)
à même le sol: logo no chão
forêts: florestas
outils (un outil): ferramentas
précieux: preciosos
les enseignants (le enseignant): os professores
s'inspirent (inspirer): são inspirados (inspirar)
souvent: frequentemente
créer: criar
le bricolage: artes e ofícios
leurs élèves (un eleve): seus alunos

des stands (un stand): estábulos
apparaissent (apparaître): aparecem (aparecer)
un peu partout: por todos os lados
les rues (la rue): as ruas
vendre: vender
déguster: degustar
encore chaudes (chaud): ainda quentes
des poêles (une poêle): panelas
des trous au fond: buracos no fundo
des braises (une braise): cinzas
afin que: de modo a
se craquèle (se craqueler): craquele (craquelar)
fruit: noz
cuire: cozinhe
tout en gardant: enquanto mantém

une oeuvre: trabalho
un auteur français: autor francês
Ont été écrits (écrire): foram escritos (escrever)
en voici deux: aqui estão dois
le plaisir: o prazer
des yeux (un oeil): olhos

tradition

La cérémonie du mariage

En France, le mariage **se déroule** en général en deux cérémonies. La première **a lieu à la mairie alors que la deuxième** se déroulera **selon les croyances** et pratiques religieuses du couple à marier. Pour un mariage « traditionnel » français, la cérémonie religieuse a lieu dans **une église**, où **le prêtre bénira** et **unira les deux époux** selon les rituels de la religion catholique.

Le passage devant Monsieur le Maire **se fait** généralement **assez rapidement**. L'officier d'état civil s'**assure** de l'identité des deux futurs époux et procède à la lecture d'articles du code civil relatif au mariage **tels que, entre autres**:

- « Les époux **se doivent mutuellement fidélité**, **secours**, assistance ».
- « Les époux **assurent ensemble** la direction morale et matérielle de la famille. **Ils pourvoient** à l'éducation **des enfants** et préparent leur **avenir** ».

Quant à la cérémonie religieuse, elle nécessite un investissement plus important de la part des futurs mariés. **En effet**, pour la cérémonie à l'église, **il leur revient de choisir** les textes qu'**ils souhaitent** voir lire, de **décider** de la musique **qui sera jouée pendant** les différentes **étapes** de la cérémonie (l'entrée dans l'église, après la lecture des textes par le prêtre, **la marche nuptiale** et **la clôture** de la cérémonie).

L'entrée dans l'église **se fait souvent sur un fond** de musique classique et **solennelle**. Le marié **entre** en premier et attend devant l'**autel** sa future épouse **qui fera** son entrée au **bras** de **son père**. A l'arrivée des mariés, le prêtre formule **un petit discours** d'accueil à leur attention. **S'en suivra** la lecture de psaumes et de textes lus par des membres de la famille et **amis**, comme l'**auront préparés** les futurs mariés. Le moment **le plus émouvant** de la cérémonie religieuse est **sans nul doute** le moment où le prêtre procède à l'échange **des consentements**.

L'étape d'échange des consentements **terminée**, l'échange des alliances et la bénédiction concrétisent l'union **devant Dieu**. **Une fois** l'échange **des alliances** faites, le prêtre déclare « **Désormais, vous êtes unis** par Dieu par **les liens sacrés du mariage** ».

S'en suit **la bénédiction** nuptiale et la signature des registres, **pour laquelle les témoins rejoignent** les époux. **La sortie** de l'église se fait généralement sur une musique **entraînante et gaie**. Il est de coutume de **lancer des poignées de riz**, symbole de fertilité et de prospérité, **au-dessus** des mariés sur **les marches** de l'église.

Après cette cérémonie **un vin d'honneur** est généralement proposé. Il permet d'**inviter** les personnes avec qui les relations **ne sont pas suffisamment proches** pour **les convier** à **la soirée**. La soirée de mariage **se poursuivra** ensuite une grande partie de la nuit. Les mariés, qui sont généralement **les derniers** à partir, **passeront** la majeure partie de **leur temps** à aller de table en table **afin de pouvoir** parler et **profiter** de chacun des invités.

De nombreux mariages ont lieu en France **pendant les mois** de juin, juillet et août quand le temps est **clément** et **les journées plus longues** et **propices à la fête**. D'un point de vue pragmatique, **il faut donc** s'assurer bien à l'avance de **la disponibilité** des lieux que les futurs époux **ont choisi** pour leur soirée de mariage. En effet, **les salles sont** souvent **réservées plusieurs** mois à l'avance.

Une fois **unis** par les liens du mariage, **il ne reste plus qu'**à respecter **la dernière** tradition : la légende **raconte** que si la mariée **trébuchait en entrant** pour la première fois dans **la demeure conjugale**, alors son mariage **serait promis** à **un avenir** catastrophique ! Pour conjurer le sort et pour **éviter** cet incident, le marié **porte** donc la **nouvelle** épouse pour **franchir le seuil** de leur porte et la **ferme** afin d'éviter qu'**elle ne ressorte**.

terminée (terminer): terminado (terminar)
devant Dieu: diante de Deus
une fois: uma vez que
des alliances (une alliance): alianças
désormais: de agora em diante
vous êtes unis (unir): vocês estão unidos (unir)
les liens sacrés du mariage: matrimônio sagrado

la bénédiction: a benção
pour laquelle: para a qual
les témoins (le témoin): as testemunhas
rejoignent (rejoindre): juntam-se (juntar-se)
la sortie: a saída
entraînante et gaie: alegre e feliz
lancer: jogar
des poignées de riz: punhados de arroz
au-dessus: acima
les marches (la marche): degraus

un vin d'honneur: recepção
inviter: convidar
(ils) ne sont pas suffisamment proches: (eles) não são tão próximos
les convier: para convidá-los
la soirée: festa
se poursuivra (poursuivre): continuará (continuar)
les derniers (le dernier): os últimos
(ils) passeront (passer): (eles) passarão (passar)
leur temps: seu tempo
afin de pouvoir: de maneira a poder
profiter: aproveitar
chacun: cada

pendant les mois: durante os meses
clément: suave
les journées plus longues: dias mais longos
propices à: favoráveis a
la fête: a festa
il faut donc (falloir): portanto, é necessário (ser necessário)
la disponibilité: a disponibilidade
ont choisi (choisir): escolheram (escolher)
les salles (la salle): os salões
sont réservées (réserver): são reservados (reservar)
plusieurs: muitos

unis (unir): casados, unidos
il ne reste plus qu' (rester): o que resta é (restar)
la dernière: a última
raconte (raconter): conta (contar)
trébuchait (trébucher): tropeçava (tropeçar)
en entrant: enquanto entrava
la demeure conjugale: a casa da família
(il) serait promis: será destinado
un avenir: um futuro
éviter: evitar
porte (porter): carrega (carregar)
nouvelle (nouveau): nova (novo)
franchir: cruzar
le seuil: porta
(il) ferme (fermer): (ele) fecha (fechar)
elle ne ressorte (ressortir): não saia de novo (sair de novo)

tradition 59

Évaluez votre compréhension

Un jour, un chocolat, Página 44

1. Onde e quando esse calendário se originou?

2. Como as famílias marcam os dias que antecedem o Natal?

Les vancances à la française, Página 45

1. Que ideia nova sobre as férias surgiu em 1920?

2. Como os empregados fizeram essa mudança acontecer?

3. Nos últimos 50 anos, o que aconteceu com a duração das férias pagas na França?

Le temps des sucres, Página 46

1. O que é uma *cabane à sucre* e o que acontece ali?

2. Como se prepara a *tire d'érable*?

3. Qual é a técnica para colher o xarope?

Le réveillon de la Saint Sylvestre, Página 48

1. Na Roma antiga, que presentes eram trocados?

2. O que o número de pratos representava nos banquetes romanos?

3. Por que a refeição da véspera de ano novo acontece mais tarde?

Teste sua compreensão

Des chants sacrés, Página 50

1. Quais são alguns pratos tradicionais apreciados no Natal?

2. O que representa o ponto alto do Natal em Guadalupe?

3. Qual é a tradição da *Le Chanté Nwel* e quando ela começa?

La tradition du pastis, Página 52

1. O Pastis é aromatizado com que semente?

2. Que lei foi passada em 1915?

3. Quando esse aperitivo é geralmente apreciado?

Le vin et le fromage français, Página 54

1. O que a etiqueta AOC garante?

2. O que o termo *terroir* garante ou indica?

3. Quantas regiões francesas vinícolas existem?

Le cérémonie du mariage, Página 58

1. O que o autor considera como a parte mais comovente do casamento?

2. A saída da igreja é feita sob qual tipo de música?

3. Quando a maioria dos casamentos franceses acontecem e por quê?

Célébration

Pâques en France

Pâques est une **des fêtes chrétiennes** les plus importantes de **l'année**. **Elle rappelle** la résurrection de Jésus Christ, **trois jours** après **sa mort** sur **la croix**, et **ce jour marque la fin** du **Carême** pour les chrétiens **pratiquants**. C'est une fête « d'obligation », ce **qui veut dire** que **les fidèles doivent arrêter** de **travailler** pour **aller** à **la messe**, où **ils vont** généralement **se confesser**. **On appelait** cela « faire ses Pâques » mais l'expression n'est plus très **utilisée**.

Aujourd'hui, Pâques est **surtout célèbre** pour… **les oeufs** en chocolat. La légende populaire **dit** que **les cloches deviennent** silencieuses **le Jeudi Saint**, en signe de **deuil**. Les parents **rappellent** aux enfants que les cloches **sont parties** à Rome pour célébrer la mémoire du Christ. **Elles reviennent** ensuite le jour de Pâques, distribuant des oeufs sur **leur passage**.

Au **siècle dernier**, le chocolat **était encore cher**, alors les parents **prenaient** des oeufs de **poule** et **les décoraient**. Ce phénomène **revient lentement à la mode**, comme activité familiale. Mais aujourd'hui, le chocolat est **roi**! **On trouve** des oeufs, grands ou petits, mais aussi **des lapins,** des poules et des cloches en chocolat.

Les parents **vont les cacher** dans le jardin ou dans l'appartement pour **une** « **chasse** à l'oeuf », au grand plaisir des enfants. Certains villages organisent aussi des « chasses à l'oeuf » dans un parc, pour enfants et adultes. **Celui qui trouve le plus** d'oeufs **gagne**… mais le plus grand plaisir est de **chercher** et de **partager.** Évidemment, tous les oeufs ne sont pas trouvés et **il arrive** souvent qu'**on rencontre** des oeufs abandonnés dans **un coin**. Alors, **joyeuses** Pâques et **bonne chasse** à l'oeuf !

Pâques: Páscoa
des fêtes chrétiennes: festas cristãs
l'année (une année): o ano
elle rappelle (rappeler): ela comemora (comemorar)
trois jours (un jour): três dias
sa mort (une mort): sua morte
la croix: a cruz
ce jour (le jour): neste dia
marque (marquer): marca (marcar)
la fin: o fim
Carême: Quaresma
pratiquants (pratiquer): praticantes (praticar)
qui veut dire (vouloir dire): o que quer dizer (querer dizer)
les fidèles (le fidèle): os fiéis, crentes
doivent arrêter (devoir): devem parar (dever)
travailler: trabalho
aller: ir
la messe: a missa
ils vont (aller): eles vão (ir)
se confesser: confessar
on appelait (appeler): nós chamamos (chamar)
utilisée (utiliser): usado (usar)

aujourd'hui: hoje
surtout: principalmente
célèbre: famoso
les oeufs (le oeuf): ovos
elle dit (dire): ele diz (dizer)
les cloches (la cloche): os sinos
deviennent (devenir): tornam-se (tornar-se)
Jeudi Saint: Quinta-feira Santa
le deuil: o luto
rappellent (rappeler): lembram (lembrar)
sont parties (partir): partiram (partir, ir embora)
elles reviennent (revenir): elas voltam (voltar)
leur passage: sua passagem

le siècle dernier: o último século
était encore (être): ainda era (ser)
cher: caro
prenaient (prendre): tomaria (tomar)
une poule: uma galinha
les décoraient (décorer): eles decoravam-no (decorar)
revient (revenir): voltava (voltar)
lentement: lentamente
à la mode: na moda
un roi: um rei
on trouve (trouver): você achará (achar)
des lapins (un lapin): coelhos

vont (aller): vão (ir)
les cacher: escondê-los
une chasse: uma caça
celui qui trouve: aquele que encontrar
le plus: mais
gagne (gagner): ganha (ganhar)
chercher: procurar
partager: dividir
il arrive (arriver): acontece (acontecer)
on rencontre (rencontrer): deparamo-nos (deparar)
un coin: um canto
joyeuses (joyeux): felizes
bonne chasse: boa caçada

64 célébration

La fête du Travail

La Fête du Travail est une fête **connue qui rend hommage** aux **travailleurs** dans **le monde entier**. **Tout commence** aux États-Unis, le 1er mai 1884, quand **les syndicats décident** de commencer **une grève : ils demandent** la réduction du **temps de travail**. **Deux ans plus tard**, le 1er mai 1886, les patrons américains acceptent **la journée de huit heures**.

En 1889, les syndicats français **veulent** aussi une réduction du temps de travail et décident donc que, **chaque** 1er mai, **il y aura des manifestations** en France. Pendant la manifestation de 1891, **neuf ouvriers** sont tués par la police : le 1er mai **devient** alors un symbole de **lutte** pour les ouvriers. Les syndicats **continuent** les manifestations chaque année et **appellent** le 1er mai « la Fête des Travailleurs ».

Ce n'est qu'en 1921 que le Sénat français **ratifie** la journée de huit heures. L'année **suivante**, le Maréchal Pétain déclare le 1er mai « Journée du Travail et de la Concorde Sociale » mais la Fête du Travail devient **un jour férié seulement** en 1947, **peu après la guerre**.

Si vous vous promenez en France au début du **mois** de mai, **vous verrez beaucoup** de **gens vendre** du **muguet**. C'est une tradition associée au 1er mai car le muguet est **un porte-bonheur**. **Le roi** Charles IX a en effet **reçu un brin** de muguet en 1561 et il a décidé d'en **donner** aux **dames** de **la cour** chaque année, pour **leur porter chance**.

Depuis, on offre du muguet à **nos amis** et à nos familles le 1er mai. **Chacun peut** en **cueillir** dans **son jardin** et en vendre dans **la rue ce jour-là**, **sans payer** de taxes **à l'état**. **Si vous êtes** en France à cette période, **n'oubliez pas** d'offrir un brin de muguet à **vos proches** mais **faites attention**, car cette **jolie fleur** est aussi toxique.

La Fête du Travail: Dia do trabalho
connue (connaître): conhecido (conhecer)
qui rend homage (rendre homage): a qual homenageia (homenagear)
travailleurs (un travailleur): trabalhadores
le monde entier: o mundo inteiro
tout commence (commencer): tudo começou (começar)
les syndicats (un syndicat): os sindicatos
décident (decider): decidiram (decidir)
une grève: uma greve
ils demandent (demander): eles pedem (pedir)
temps de travail: horas de trabalho
deux ans: dois anos
plus tard: mais tarde
la journée de 8 heures: a jornada de oito horas de trabalho por dia

ils veulent (vouloir): eles querem (querer)
chaque: cada
il y aura (avoir): haverá (haver)
des manifestations (une manifestation): manifestações
des ouvriers (un ouvrier): dos trabalhadores
(il) devient (devenir): tornou-se (tornar-se)
la lutte: a luta
continuent (continuer): continuam (continuar)
ils appellent (appeler): eles chamam (chamar)

ce n'est qu' (être): é apenas (ser)
ratifie (ratifier): ratifica (ratificar)
suivante (suivant): seguinte
un jour férié: um feriado público
seulement: apenas
peu après: logo depois
la guerre: a guerra

si vous promenez (se promener): se você sai para caminhar (sair para caminhar)
le mois: o mês
vous verrez (voir): você verá (ver)
beaucoup: muitas
des gens: pessoas
vendre: vendendo
le muguet: lírio-do-vale
un porte-bonheur: um amuleto da sorte
le roi: o rei
(il) a reçu (recevoir): ele recebeu (receber)
un brin: um ramo
donner: dar
dames (une dame): damas
la cour: a corte
leur porter chance: para dar sorte

depuis: desde então
nos amis (un ami): nossos amigos
chacun peut (pouvoir): todos podem (poder)
cueillir: colher
son jardin (le jardin): seu jardim (o jardim)
la rue: a rua
ce jour-là: naquele dia
sans payer: sem pagar
à l'état: ao estado
si vous êtes (être): se você é (ser)
n'oubliez pas (oublier): não esqueça (esquecer)
vos proches (un proche): seus parentes
faites attention: tenha cuidado
jolie (joli): bonita
fleur (une fleur): flor

célébration

Le carnaval aux Antilles

Chaque année, les Caraïbes **vibrent** aux **sons** du carnaval et dans les **Antilles françaises**, Guadeloupe et Martinique, c'est une tradition très **vivante**. Aux Antilles, l'Épiphanie ou **la fête des Rois**, qui est le **premier dimanche** de **janvier** est aussi le premier dimanche du Carnaval.

Mais **comment expliquer** la force de cette tradition aux Antilles françaises? Le carnaval a des origines européennes très **lointaines**. *Carne levare* **qui signifie** en italien « **lever la chair** » était une célébration religieuse qui **précédait** le **Carême**, période d'abstinence où **les croyants ne mangent pas** de **viande**. Ainsi, pour compenser **les manques** du Carême, on mangeait en abondance et en **se faisant plaisir**.

Au delà de ces origines européennes, il faut aussi **rappeler** que les Antilles françaises, **ont été peuplées** par les Africains, venus comme **esclaves**, avec des traditions et des célébrations très **fortes** aux Antilles. Le Carnaval était une période où ils étaient **un peu plus libres** d'**exprimer** leurs cultures **par des chants** et des danses.

De nos jours, le Carnaval commence le premier dimanche de janvier, **jusqu'à** la date officielle du **Mercredi des Cendres**, avec **des défilés** tous les dimanches. Chaque dimanche, de très **nombreux groupes** carnavalesques défilent dans des costumes variés et colorés et au son d'une musique traditionnelle. **On les appelle** les « groupes **à pied** », parce que **les carnavaliers** défilent à pieds, sans **chars**. Il en existe trois catégories.

Il y a tout d'abord, les groupes qui s'inspirent d'un carnaval très coloré comme **celui** de Rio. **Ils se reconnaissent** à leur musique « à **caisse claire** » et à leurs costumes très colorés **faits** de **plumes**, de **tissus** très **chatoyants** et à leurs chorégraphies.

Ils font partie de la tradition du carnaval guadeloupéen. Ils participent aux **concours** de la saison pour déterminer **le meilleur** groupe du carnaval et **élisent** une **Reine** du carnaval.

Les « ti-mass » sont des groupes d'**enfants** ou de **jeunes** qui se déguisent d'un **même** costume, d'une même couleur et **qui se cachent le visage** avec des masques de **singes** ou de **sorcières** de manga. C'est une évolution du carnaval en Guadeloupe car ces groupes ont une musique très innovante et très appréciée par les jeunes.

Pour finir, **le troisième** type de groupe s'appelle les groupes « à peaux » qui portent le nom **des tambours** faits avec **une peau de cabri** très **tendue**. Ces groupes sont dits traditionnels et font un carnaval **plus proche** des traditions africaines qu'européennes. **Les déguisements** sont souvent **des éléments** recyclés: **feuillages**, tissus, **bouteilles** en plastique. Ils défendent une vision du carnaval et de la société.

Ils ne défilent pas mais **marchent**, ils ne font pas de chorégraphies mais **chantent en avançant** avec un rythme très **soutenu**, comme une d'activité physique et spirituelle. **Devant** les groupes, il y a **toujours** de l'encens pour **appeler** l'esprit des ancêtres et de **fouets** pour annoncer leur arrivée.

Si dans certains **pays** c'est le **dernier jour** du carnaval, en Guadeloupe, deux **semaines plus tard**, les défilés **reprennent** le **jeudi** de la mi- Carême. Ce jeudi est exactement à **la moitié** du **mois** du Carême. On défile en rouge et noir, couleurs qui symbolisent **la renaissance** du carnaval pour l'**année suivante**.

Le carnaval **dure parfois** un mois, un mois et demi et même deux mois selon le calendrier de l'année, **mais malgré tout** les carnavaliers **n'en ont jamais assez**.

---

ils font partie (faire partie): eles fazem parte de (fazer parte de)
concours (un concours): concursos
le meilleur: o melhor
ils élisent (élire): eles elegem (eleger, escolher)
une reine: uma rainha

enfants (un enfant): crianças
jeunes (un jeune): jovens
même: mesmo
qui se cachent (cacher): que se escondem (esconder)
le visage: o rosto
des singes (un singe): macacos
sorcières (une sorcière): bruxas

pour finir: ao final, finalmente
le troisième: o terceiro
des tambours (un tambour): tambores
une peau de cabri: pele de bode jovem
tendue (tendre): esticada (esticar)
plus proche ... que: mais perto do que
les déguisements (le déguisement): os trajes
des éléments (un élément): elementos
feuillages (un feuillage): folhas, folhagem
bouteilles (une bouteille): garrafas

(ils) marchent (marcher): eles caminham (caminhar)
(ils) chantent (chanter): eles cantam (cantar)
en avançant (avancer): enquanto avançam (avançar)
soutenu: constante
devant: diante de
toujours: sempre
appeler: chamar
des fouets (un fouet): chicotes

des pays (un pays): países
dernier jour (un jour): último dia
des semaines (une semaine): semanas
plus tard: mais tarde
reprennent (reprendre): recomeçam (recomeçar)
jeudi: quinta-feira
la moitié: a metade
un mois: um mês
la renaissance: o renascimento
la année: ano
suivante (suivant): seguinte

dure (durer): dure (durar)
parfois: algumas vezes
mais malgré tout: apesar de tudo
n'en ont jamais assez (en avoir assez): nunca tem o suficiente (ter suficiente)

célébration **67**

Faites de la musique !

La Fête de la Musique est **aujourd'hui** un événement international, **célébré** dans **plus de cent pays**. **Mais tout a commencé** en France, en 1982. **Après** les élections présidentielles de 1981, Jack Lang **devient** Ministre de la Culture et **adapte** une idée de Joel Cohen, un musicien de Radio France – Radio Musique. La première édition de la Fête de la Musique est donc **lancée** le 21 juin 1982 et **rencontre** un grand succès : les éditions **se succèdent** alors **chaque année** et la Fête devient un des événements culturels les plus importants de l'année. **Au fil du temps, elle s'exporte** en Europe puis dans **le monde entier**, avec plus de 340 **villes** participantes.

La Fête **a lieu** le 21 juin, **jour du solstice d'été**. C'est **la nuit la plus courte** de l'année et **on en profite** aussi pour célébrer l'arrivée de **l'été** et des vacances. C'est donc le moment idéal pour **descendre dans les rues** et **s'amuser jusqu'au lendemain matin** !

À la Fête de la Musique, **faites de la musique** ! **Ce jour-là**, des concerts **improvisés** ont lieu dans **les écoles**, les hôpitaux, **les musées**, les bars, les restaurants, **les salles de spectacles… mais surtout** dans les parcs et dans la rue ! Tout le monde peut organiser un petit concert pour exposer son talent ou, tout simplement, pour **partager** sa passion de la musique. Musiciens professionnels, groupes amateurs, **élèves** d'écoles de musique, débutants complets : **au moins** un Français sur dix **a déjà participé** à la Fête de la Musique, **soit en jouant**, **soit en chantant**. C'est en effet une bonne occasion de se produire **sur scène** !

Ce jour-là, la SACEM (Société des Auteurs Compositeurs et Éditeurs de Musique) **ne demande aucun droit d'auteur** pour les concerts **gratuits**. Les musiciens **jouent** donc bénévolement. Mais c'est l'occasion de **se faire connaître** et de **toucher** un large public. 80% des Français **ont en effet assisté** à l'événement **au moins une fois depuis** 1982 ! Pour les « simples » spectateurs, la Fête de la Musique est une occasion formidable pour assister à des concerts gratuitement mais aussi pour **découvrir** de **nouveaux** styles de musique. Jazz, rock, musique du monde, RnB, musique classique, rap, musique traditionnelle… Tous les genres sont représentés !

La Fête a **d'ailleurs servi de tremplin** à de **nombreux** groupes dans certains genres récents, comme le hip-hop ou la techno. C'est aussi l'occasion de **prouver** que certains styles, considérés « **ringards** » ou **dépassés**, sont **toujours** d'actualité et appréciés par le public. Mais, **on assiste surtout** à un **joyeux mélange** des genres, qui **témoigne** de la vitalité de la scène musicale française.

Malgré tout, la Fête a aussi **ses mauvais côtés** et **la polémique renaît** chaque année. **Les nuisances sonores** ont en effet été critiquées par les habitants de certains quartiers et des restrictions **ont dû être imposées** sur les **lieux et heures** des concerts, ainsi que sur **les niveaux sonores**. Plus que **le bruit**, l'alcool est **le trouble-fête** le plus important. La consommation excessive de **bière** a ainsi dégradé l'image de la Fête de la Musique dans certaines villes, où la soirée s'est **parfois terminée** dans **des affrontements**. Le nombre d'accidents de la route est en augmentation cette nuit-là, à cause de **la vente** d'alcool à une population **jeune** et **souvent insouciante**. Pour l'occasion, le métro et certains transports publics sont gratuits toute la soirée, **afin d'**encourager **les gens** à **ne pas utiliser leur voiture**.

Malgré ces désagréments, la Fête de la Musique est **en bonne santé**. Avec 18 000 concerts chaque année, 5 millions de musiciens et 10 millions de spectateurs, elle reste un **des événements majeurs** et **incontournables** du **paysage culturel français**.

---

ne demande aucun (demander): não pedem nada (pedir)
un droit d' auteur: direitos autorais
gratuits (gratuit): grátis
jouent (jouer): tocam (tocar)
se faire connaître: apresentam-se
toucher: alcançar
ont assisté (assister): assistiram (assistir)
en effet: de fato
au moins: ao menos
une fois: uma vez
depuis: desde
découvrir: descobrir
nouveaux (nouveau): novos
d'ailleurs: além disso
(elle) a servi de tremplin (servir): isso serviu como ponto de partida (servir)
nombreux: vários
prouver: para provar
ringards (ringard): mau gosto, fora de moda
dépassés (dépassé): fora da moda
toujours: sempre
on assiste à (assister): nós assistimos (assistir)
surtout: acima de tudo
joyeux mélange: mistura maravilhosa
témoigner: testemunhar
malgré tout: apesar de tudo
ses mauvais côtés (un côté): o lado negativo
la polémique: a polêmica
renaît (renaitre): renasce (renascer)
les nuisances sonores: a poluição sonora
ont dû être imposées: devem ser impostas
lieux et heures: lugares e horários
les niveaux sonores: os níveis sonoros
le bruit: o barulho
le trouble-fête: desmancha-prazeres
une bière: cerveja
parfois: algumas vezes
terminée (se terminer): terminou (terminar)
des affrontements (un affrontement): confrontações
la vente: a venda
jeune: jovem
souvent: muitas vezes
insoudante (insoudant): descuidado
afin de: de modo a
les gens: pessoas
ne pas utiliser: não usem
leur voiture (une voiture): seus carros
en bonne santé: saudável
des événements (un événement): eventos
majeurs: principais
incontournable: indispensável, imperdível
le paysage culturel français: a cena cultural francesa

Poisson d'avril!

Pourquoi cette date ? Il est de **coutume** d'**offrir un** petit **cadeau** (**appelé les étrennes**) à **ses proches, ses amis, le jour de l'An** pour leur **souhaiter la bonne année** et leur **espérer santé, bonheur** et prospérité pour les **douze mois à venir**.

En France, jusqu'en 1564, l'année calendaire **débutait** le 1er avril, également jour de Pâques. **Le Roi** Charles IX (1550-1574) **institua** par ordonnance le début de l'année au 1er janvier. Jusqu'en 1564, les étrennes **se faisaient** donc le 1er avril. En 1565, la coutume des étrennes de bonne année se fit donc le 1er janvier. **Mais** en date du 1er avril de cette **même** année, certains **plaisantins eurent l'idée de faire des cadeaux**, pour faire comme avant **le changement** de date **marquant** le début de l'année. Ceci, soit par rébellion, soit par pure **moquerie vis-à-vis** du changement **instauré** par Charles IX.

Pour parfaire la plaisanterie, **ils eurent** l'idée de faire des **faux** cadeaux **puisque** la date n'était plus la **vraie**, mais la **fausse**. Les cadeaux furent donc sans **valeur** particulière, pour rire et faire **des blagues** à leurs amis et proches avec des présents ridicules. Depuis cette date, la tradition de faire des blagues et **farces est restée** au 1er avril de chaque année.

La blague la **plus connue, utilisée** par les plus petits **enfants, consiste** à **accrocher en cachette, un poisson** dans le dos de **quelqu'un**. La personne **se promène** donc avec un poisson accroché dans son dos sans qu'elle s'en **aperçoive**. Les petits plaisantins **réalisent** leurs poissons en **découpant** et **coloriant** du papier. Il y en a de très élaborés et multicolores. Les petits enfants **s'appliquent** souvent pour faire leurs poissons et **s'amusent** beaucoup de cette blague à laquelle les adultes **se laissent prendre**, pour **leur faire plaisir**.

Le 1er avril **n'est pas réservé** aux plus petits, et les adultes, qui sont de grands enfants, **se prennent** également **au jeu**. De nos jours, les blagues sont plus **variées** et les nouvelles technologies **permettent** de laisser **libre cours** aux imaginations les plus **débordantes**. Faux PV, e-mails informatifs erronés, faux **courriers des impôts**, sont **autant de** farces dont il faut **se méfier** le 1er avril. **Quelle que** soit la blague effectuée, le farceur **s'écrit** « Poisson d'avril ! » **en riant**, au moment où la personne **se rend compte** qu'elle a été la victime d'une plaisanterie.

Mais pourquoi un poisson ? **Il y a plusieurs** explications possibles. La première, et la plus **répandue**, consiste dans le fait que le 1er avril est la date **qui marque la fin** du **carême**. **Pendant** cette période il est **d'usage** pour **les chrétiens** de faire abstinence et de **remplacer la viande** par du poisson. Le « faux » poisson marque donc la fin de **la durée** de carême et **le retour** à la consommation de la viande. C'est une bonne blague d'offrir un poisson quand on peut **justement** ne plus en **consommer**.

Ensuite, la pêche est une activité très répandue en France, et cette **époque** de l'année est réservée **au frai** des poissons (**c'est-à-dire** à la reproduction des poissons). Pendant cette période, **la pêche** est donc **interdite**. Certains plaisantins **eurent** l'idée de **jeter des harengs** (qui sont des poissons **d'eau de mer**) dans **la rivière**, pour faire une bonne blague aux **pêcheurs**, d'où **le terme** de « Poisson d'avril ».

Enfin, **d'autres** attribuent aussi l'utilisation de cet animal au fait que le signe zodiacal de cette période est le poisson. Quelle que soit l'explication, le 1er avril reste un jour où **tout le monde** s'amuse en **se moquant des autres** et en **faisant de blagues**. Bon poisson d'avril !

---

n'est pas réservé (être réservé): não está reservado apenas
ils se prennent au jeu: eles se envolvem no jogo (envolver-se)
au jeu (un jeu): no jogo
variées (varié): variados
permettent (permettre): permitem (permitir)
libre cours: rédea solta para
débordantes (débordant): selvagem
courriers (un courrier): correios, cartas
des impôts (un impôt): impostos
autant de: como muitos
se méfier: ser cauteloso ou tomar cuidado
quelle que: qualquer
s'écrit (s'écrier): exclama (exclamar)
en riant (rire): rindo (rir)
se rend compte (se rendre compte): percebe (perceber)

il y a (avoir): há (haver)
plusieurs: muitos
répandue (répandu): generalizada
qui marque (marquer): que marca (marcar)
la fin: o fim
le carême: quaresma
pendant: durante
d'usage: usual
les chrétiens (le chrétien): cristãos
remplacer: substituir
la viande: a carne
la durée: período
le retour: o retorno
justement: justamente
consommer: comer

ensuite: então
l'époque (une époque): época
au frai: desova
c'est-à-dire: isto é
la pêche: a pesca
interdite (interdit): proibida
ils eurent (avoir): eles tiveram (ter)
jeter: jogar
des harengs (un hareng): arenques
d'eau de mer: água salgada
la rivière: rio
pêcheurs (un pêcheur): pescadores
le terme: o termo

d'autres (un autre): outros
tout le monde: todo mundo
se moquant de (se moquer de): zombando (zombar)
des autres (un autre): outros
faisant des blagues: pregando peças

célébration 71

Le 14 Juillet

La fête nationale française **a lieu tous les étés**, lors du 14 juillet. Cette date est **attachée** à un sentiment certain de patriotisme. **En effet, elle commémore la prise** de la Bastille du 14 Juillet 1789 qui a été pris comme symbole de la Révolution. La Révolution **qui a vu tomber la royauté** en faveur du peuple. C'est l'unité du peuple qui est donc **célébrée** en **ce jour**.

On se lève de **bonne heure** le jour du 14 Juillet : **il ne faudrait pas rater** le début du **défilé** sur les Champs-Élysées. **Si l'on veut** s'y **rendre soi-même, il faut se déplacer** à **des heures** impossibles pour **avoir** la chance de **se faire** une petite place près de **la barrière**.

Si **on relève la tête** au bon moment, **on peut également profiter** du défilé **aérien** : plusieurs **avions** en formation **relâchent** de **la fumée blanche**, de la fumée bleue, et de la fumée rouge, pour symboliser **les trois couleurs** du **drapeau** français.

Si on est chanceux, **on peut apercevoir** les véhicules de l'armée et les soldats **eux-mêmes**, en uniforme. Le président de la République honore le peuple par **un discours unificateur**.

En attendant **le soir, les rues s'agitent** de **la foule qui ne travaille pas** ce jour-là. C'est jour de fête et ce soir, on aura **le droit** à **un feu d'artifice**. À Paris, **vous pourrez admire**r la Tour Eiffel s'illuminer de **mille feux**. Mais dans toute la France, même les plus petits villages **ont préparé**, pour ce jour-là, des festivités. On attend de voir les feux d'artifice **éclater**, puis, c'est l'heure d'**aller danser**.

Traditionnellement, le jour du 14 Juillet **ont lieu des bals**, des soirées dansantes qui voient **exploser des rires** et **des cris** de joie.

---

a lieu (avoir lieu): acontece (acontecer)
tous les étés: todo verão
attachée (attacher): ligado a (ligar)
en effet: de fato
elle commémore (commémorer): ela comemora (comemorar)
la prise: a queda
qui a vu tomber (voir): que viu cair (ver)
la royauté: a monarquia
célébrée (célébrer): celebrada (celebrar)
ce jour (un jour): este dia
on se lève (se lever): as pessoas acordam (acordar)
bonne heure: cedo
il ne faudrait pas rater: as pessoas não deveriam perder
un défilé: um desfile
si l'on veut (vouloir): se quisermos (querer)
rendre: ir
soi-même: si mesmo
il faut se déplacer: é necessário movimentar-se
des heures (une heure): horas
avoir: ter
se faire: fazer
la barrière: barreira

on relève la tête (relever): levanta a cabeça (levantar)
on peut également (pouvoir): também podemos (poder)
profiter: aproveitar
aérien: aéreo
avions (un avion): aviões
(ils) relâchent (relâcher): eles lançam (lançar)
la fumée blanche: a fumaça branca
les trois couleurs: as três cores
drapeau: bandeira

on peut apercevoir: podemos perceber
eux-mêmes: eles mesmos
un discours unificateur: um discurso unificador

le soir: na noite
les rues (la rue): as ruas
s'agitent (s'agiter): estão cheias (estar)
la foule: a multidão
qui ne travaille pas (travailler): que não trabalha (trabalhar)
le droit: o direito
un feu d'artifice: fogos de artifício
vous pourrez admirer: você poderá admirar
mille feux: brilha com força
ont préparé (préparer): prepararam (preparar)
éclater: estourar
aller danser: dançar

ont lieu des bals (avoir lieu): acontecem bailes (acontecer)
exploser: estourar
des rires (un rire): risadas
des cris (un cri): gritos

72 célébration

La fête de la Saint-Jean Baptiste

Le Québec **possède** un fort sentiment d'identité nationale. **Pays** francophone **noyé au milieu du** grand Canada anglophone, **il a gardé**, depuis **des siècles**, sa **propre** culture. Ainsi c'est avec **fierté** que Québécoises et Québécois **célébrent** leur **fête nationale** le 24 juin de **chaque année**.

L'idée d'une fête nationale du Québec **naît** en 1834 dans l'esprit du journaliste Ludger Duvernay **qui organise** un grand banquet en **ce jour**. **Il pense** qu'il est important de **donner** au Québec un jour pour célébrer son unité, ce qui favorise l'union des Français-Canadiens.

La date du 24 juin a été **choisie** parce qu'elle correspond à la célébration du **solstice d'été**, le jour le plus long de l'année. Cette date correspond **également** à celle de la fête de la Saint-Jean Baptiste, célébrée traditionnellement par un grand **feu de joie**.

Bien que **célébrée** par les habitants du Québec depuis des années, cette fête **ne devient** officielle qu'en 1925. **Mais il faudra attendre** 1950 pour **voir** une évolution : cette célébration devient alors plus populaire et l'on organise **des soirées dansantes** avec **des chansons** traditionnelles. **Vers la fin des** années 1950 **apparaissent les défilés qui attirent des foules** de plus en plus importantes.

Petit à petit, la fête **perd** sa signification religieuse pour **devenir** davantage une représentation culturelle et artistique. Cependant, le feu de joie et **les feux d'artifices** illuminent toujours ses **nuits**, car **ils représentent le partage** et la solidarité.

Aujourd'hui, la fête nationale du Québec **compte plus de** 700 projets organisés dans autant de lieux différents. **On peut admirer** les plus grands feux de joie et des concerts impressionnants sur les Plaines d'Abraham à Québec et au parc Maisonneuve à Montréal.

---

possède (posséder): possui (possuir)
un pays: país
noyé: engolido
au milieu de: no meio do
il a gardé (garder): ele preservou (preservar)
des siècles (un siècle): séculos
propre: próprio
fierté: orgulho
célébrent (célébrer): celebram (celebrar)
fête nationale: feriado nacional
chaque année: cada ano

naît (naître): nascia (nascer)
qui organise (organiser): que organiza (organizar)
ce jour (um jour): este dia
il pense (penser): ele pensa (pensar)
donner: dar

choisie (choisir): escolhido (escolher)
le solstice d'été: o solstício de verão
également: também
un feu de joie: fogueira

célébrée (célébrer): celebrou (celebrar)
ne devient (devenir): só se tornou (tornar-se)
mais il faudra attendre: mas será necessário esperar
voir: ver
des soirées dansantes: danças
des chansons (une chanson): canções
vers: em torno de
la fin des: ao final
apparaissent (apparaître): aparecem (aparecer)
les défilés: desfiles
qui attirent (attirer): que atraem (atrair)
des foules (une foule): multidões

petit à petit: pouco a pouco
perd (perdre): perdeu (perder)
devenir: tornar
les feux d'artifices: fogos de artifício
nuits (une nuit): noites
ils représentent (représenter): eles representam (representar)
le partage: partilha

aujourd'hui: dos dias de hoje
compte plus de (compter): conta com mais de (contar)
on peut admirer: pessoas podem admirar

célébration **73**

Le festival de musique créole

Si vous êtes aux Antilles **à la toute fin** du **mois** d'octobre, **voici l'événement incontournable** de **la saison**. Cette **année, comme toutes les autres depuis** 1997, **l'île anglophone** de la Dominique dans **les Caraïbes vibre** aux **sons** de la musique du "World Creole Music Festival" du 30 octobre au 1er novembre.

Malgré son nom, ce festival **n'a pas pour unique objet** la musique. **En effet**, les dates **choisies chaque** année ne le sont pas **au hasard, elles correspondent** à deux événements majeurs **pour l'île**: le 28 octobre, Journée Internationale du Créole et le 3 novembre, célébration de l'indépendance de l'île de la République Dominique. **Autour de** ces deux dates, le gouvernement de la Dominique **a décidé** de **mettre en place un événement artistique qui rend hommage** à **la diversité culturelle** de la population dominiquaise, ainsi qu'à **la langue** créole.

Le créole **n'est pas juste** un prétexte **mais** un élément fondamental qui **justifie** l'existence du festival. **Il faut rappeler** que les Dominiquais sont généralement anglophones et créolophones, **ce qui constitue** un pont linguistique avec **leurs voisins** antillais Guadeloupéens et Martiniquais qui sont eux francophones et créolophones.

---

si vous êtes (être): se você é (ser)
à la toute fin: ao final
le mois: mês
voici: aqui está
l'événement: o evento
incontournable: imperdível
la saison: temporada
une année: ano
comme toutes: como todos
les autres: os outros
depuis: desde
l'île: ilha
anglophone: anglófono
Caraïbes: Ilhas Caribenhas
vibre (vibrer): vibra (vibrar)
sons (un son): sons

malgré: apesar
son nom (un nom): seu nome
n'a pas pour unique objet (avoir): não tem como objetivo único (ter)
en effet: de fato
choisies (choisir): escolhido (escolher)
chaque: cada
au hasard: ao acaso
elles correspondent (correspondre): elas correspondem (corresponder)
pour l'île: para a ilha
autour de: em torno de
a décidé (décider): decidiu (decidir)
mettre en place: pôr em prática
un événement artistique: um evento artístico
qui rend homage (rendre homage): que homenageia (homenagear)
la diversité culturelle: a diversidade cultural
la langue: a língua

n'est pas juste ... mais: não é somente... mas
justifie (justifier): justifica (justificar)
il faut rappeler (falloir): é necessário lembrar (lembrar)
ce qui constitue (constituer): o que constitui (constituir)
leur voisins (un voisin): seus vizinhos

74 célébration

La programmation du festival, qui en est à sa 13ém édition, **rappelle** le positionnement de l'île **par rapport** à ses voisins de la Caraïbe **mais aussi** la place centrale **réservée** au créole. **Si l'on peut** venir à la Dominique **pour écouter** des célébrités caribéennes **qui ont atteint une reconnaissance** internationale comme Kassav, Maxi Priest, Carimi ou Morgan Heritage, c'est aussi l'occasion de participer aux concerts de **nombreux** artistes antillais **moins connus** et **entre autres** de nombreux artistes créolophones **venant de** Guadeloupe, Martinique et Haïti.

Cet événement, qui **est devenu au fil des années un repère** pour les amateurs de musique, permet aux musiques **les plus diverses**, comme le « bouyon » de la Dominique, le reggae de la Jamaïque, le zouk des Antilles françaises ou le compas d'Haïti, de **se côtoyer**. **D'ailleurs**, l'engouement qu'il suscite est tel qu'**il faut** s'y prendre bien **à l'avance** pour **trouver un logement** pratique pour participer à toutes **les manifestations proposées autour du** festival.

(elle) rappelle (rappeler): (ela) lembra (lembrar)
par rapport: em relação
mais aussi: mas também
réservée (réserver): reservada (reservar)
si l'on peut (pouvoir): se nós podemos (poder)
pour écouter: escutar
qui ont atteint (atteindre): que atingiram (atingir)
une reconnaissance: um reconhecimento
nombreux: vários
moins connus: menos conhecido
entre autres: entre outros
venant des (venir): vindos de (vir)

est devenue (devenir): tornou-sse (tornar-se)
au fil des années: ao longo dos anos
un repère: marco
les plus diverses: os mais diversos
se côtoyer: misturar
d'ailleurs: além disso
engouement: paixão
qu'il suscite (susciter): que desperta (despertar)
il faut (falloir): é necessário (ser necessário)
à l'avance: com antecedência
trouver: encontrar
un logement: acomodação
les manifestations (la manifestation): eventos
proposées: sugeridos
autour du (autour de): em torno de

Vocabulário Francês para Celebrações e Saudações!

Feliz aniversário! – Bon anniversaire!

Feliz dia da Bastilha! – Joyeux quatorze Juillet!

Feliz Páscoa! – Joyeuses Pâques!

Feliz Hanukkah! – Bonne fête de Hanoukka!

Boas festas! – Joyeuses fêtes!

Feliz ano novo! – Bonne année!

Feliz dia de todos os santos! – Bonne fête!

Feliz Natal! – Joyeux Noël!

Feliz Natal e próspero ano novo! – Joyeux Noël et bonne Année!

Felicidades – Mes/nos meilleurs voeux

Saúde! – À ta/votre santé! À la tienne/votre

Parabéns! – Félicitations!

Boa sorte! – Bon courage !

À sua nova casa! – À ta nouvelle maison!

célébration 75

Quid des Vieilles Charrues

ils étaient (être): eles foram (ser)
ils sont maintenant: eles são agora
plus de: mais de
depuis: desde
est devenue (devenir): tornou-se (tornar-se)
désormais: a partir de então
tout a donc commencé (commencer): tudo começou (começar)
17 ans (un an): 17 anos
ses amis (un ami): seus amigos
décident (décider): decidiu (decidir)
une fête: uma festa
le but: o objetivo
se faire une bonne bouffe: comer uma boa comida
chanter: cantar
boire un coup: tomar uma bebida
l'année suivante: o ano seguinte
de nouveau: de novo
cette fois: desta vez
ouverte (ouvrir): aberto (abrir)
viennent (venir): vem (vir)
apprécier: apreciar

au fil des années: ao longo dos anos
connaît (connaître): teve (ter)
des chanteurs (un chanteur): cantores
célèbres (célèbre): famosos
comme: tais como
ou encore: ou mesmo
il passe de... à (passer): ele passa de ... a (passar)
trois jours (un jour): três dias
pendant: durante
le nombre des: o número de
cela va même doubler: irá até mesmo dobrar
chaque: cada
déménager: movimentar
il s'installe (s'installer): estabelece (estabelecer)
il se célèbre (célébrer): é celebrado (celebrar)
maintenant: agora

Ils étaient 500, **ils sont maintenant plus de** 200 000. **Depuis** sa première édition en 1992, le festival des Vieilles Charrues **est devenu** de plus en plus populaire. C'est **désormais** le festival de musique le plus fréquenté en France.

Tout a donc commencé il y a **17 ans**. Christian Troadec et **ses amis décident** d'organiser **une fête** à Landeleau, dans le Finistère. **Le but** était de « *se faire une bonne bouffe, de chanter et de boire un coup* ». **L'année suivante**, la fête est organisée **de nouveau**. **Cette fois**, elle est **ouverte** au public: 1 300 personnes **viennent apprécier** la musique de groupes locaux.

Au fil des années, le festival **connaît** un succès grandissant. On commence à y inviter des groupes et **des chanteurs** français **célèbres**, **comme** Miossec, Zebda, Les Innocents **ou encore** Maxime le Forestier. Le festival **passe** d'un à **trois jours**. **Pendant** les premières années, **le nombre des** festivaliers **va même doubler** à **chaque** édition ! Il faut donc rapidement **déménager** et le festival **s'installe** à Carhaix, où **il se célèbre maintenant** chaque année.

76 célébration

Carhaix est **une petite ville** de 8 000 habitants mais, chaque juillet, la ville **accueille** environ 200 000 festivaliers. Les concerts **ont** maintenant **lieu** sur la plaine de Kerampuilh, **en dehors** du centreville. Le camping, **gratuit**, s'organise sur 30 hectares **autour du** site et **des milliers** de tentes **poussent comme des champignons**. Il est évidemment possible de **dormir** à l'hôtel à Carhaix ou dans **les villes voisines**, **une aubaine** pour la région et le secteur touristique.

Aujourd'hui, le festival **s'étend** sur 4 **jours** mais **beaucoup** de festivaliers **ne viennent que** trois jours, **profitant ainsi** du weekend. **Les billets se vendent** sur Internet ou dans **des points de vente** spécialisés, comme La Fnac. **On peut acheter** des « pass 4 jours », les très populaires « pass 3 jours » à 75€ ou **se contenter** de tickets à **la journée**, à 32€. Et **il vaut mieux** s'y **prendre** à l'avance ! Car chaque année, les pass sont **très vite épuisés** et certains jours **se font à guichet fermé**.

Les Vieilles Charrues **sont devenues** le plus grand festival de rock français. Sa programmation est éclectique, avec des groupes locaux, français ou internationaux. **On y rencontre** des chanteurs de la *Nouvelle Scène* française, comme Raphaël ou Cali, **côte à côte** avec des grandes stars du rock, comme Placebo, Franz Ferdinand, R.E.M ou Muse. La programmation **n'oublie cependant pas d'inviter** des groupes **moins** célèbres **pour les faire ainsi connaître**.

Enfin, et **depuis quelques années**, les Vieilles Charrues accueillent aussi quelques **comiques** français, tels Jamel Debouze ou Gad Elmaleh, ce qui donne un petit air de **kermesse** au festival.

---

une petite ville: uma pequena cidade
accueille (accueillir): acolhe (acolher)
ont lieu (avoir lieu): acontece (acontecer)
en dehors: exterior
gratuit: grátis
autour du: em torno de
des milliers (un millier): milhares
poussent comme des champignons: eles brotam como cogumelos
dormir: dormir
les villes voisines: as cidades vizinhas
une aubaine: uma boa oportunidade

aujourd'hui: hoje
s'étend (s'étendre): estica-se (esticar)
des jours (un jour): dias
beaucoup: muito
(ils) ne viennent que (venir): eles vêm apenas (vir)
profitant ainsi: aproveitando (aproveitar)
les billets (le billet): os bilhetes
se vendent (vendre): são vendidos (vender)
des points de vente: pontos de venda
on peut acheter (pouvoir): nós podemos comprar (poder)
se contenter: limitar-se
la journée: o dia
il vaut mieux (valoir): é melhor (ser)
prendre: pegar
très vite: bem rápido
épuisés: esgotados
se font à guichet fermé: estão esgotados

sont devenues (devenir): se tornaram (tornar)
on y rencontre (rencontrer): deparamo-nos (deparar)
côte à côte: lado a lado
n'oublie pas (oublier): não esquece (esquecer)
cependant: contudo
inviter: convidar
moins: menos
pour les faire ainsi connaître: de modo a torná-los conhecidos

enfin: finalmente
depuis quelques années: depois de alguns anos
comiques (un comique): atores
une kermesse: feira

célébration

Jours de Mémoire

C'est **bien connu**. Nous, les Français, **on adore être en vacances**. **Malgré la semaine** des 35 heures, **on court toujours après les jours fériés**. Un jour de vacances en plus, c'est comme **Noël avant l'heure** !

Si mai reste **le mois des « ponts »** et des longs week-ends, novembre **annonce** aussi généralement quelques jours de **détente**. C'est une bonne occasion de **se débarrasser** de la dépression **automnale mais aussi** de « **se rappeler** ». Les deux jours fériés de novembre **nous invitent en effet** à nous **replonger** dans **le passé**…

Halloween n'est pas un grand succès en France. **Cependant, le lendemain** représente une tradition pour beaucoup de familles. Le 1er novembre, on **célèbre** en effet **la Toussaint**. C'est **une fête** catholique qui, **comme son nom l'indique**, **commémore** tous les saints **reconnus** par l'**Église** catholique.

La Toussaint est un jour férié mais le lendemain, la Fête **des Morts, ne l'est pas**. Il est donc de coutume de « célébrer » **les deux le même jour**, le 1er novembre. Pour la majorité des familles, **c'est** alors **le temps d'aller nettoyer** et refleurir **les tombes de ceux qui sont déjà partis**.

À la Toussaint, les cimetières sont donc **noirs de monde** : **on ramasse les feuilles mortes, on passe un coup de chiffon** sur le marbre, **on arrose les fleurs, on se rappelle les bons souvenirs, on parle** avec **les voisins**… Le chrysanthème, **qui fleurit à cette époque**, est la fleur de prédilection pour **décorer** les tombes et est ainsi **devenu** un des symboles de la Toussaint.

---

bien connu: bem conhecido
on adore (adorer): nós adoramos (adorar)
être en vacances: estar de férias
malgré: apesar
la semaine: a semana
on court toujours après (courir): nós sempre corremos atrás (correr)
les jours fériés: os feriados públicos
Noël: natal
avant l'heure: cedo

le mois: o mês
des ponts (un pont): fins de semana longos
annonce (annoncer): anuncia (anunciar)
détente: relaxamento
se débarrasser: livrarse de
automnale (automnal): outonal
mais aussi: mas também
se rappeler: lembrar-se
(ils) nous invitent (inviter): eles nos convidam (convidar)
en effet: de fato
replonger: mergulhar de novo
le passé: o passado

cependant: contudo
le lendemain: o dia seguinte
célèbre: celebra
la Toussaint: dia de todos os santos
une fête: celebração
comme son nom l'indique (indiquer): como seu nome indica (indicar)
(elle) commémore (commémorer): comemora (comemorar)
reconnus (reconnaître): reconhecidos (reconhecer)
la église: igreja
des morts (un mort): os mortos
(elle) ne l'est pas (être): ela não é (ser)
les deux: ambos
le même jour: o mesmo dia
c'est le temps d'aller: é tempo de ir
nettoyer: limpar
refleurir: florescer de novo
les tombes (la tombe): as tumbas
de ceux qui sont déjà partis (partir): aquele que já foram (ir)

noirs de monde: lotado
on ramasse (ramasser): nós recolhemos (recolher)
les feuilles mortes (une feuille): as folhas mortas
on passe un coup de chiffon: nós limpamos
on arrose (arroser): nós regamos (regar)
les fleurs (une fleur): flores
on se rappelle (se rappeler): nós lembramos (lembrar)
les bons souvenirs: boas lembranças
on parle (parler): nós falamos (falar)
les voisins (un voisin): vizinhos
qui fleurit (fleurir): que floresce (florescer)
à cette époque: nesta época
décorer: decorar
(il) est devenu (devenir): tornou-se (tornar-se)

78 célébration

Le 1er novembre reste donc **plutôt un événement familial**, que **chaque** famille **aborde à sa manière**. Quelques jours **plus tard**, le 11 novembre **nous ramène** en 1918. Bien que cette journée reste un événement national important, **la plupart** des Français **ne se sentent plus connectés** à l'importance de cette journée.

Le 11 novembre 1918, à 5h15, l'Armistice signale en effet **la fin de la Première Guerre Mondiale**. L'**Allemagne** capitule, **le cessez-le-feu** est **déclaré** et les églises des villages font **sonner les cloches** : c'est la fin d'un des plus grands massacres d'Europe, avec ses quinze millions de **morts** et ses vingt millions d'**invalides**.

Ironiquement, **ce jour-là**, il y a eu **un sursaut belliqueux** et **vengeur** de certains capitaines et compagnies : 11 000 personnes **vont mourir** ou **être blessées**, entre la signature de l'Armistice et le début du cessez-le-feu.

Aujourd'hui, les Français commémorent **toujours** la fin de la guerre chaque 11 novembre, appelé le « Jour du Souvenir ». **Pas de défilé**, comme pour le 14 juillet, mais des cérémonies dans de **nombreuses communes**. À Paris, sous l'Arc de Triomphe, le président **se recueille** généralement sur la tombe **du soldat inconnu**. Ce soldat français n'a **jamais** été identifié et représente ainsi tous les morts de la guerre.

Cependant, **le dernier** « **poilu** » français, Lazare Ponticelli, est mort en 2008. Avec lui, une page **se tourne**. La **nouvelle** génération **se sent de moins en moins concernée par** la Grande Guerre, **se contentant d'**en **apprendre** les événements pour **les contrôles** en classe d'histoire.

Espérons que ce jour férié **contribuera à préserver** la mémoire de ce qui a été un des événements **fondamentaux** de notre histoire commune.

---

plutôt: bastante
un événement familial: um evento familiar
chaque: cada
aborde (aborder): aborda (abordar)
à sa manière: de sua própria maneira
plus tard: mais tarde
nous ramène (ramener): traz de volta (trazer de volta)
la plupart: a maior parte
(ils) ne se sentent plus connectés (se sentir): (eles) não se sentem mais ligados (sentir)

la fin des: o final da
la première guerre mondiale: a primeira guerra mundial
Allemagne: Alemanha
le cessez-le-feu: cessar-fogo
déclaré (déclarer): declarou (declarar)
sonner: bater
les cloches (la cloche): os sinos
des morts (un mort): os mortos
invalides: deficientes

ce jour-là: aquele dia
un sursaut: surto
belliqueux: agressivo
vengeur: vingador
(elles) vont mourir (aller): (eles) vão morrer (ir)
être blessés: estar feridos

aujourd'hui: hoje
toujours: sempre
pas de défilé: sem desfiles
nombreuses (nombreux): muitas
communes (une commune): cidades
se recueille (se recueillir): reza sozinho (rezar)
le soldat inconnu: o soldado desconhecido
jamais: nunca

le dernier: o último
poilu: veterano da Primeira Guerra Mundial
se tourne (se tourner): é virada (virar)
nouvelle (nouveau): nova
se sent (se sentir): sente-se (sentir)
de moins en moins concernée par: cada vez menos preocupada por
se contentant de (se contenter de): contentando-se (contentar)
apprendre: aprender
les contrôles (le contrôle): testes

espérons (espérer): esperemos (esperar)
contribuera à (contribuer): contribuirá (contribuir)
préserver: preservar
fondamentaux: fundamentais

célébration **79**

La fête des Rois en France

Pour beaucoup de Français, **la fête des rois consiste à manger une bonne galette à la frangipane (la galette des rois)** ! En réalité, l'origine de cette tradition est religieuse et plus particulièrement **chrétienne puisqu'il s'agit** de l'Épiphanie. Le **sens** chrétien de cette fête réside dans **la visite** de l'enfant Jésus par **les trois rois mages qui s'appellent** Gaspard, Melchior et Balthazar.

Cette fête religieuse **est célébrée** le 6 janvier. Comme **il ne s'agit pas** d'**un jour férié** en France, elle est généralement fêtée **le deuxième dimanche** après Noël. Dans la pratique, c'est tout au long du **mois** de janvier que l'on fête les rois. **En effet**, il est possible de **trouver** durant toute cette période de magnifiques galettes à la frangipane dans **les pâtisseries** et **boulangeries** françaises … à la grande joie des enfants **qui peuvent ainsi** tirer les rois **plusieurs fois de suite**.

Mais que **signifie** « tirer les rois » et **pourquoi** les petits Français **adorent-ils cela** ? La tradition veut que l'Épiphanie soit l'occasion de tirer les rois : **une fève** est **cachée** dans une pâtisserie et la personne **qui l'obtient devient le roi** (ou **la reine**) de la journée. La fève a été progressivement **remplacée par** de petites **figurines** représentant un roi, une reine, l'enfant Jésus et **de nos jours** bien d'**autres choses**. Les galettes **sont** généralement **vendues** avec **des couronnes en carton dorée** ou **argentée**.

---

la fête des rois: noite de reis
consiste à (consister à): consiste em (consistir)
manger: comer
bonne (bon): boa
une galette: bolo redondo
la frangipane: massa de amêndoas
galette des rois: bolo da noite de reis
chrétienne: cristã
puisqu'il s'agit de: já que tem a ver com
se sens: significado
la visite: a visita
les trois rois mages: os três reis magos
qui s'appellent: que se chamam
est célébrée (célébrer): é celebrado (celebrar)
il ne s'agit pas (s'agir): não é sobre (ser)
un jour férié: um feriado público
de deuxième dimanche: o segundo domingo
le mois: o mês
en effet: de fato
trouver: encontrar
les pâtisseries (la pâtisserie): padarias/confeitarias
boulangeries (la boulangerie): padarias
qui peuvent ainsi: que podem assim
plusieurs fois de suite: muitas vezes
signifie (signifier): significa (significar)
tirer les rois: comer o bolo da noite de reis
pourquoi adorent-ils cela?: por que eles adoram isso?
une fève: amuleto
cachée (caché): escondido
qui l'obtient (obtenir): que conseguir pegar (pegar)
(elle) devient (devenir): ela se torna (tornar)
le roi: o rei
la reine: a rainha
de la journée: do dia
remplacée par (remplacé): substituído por
figurines: brindes
de nos jours: dos dias de hoje
autres choses: outras coisas
sont vendues (vendre): são vendidos (vender)
des couronnes (une couronne): coroas
en carton: em cartão
dorée (doré): dourada
argentée (argenté): prateada

80 célébration

La personne **obtenant** la fève peut donc être symboliquement **couronnée** roi ou reine pour la journée et **choisir son partenaire royal**. **L'usage veut aussi** que s'il y a des enfants, **le plus jeune d'entre eux se cache** sous la table pendant que la personne **qui sert** la galette **la découpe** en parts. Avant que l'adulte ne serve une part, l'enfant **doit designer qui sera** le destinataire de la portion. Ce rituel **très apprécié** des enfants permet de distribuer au hasard les parts de la galette.

La tradition culinaire de cette fête **diffère** aussi **selon que l'on se trouve** dans le nord ou le sud de la France. Dans **la moitié** nord du **pays**, on mange traditionnellement une galette des rois **réalisée** avec **une pâte feuilletée** et **garnie** d'une crème à la frangipane. Dans le sud de la France et plus particulièrement en Provence, on tire les rois en mangeant une brioche en forme de couronne décorée de **fruits confits** et de **sucre granulé**. Un **santon** minuscule **a tendance à remplacer** la fève traditionnelle.

Néanmoins, la galette des rois à la frangipane **gagne du terrain** puisqu'elle est **de plus en plus courante** en Provence. **Cela s'explique** par le fait que la galette est **moins chère** que la brioche aux fruits confits et aussi **plus facile à réaliser** et à **conserver**. De surcroît, de plus en plus de **gens** originaires de la moitié nord de la France **s'installent** en Provence **amenant** avec eux **leurs propres** traditions et **goûts** culinaires.

Si vous ne trouvez pas de galettes à la frangipane dans votre pays, rien de plus facile que d'en réaliser une **vous-même**. **Pendant ce temps**, vos enfants ou petits enfants **peuvent s'amuser** à **créer** de superbes couronnes colorées. **Bref, de quoi les occuper** pendant tout **un dimanche après-midi** !

---

obtenant (obtenir): conseguindo (conseguir)
couronnée (couronné): coroada
choisir: escolher
son partenaire royal: seu/sua parceira real
l'usage veut aussi: o costume requer também
le plus jeune: os mais jovens
d'entre eux: entre eles
se cache (cacher): escondem-se (esconder)
qui sert (servir): que serve (servir)
(elle) la découpe (découper): (ela) corta-o (cortar)
doit designer (devoir): deve apontar (dever)
qui sera (être): quem será (ser)
très apprécié: muito apreciado

(elle) diffère (différer): (ela) difere (diferir)
selon que: de acordo com
on se trouve (se trouver): nós somos (ser)
la moitié: a metade
le pays: país
réalisée (réalisé): feita
une pâte feuilletée: uma massa folhada
garnie (garni): recheada
des fruits confits: de frutas confeitadas
sucre granulé (le sucre): açúcar granulado
un santon: *santo pequeno, figura de manjedoura*
(il) a tendance à: (ele) tende a
remplacer: substituir

néanmoins: todavia
gagne du terrain: ganha terreno (ganhar)
de plus en plus: mais e mais
courante (courant): comum
cela explique (expliquer): que explica (explicar)
moins chère (cher): menos caro
plus facile: mais fácil
réaliser: fazer
conserver: conservar
de surcroît: além disso
les gens: pessoas
(ils) s'installent (s'installer): eles se instalam (instalar)
amenant: trazendo
leurs propres (propre): seus próprios
goûts (un goût): gostos

si vous ne trouvez pas (trouver): se você não encontrar (encontrar)
vous-même: você mesmo
pendant ce temps: enquanto isso
(ils) peuvent (pouvoir): (eles) podem (poder)
s'amuser: entreter-se
créer: criar
bref: em resumo
de quoi les occuper: para mantê-los ocupados
un dimanche après-midi: uma tarde de domingo

célébration

Noël en Provence

Le **Noël** en Provence est **comme ailleurs** en France **une fête avant tout** familiale **mais aussi** collective, **haute en couleurs** et **chargée de** symboles chrétiens. Dès **le début** du mois de décembre, les provençaux **commencent** à préparer les festivités de **la fin de l'année**.

C'est la Sainte Barbe, le 4 décembre, qui marque le début des festivités. La légende **dit** que Barbe était une magnifique **jeune fille qui souhaitait consacrer sa vie** à **Dieu**. **Elle se fit baptiser** sans **l'avis** de **son père**. **Il la fit emprisonner** et torturer. Alors qu'elle était sur le point de **mourir**, **un énorme orage éclata** et **foudroya ses bourreaux**. Depuis, la tradition provençale veut que l'**on fasse germer des graines** de **blé** ou de lentilles dans **trois soucoupes couvertes** de coton **humide** que l'**on dépose** sur **le dessus** de **la cheminée**. Les graines vont germer et **pousser** pendant le mois de décembre et le 25, il sera possible de **faire des présages** pour l'année **suivante**. Si **les tiges poussaient bien droites** et **vertes, les anciens disaient que les récoltes seraient bonnes**. Dans le cas contraire, cela serait **une année de vaches maigres**.

Aujourd'hui les provençaux perpétuent cette tradition et **placent** ces petits **carrés** de verdures soit dans la crèche familiale soit sur la table du **réveillon de Noël**.

Le Noël provençal traditionnel est marqué par **cinq temps forts**:

• Le cacho-fio: « Cacho-fio » signifie en provençal « **allumer le feu** ». **Il s'agit** donc de **l'allumage** de **la bûche de Noël**, le 24 décembre **au soir**. Ce sont **le benjamin** et le plus ancien de la famille qui procèdent à ce rituel. **Ils tiennent** la bûche ensemble et **font** trois fois **le tour de** la table puis **l'allument**. Elle est **arrosée** trois fois de **vin cuit** en **prononçant des paroles** qui varient d'une famille à l'autre mais qui ont pour thème commun la prospérité.

Noël: Natal
comme ailleurs: como em outros lugares
une fête: uma celebração
avant tout... mais aussi: antes de tudo... mas também
haute en couleurs: colorida
chargée de: cheia de
le début: o início
commencent (commencer): começam (começar)
la fin de l'année: o final do ano

dit (dire): diz (dizer)
une jeune fille: uma jovem
qui souhaitait (souhaiter): que queria (querer)
consacrer: dedicar
sa vie (une vie): sua vida
Dieu: Deus
elle se fit baptiser: (ela) foi batizada
l'avis: a permissão
son père (un père): seu pai
il l'a fit emprisonnée: ele a fez ser presa
mourir: morrer
un énorme orage: grande tempestade
éclata (éclater): começou (começar)
foudroya (foudroyer): golpeado (golpear)
ses bourreaux: seus carrascos
on fasse (faire): nós fazemos (fazer)
germer: brotar
des graines (une graine): sementes
le blé: trigo
trois soucoupes: três pires
couvertes (couvert): cobertos
humide: úmido
on dépose (déposer): nós montamos (montar)
le dessus: o topo
la cheminée: a chaminé
pousser: crescer
faire des présages: fazer presságios
suivante (suivant): seguinte
les tiges (une tige): os caules
poussaient (pousser): (eles) cresceram (crescer)
bien droites (droit): muito retos
vertes (vert): verdes
les anciens (un ancien): os anciões
disaient (dire): diziam (dizer)
les récoltes (une récolte): as colheitas
seraient bonnes: seriam boas
une année de vaches maigres: ano de vacas magras

aujourd'hui: hoje
(ils) placent (placer): (eles) colocam (colocar)
les carrés (le carré): as caixas
le réveillon de Noël: a véspera de natal

cinq temps forts: cinco tempos fortes
allumer le feu: acender o fogo
il s'agit de: é sobre
allumage: iluminação
la bûche de Noël: tora
au soir: de noite
le benjamin: o caçula
ils tiennent (tenir): eles tem (ter)
ils font le tour de: eles dão a volta
(ils) l'allument: (eles) a acendem
arrosée (arroser): regado (regar)
le vin cuit: o vinho fortificado
prononçant (prononcer): pronunciando (pronunciar)
paroles: palavras

82 célébration

- **Le gros souper: il est servi** après l'allumage de la bûche et avant de **se rendre** à **la messe** de minuit. Il s'agit d'**un repas maigre** dont **la mise en scène** est essentielle. Il y a toute une symbolique et **les chiffres** sont très importants. Ainsi, le chiffre trois **fait référence** à la Trinité. La table **doit être recouverte** de trois **nappes blanches**, de **trois bougies** ou chandeliers **allumés** et des trois soucoupes de blé et lentilles germés de la Sainte Barbe. Les trois nappes **serviront** pour les trois repas des fêtes de fin d'année. **Un couvert** doit être **ajouté**: c'est le couvert du **pauvre**. Le menu **est composé de sept plats** maigres **en souvenir de**s sept **douleurs** de la Vierge Marie. Ils sont accompagnés de **treize petits pains** en référence à **la Cène**.

- Les treize desserts: La composition et le moment auquel **ils doivent** être servis varient d'**une ville à l'autre**. Certains **les mangent** avant la messe de minuit et d'autres **au retour de** celle-ci. Les treize desserts sont composés des produits **suivants: des figues sèches, des amandes**, des raisins secs, **des noix**, des dattes, du nougat blanc qui représente **le bien**, du nougat **noir** qui symbolise **le mal**, une fougasse, des fruits **confits** et **frais**.

- **La veillée** de Noël: c'est un moment de **recueillement** ou l'**on écoute** les anecdotes et les histoires des anciens. Il s'agit d'un moment de **partage** ou l'**on chante** et **discute** tout **en dégustant** de l'**anchoïade**.

- **La messe de minuit: parfois** en **langue** provençale dans certains villages, elle est **rythmée** par **des cantiques** provençaux, des pastorales et parfois la cérémonie du **pastrage**.

Si ces traditions **sont transmises** de générations en générations, **elles sont vécues** et organisées le plus souvent par les communautés locales et **en amont** des fêtes de Noël. **Si bien que** les familles provençales **peuvent vivre** leurs traditions mais aussi **fêter** Noël plus classiquement comme **la plupart** des Français.

---

le gros souper: o grande jantar
il est servi (servir): ele é servido (servir)
se rendre: ir
la messe: a missa
un repas maigre: uma refeição sem carne
la mise en scène: a encenação
les chiffres (le chiffre): números
fait référence à: se refere a
doit être recouverte (devoir): precisa estar coberto (cobrir)
nappes (une nappe): guardanapos
blanches (blanc): brancos
trois bougie: três velas
allumés (allumé): acesas
serviront (servir): serão usadas (usar)
un couvert: lugar
ajouté (ajouter): adicionado (adicionar)
pauvre: pobre
est composé de (composer): é composto de (compor)
sept plats: sete pratos
en souvenir de: em lembrança a
les douleurs (la douleur): as dores
treize petits pains: treze pães pequenos
la Cène: a Última Ceia

ils doivent (devoir): eles precisam (precisar)
une ville à l'autre: de uma cidade para outra
(ils) les mangent (manger): (eles) o comem (comer)
au retour de: ao retorno de
suivants (suivant): seguintes
des figues sèches (une figue): figos secos
des amandes (une amande): amêndoas
des noix (une noix): nozes
le bien: o bem
noir: preto
le mal: o mal
confits: confeitadas
frais: fresco

la veillée: a noite
recueillement: meditação, contemplação
on écoute (écouter): nós escutamos (escutar)
partage: partilha
on chante (chanter): nós cantamos (cantar)
discute (discuter): falamos (falar)
en dégustant: enquanto degusta
une anchoïade: pasta de anchovas

parfois: algumas vezes
langue: a língua
rythmée: acompanhada
des cantiques (un cantique): canções
pastrage: oferta de um cordeiro

sont transmises (transmettre): são transmitidas (transmitir)
elles sont vécues (vivre): elas estão vivas (viver)
en amont: antes
si bien que: tão bem que
peuvent vivre (pouvoir): podem viver (poder)
fêter: celebrar
la plupart de: a maior parte de

célébration 83

Évaluez votre compréhension

la Fête du Travail, Página 65

1. O que os vendedores vendem nesse dia ?

2. Por que e quando essa tradição começou ?

3. Com que palavra de cautela essa história termina ?

Le carnaval aux Antilles, Página 66

1. O carnaval tornou-se um período para os africanos expressarem que aspecto de sua cultura?

2. Quais são os costumes da *à caisse claire*?

3. O que são os *ti-mass*?

Faites de la musique!, Página 68

1. Quantas cidades participam agora desse festival?

2. Quando o festival começa e o que ele celebra?

3. Que problema surgiu sobre a duração do festival e como ele foi resolvido?

Poisson d'Avril!, Página 70

1. Esse feriado foi originalmente celebrado em qual dia?

2. Qual é o truque mais comum desse dia?

3. Por que o peixe é o símbolo desse dia?

Teste sua compreensão

Le 14 Juillet, Página 72

1. Esse feriado, também chamado de Dia da Bastilha, está ligado a qual sentimento ? Por quê?

2. As pessoas se levantam cedo nesse dia para fazer o quê?

3. Este show aéreo faz uma exibição especial. O que é ele?

Jours de Mémoire, Página 78

1. Que feriado acontece no primeiro dia de novembro e o que esse feriado comemora?

2. Que feriado acontece no dia seguinte? O que é feito nesse dia?

3. Que flor é usada para decorar as tumbas e o que simboliza o Dia de Todos os Santos?

La fête des Rois en France, Página 80

1. Quando acontece a *La Fête des Rois*?

2. Descreva a tradição do bolo da Noite de Reis.

3. Como a receita difere no norte e no sul da França?

Noël en Provence, Página 82

1. De acordo com a tradição de Sainte Barbe, o que acontecerá se suas sementes crescerem em caules verdes retos?

2. Quem mantém a tradição da iluminação da tora?

3. *Le gros souper* é uma refeição sem qual tipo de alimento? O que os treze pães indicam?

Biographie

Ingénieur français célèbre

C'est sous ses **arches métalliques impressionnantes** et si caractéristiques que de nombreux **amoureux font initialement connaissance** avec le Paris romantique: la Tour Eiffel.

Son concepteur est l'**ingénieur** français Alexandre Gustave Eiffel, **né** le 15 décembre 1832 à Dijon (Côte-d'Or) **au sein** d'une famille **aisée**. Après **avoir été admis** à l'École Centrale des Arts et Manufactures de Paris, Gustave Eiffel **entre** ensuite à l'École Polytechnique où **il obtient,** en 1855, un diplôme d'**ingénieur chimiste**. Sa **rencontre** avec Charles Nepveu, entrepreneur spécialisé dans les constructions métalliques, dont l'**essor** suit l'évolution récente de la métallurgie, **changera** le cours de sa carrière professionnelle et **confirmera** son **intérêt** pour ce **matériau d'avenir**.

Avant d'**entreprendre** la construction de la Tour Eiffel, **qui fera sa renommée**, Gustave Eiffel **conçoit**, à **vingt-six ans**, la passerelle Eiffel à Bordeaux et contribue à la création de **la célèbre** statue de la Liberté de New-York. Après **avoir fondé sa propre société**, **il se lance** avec succès dans des projets d'**envergure** tels la construction de viaducs, de **ponts**, de **gares**, d'**églises** ainsi que de diverses **charpentes** métalliques.

La construction de la Tour Eiffel **découle** directement de l'**engouement** des ingénieurs et architectes de l'époque pour les structures **en hauteur, qui constituent** alors de **réelles prouesses** techniques. **Inaugurée** lors de l'Exposition universelle de Paris de 1889 après quelques polémiques, la tour Eiffel **s'élève** à **une hauteur de** 313 mètres et **pese** plus de 10,100 tonnes. Il s'agit d'un des monuments **les plus visités** au **monde**.

Gustave Eiffel, dont le succès **ne se démentira jamais**, **s'intéressera par la suite** au développement de la technologie en faisant installer des antennes radio **au sommet** de la Tour Eiffel. **Il décédera** à Paris le 27 décembre 1923 et **demeurera à jamais** dans les esprits un ingénieur et un industriel de **génie**.

Une femme, une artiste

Peu de femmes ont connu un destin aussi exaltant et particulier que Camille Claudel. Sculpteure exceptionnelle, **dotée** d'une prescience peu commune, **elle connaissait** avec certitude, dès son **plus jeune âge**, l'orientation **que prendrait** son destin.

Aînée d'**une fratrie** de quatre enfants, **elle naît** le 8 décembre 1864 à Fères-en-Tardenois, une petite **bourgade** de l'Aisne **située** dans le nord-est de la France, **au sein** d'une famille bourgeoise. C'est à 17 ans que cette artiste à l'**esprit libre** et indépendant **décide** de **se consacrer** exclusivement à la sculpture. **Elle se rend** à Paris en 1882 **afin de suivre les cours** de l'Académie Colarossi où **elle fait la rencontre** du sculpteur Auguste Rodin, avec qui **elle entretiendra** une relation **amoureuse** au long cours.

Ses premières **oeuvres** connues répertoriées, *La Vieille Hélène* ou *Paul à treize ans* **datent de** cette **époque bienheureuse** où **la puissante** influence du **maître n'avait pas encore** marqué son oeuvre de son empreinte indélébile. **Toutefois**, son talent exceptionnel **ne tarde pas à faire** une **forte** impression sur Rodin **qui l'incite** à **se joindre** à son **atelier** de la rue Université en 1885. Cette collaboration fructueuse **donne lieu à** la réalisation du monument des *Bourgeois de Calais* et des **célèbres** *Portes de l'Enfer*.

Inextricablement liés par le talent et le coeur, Camille Claudel et Rodin **produisent** des oeuvres dont il est **parfois** difficile d'identifier l'auteur avec certitude. Cette symbiose artistique **se produit malheureusement** aux dépends de la carrière de Camille. **Confrontée au refus de** Rodin de **quitter sa fidèle** compagne Rose Beuret, Camille Claudel **parvient à retrouver** une certaine autonomie en 1898, **ce qui la conduit** à la réalisation d'oeuvres plus personnelles comme *La Valse* ou *La Petite Châtelaine*.

Souffrant de **paranoïa aiguë** et **accusant** Rodin de **s'approprier** ses oeuvres, **elle sera internée** dans un hôpital psychiatrique où **elle finira ses jours** en 1943.

---

peu de: poucas
des femmes (une femme): mulheres
ont connu (connaître): conheceram (conhecer)
dotée de (doter): dotadas (dotar)
elle connaissait (connaître): ela conhecia (conhecer)
plus jeune âge: a mais tenra idade
que prendrait (prendre): que levava (levar)

aînée: a mais velha
une fratrie: irmão
elle naît (naître): ela nasceu (nascer)
bourgade: vila
située (situer): localizada (localizar)
au sein d': no meio, entre
esprit libre: espírito livre
décide (décider): decide (decidir)
se consacrer (consacrer): dedicar-se (dedicar)
elle se rend (se rendre): ela irá (ir)
afin de: de modo a
suivre (suivre): seguir (seguir)
les cours (le cours): as aulas, as lições
elle fait la rencontre (rencontrer): ela encontra (encontrar)
elle entretiendra (entretenir): ela manterá (manter)
amoureuse: apaixonada

oeuvres (une oeuvre): obras
datent de (dater): datam de (datar)
époque bienheureuse: época feliz
la puissante: a poderosa
maître (des maîtres): mestre
n'avait pas encore (avoir): ainda não tinha (ter)
toutefois: no entanto
ne tarde pas à faire: não tardou em fazer
forte: forte
qui l'incite (inciter): que a incita (incitar)
se joindre (joindre): se juntar (juntar)
atelier: ateliê
donne lieu à (donner): dá lugar a (dar)
célèbres: famosos

produisent (produire): produzem (produzir)
parfois: algumas vezes
se produit (produire): acontece (acontecer)
malheureusement: infelizmente
confrontée (confronter): confrontada (confrontar)
au refus de: por sua recusa
quitter (quitter): deixar (deixar)
sa fidèle: sua fiel
parvient à (parvenir): consegue (conseguir)
retrouver (retrouver): encontrar (encontrar)
ce qui la conduit (conduire): o que a leva (levar)

souffrant (souffrir): sofrendo (sofrer)
paranóia aïguë: paranoia aguda
accusant (accuser): acusando (acusar)
s'approprier (approprier): apropriar-se (apropriar)
elle sera internée (interner): ela será internada (internar)
elle finira (finir): ela terminará (terminar)
ses jours (un jour): seus dias

biographie

Albert Camus et l'absurde

Albert Camus (1913-1960) **compte parmi** les plus grandes figures de la littérature française du XXème **siècle**. C'est avec *L'Étranger*, **son roman le plus connu,** que **j'ai fait sa connaissance.**

L'Étranger **figurait** dans mon programme de littérature au **lycée. À 16 ans**, la musique m'intéressait plus que la littérature, **et pourtant… ce livre** m'a fascinée **de la première** à la **dernière** page.

J'y ai découvert le thème de l'absurde, **si cher à** Camus. **Athée**, il **définit** l'absurde comme « cette confrontation **entre l'appel humain** et le silence déraisonnable du **monde** ». Pour lui, **non seulement il n'y a pas** de **Dieu**, mais l'existence **n'a pas de sens**. Attention ! **Ce n'est pas pour autant** un appel au **désespoir** et au suicide !

En fait, **il faut considérer** l'absurde comme un générateur d'énergie. Si **on ne choisit pas** le suicide, **on doit** choisir l'exaltation de **la vie. Être solidaire des opprimés**, ou bien **profiter pleinement** de l'instant présent sont des formes de révolte **contre** l'absurde. Le monde n'a **peut-être** pas de sens, mais **ça ne l'empêche pas** d'être **beau** et ça n'empêche pas les humains d'être solidaires et **justes**. Au contraire.

D'ailleurs, en plus d'**être quelqu'un d'engagé (il a mené plusieurs** combats politiques, a été résistant…) Camus était **un homme sensuel**, qui avait une **véritable** passion pour **le soleil** et **la mer.**

Je me souviens que **la première fois** que **j'ai lu** *l'Étranger*, **j'ai été frappée par** la sensualité présente dans le livre. Meursault, le personnage principal, **semble impassible**, **passif**.

---

compte parmi (compter): figura entre (figurar)
un siècle: um século
son roman (un roman): seu romance
le plus connu: mais conhecido
j'ai fait sa connaissance (faire la connaissance): eu o conheci (conhecer)

figurait (figurer): estava listado (estar listado)
un lycée: ensino médio
à 16 ans: na idade de 16 anos
et pourtant: e, no entanto
ce livre (un livre): este livro
de la première (premier): da primeira
dernière (dernier): última

j'y ai découvert (découvrir): ali eu descobri (descobrir)
si cher à: tão importante para
athée: ateu
il définit (définir): ele define (definir)
entre: entre
l'appel humain: apelo humano
le monde: mundo
non seulement: não somente
il n'y a pas: não há
Dieu: Deus
n'a pas de sens: não há significado
ce n'est pas pour autant: não é necessariamente
de désespoir: desespero

il faut (falloir): é preciso (precisar)
considérer: considerar
on ne choisit pas (choisir): nós não escolhemos (escolher)
on doit (devoir): nós devemos (dever)
la vie: vida
être solidaire de: ser solidários com
des opprimés: os oprimidos
profiter: aproveitar
pleinement: completamente
contre: contra
peut-être: talvez
ça ne l'empêche pas (empêcher): isso não impede (impedir)
beau: bonito
justes: justos

d'ailleurs: além disso
être quelqu'un d'engagé: estar engajado
il a mené (mener): ele levou (levar)
plusieurs: muitos
un homme sensuel: um homem sensual
véritable: verdadeiro
le soleil: o sol
la mer: o mar

je me souviens (se souvenir): eu me lembro (lembrar)
la première fois: a primeira vez
j'ai lu (lire): eu li (ler)
j'ai été frappée par (frapper): eu fui golpeado (golpear)
(il) semble (sembler): ele parece (parecer)
impassible: impassível
passif: passivo

On l'accuse même d'être insensible parce qu'**il ne pleure pas** à l'enterrement de **sa mère. Il ressent** pourtant de **façon très aiguë la chaleur, la lumière, les rayons** du soleil **sur sa peau, le goût du café au lait** et de la cigarette… **Il perçoit les bruits**, les odeurs…

Il semble en fait être en état d'« hyper conscience » permanente. C'est **sans doute** ce qui **l'empêche** de **se comporter** comme **les gens qui l'entourent**. C'est ça, l'absurde: une conscience aiguë du monde **qui ne laisse pas de place** aux mythes, aux **croyances** ou au kitsch.

Pas la peine de mentir, de **faire croire** ou de se faire croire **que tout va bien. Mais si** s'obliger à **voir** le monde tel qu'il est peut être une expérience **effroyable**, c'est aussi un exercice qui **peut nous rendre** plus humains, **plus à l'écoute des autres** et de la nature.

À vrai dire, cette vision du monde **me semble** particulièrement pertinente en 2009. **Nous vivons** dans **une époque confuse. L'avenir** est incertain et **parfois angoissant**, mais le fait de **se soucier** de l'environnement, de s'extasier **devant** la beauté d'**un paysage** ou de **militer** pour plus de justice **pourrait nous permettre**, chacun **à notre façon**, de combattre l'absurdité du monde **en donnant un sens** à notre vie.

Quoi qu'il en soit, je vous invite à **découvrir** ou à redécouvrir **les oeuvres** de ce grand homme, **qu'il s'agisse** de *La Mort heureuse*, *L'Étranger*, *La Peste* ou *La Chute*… **Bonne lecture !**

---

on l'accuse même (accuser): ele é até mesmo acusado (acusar)
il ne pleure pas (pleurer): ele não chora (chorar)
sa mère (une mère): sua mãe
il ressent (ressentir): ele sente (sentir)
une façon: um modo
très aïguë (aïgu): muito forte
la chaleur: o calor
la lumière: a luz
les rayons (le rayon): os raios
sur sa peau (la peau): sobre sua pele
le goût de: o gosto de
café au lait: café com leite
il perçoit (percevoir): ele sente (sentir)
les bruits (le bruit): os barulhos

(il) semble (sembler): ele parece (parecer)
en fait: de fato
être en état: estar em estado
sans doute: sem dúvida
l'empêche (empêcher): o impede (impedir)
se comporter: comportar-se
les gens: pessoas
qui l'entourent (entourer): que o rodeiam (rodear)
qui ne laisse pas de place (laisser): que não deixam nenhum lugar (deixar)
croyances (la croyance): as crenças

pas la peine de mentir: não é necessário mentir
faire croire: fazer acreditar
que tout va bien: que tudo vai bem
mais si: mas se
s'obliger: se obrigar
voir: ver
effroyable: terrível
cela peut nous rendre: isso pode nos tornar
plus à l'écoute: mais acessíveis
des autres: aos outros

à vrai dire: para dizer a verdade
me semble (sembler): parece-me (parecer)
nous vivons (vivre): nós vivemos (viver)
une époque: uma época
confuse (confus): confusa
l'avenir: o futuro
parfois: algumas vezes
angoissant: alarmante
se soucier: preocupar-se com
devant: diante de
un paysage: uma paisagem
militer: fazer campanha
cela pourrait (pouvoir): isso poderia (poder)
nous permettre: permitir-nos
chacun à notre façon: cada um à sua maneira
en donnant: ao dar
un sens (un sens): um significado

quoi qu'il en soit: qualquer que seja
je vous invite (inviter): eu os convido (convidar)
découvrir: descobrir
les oeuvres (la oeuvre): os trabalhos
qu'il s'agisse: quer se trate
Bonne lecture!: Boa leitura!

Cinéaste français

À la fin des années 50, François Truffaut a été l'un des premiers, avec Jacques Rivette et Jean-Luc Godard, **à faire** des films dans un style qu'**un critique de cinéma baptisera « la Nouvelle Vague »**. D'un point de vue technique, ce style novateur **se caractérise entre autres** par **des éclairages** naturels (**au revoir**, les studios !) ainsi que l'introduction d'un équipement (son et caméra) **plus léger**, **moins bruyant**, **qui permet** donc de **se déplacer** et de **suivre les personnages**.

Une proximité et une connivence **s'installent** alors **entre** les personnages et le spectateur **qui n'est plus comme** au théâtre, mais **aux côtés des** acteurs et dans la vie des personnages. Le résultat est **plus réaliste**, les émotions plus palpables.

Dans *Les quatre cents coups,* par exemple, la caméra **suit pas à pas** la vie et **les malheurs** du **jeune** Antoine Doinel. **Souvent** mobile, **parfois** instable, cette caméra **semble** aussi imprévisible que la vie d'Antoine. **Nous sommes entraînés** dans l'histoire et **surtout** LES histoires du jeune garçon, **ses mensonges**, **ses espoirs**, ses interrogations…

Avec la Nouvelle Vague, **le montage évolue** lui aussi. **Il n'est plus contraint** de **respecter** des critères de continuité. Les images **nous apparaissent un peu comme des pensées** spontanées, dans **le désordre**, comme dans **la « vraie vie »**.

Il faut dire que les films de la Nouvelle Vague **reflètent une époque** de **bouleversements**, de jeunes **qui cherchent** à **se comprendre** et à comprendre **le monde dans lequel ils vivent**.

La Seconde Guerre Mondiale est **terminée**, **le pays se reconstruit**, **on accède** à un plus grand confort matériel, les mouvements **étudiants**, anticolonialistes et féministes sont de plus en **plus actifs**, le modèle familial **évolue**…

On sent souvent, dans les films de François Truffaut, des personnages **en quête de sens**, **en décalage avec** la société ou leur environnement direct. C'est là que réside, **selon moi**, l'intérêt des films de Truffaut car ce décalage **est traité** avec humour, poésie et tendresse. Les personnages sont **parfois** ridicules… **presque toujours touchants et attachants**. Les **amoureux**, eux, sont toujours passionnés !

On dirait que dans ses films, Truffaut **nous signifie** que la vie est **trop précieuse pour ne pas être vécue pleinement**.

Pour cet **homme** qu'un cancer a **emporté à 52 ans seulement**, le cinéma aura **en tout cas** été une passion **dévorante**. De cette passion, **nous avons hérité** de petits bijoux cinématographiques dont, **je crois**, **nous ne sommes pas près de nous lasser**.

Quelques-uns des films de François Truffaut:

- *Vivement dimanche !* (1983)
- *La femme d'à côté* (1981)
- *Le dernier métro* (1980)
- *L'homme qui aimait les femmes* (1977)
- *L'histoire d'Adèle H.* (1975)
- *La nuit américaine* (1973)
- *Baisers volés* (1968)
- *Jules et Jim* (1962)
- *Les quatre cents coups* (1959)

---

il faut dire (falloir): é preciso dizer (precisar)
reflètent (refléter): reflete (refletir)
une époque: uma época
bouleversements: rupturas
qui cherchent (chercher): que procurava (procurar)
se comprendre: compreender
le monde: o mundo
dans lequel: no qual
ils vivent (vivre): eles vivem (viver)

la Seconde Guerre Mondiale: a Segunda Guerra Mundial
terminée (terminer): terminada (terminar)
le pays: o país
se reconstruit (reconstruire): é reconstruído (reconstruir)
on accède (accéder): nós alcançamos (alcançar)
les étudiants (le étudiant): estudantes
plus actifs: mais ativos
évolue (evoluer): evolui (evoluir)

on sent souvent (sentir): nós sentimos muitas vezes (sentir)
en quête de sens: em questão de significado
en décalage avec: em desacordo com
selon moi: para mim
(il) est traité avec (traiter): é lidar com (lidar)
parfois: algumas vezes
presque toujours: quase sempre
touchants: comoventes
attachants: cativantes
amoureux: apaixonados

on dirait (dire): parece (parecer)
nous signifie (signifier): diz-nos (dizer)
trop précieuse (précieux): muito preciosa
pour ne pas être vécue: para não ser vivida
pleinement: completamente

un homme: um homem
emporté: levado embora
à 52 ans seulement: com apenas 52 anos
en tout cas: de qualquer modo
dévorante: consumidora
nous avons hérité (hériter): nós herdamos (herdar)
je crois (croire): eu acredito (acreditar)
nous ne sommes pas près de nous lasser: não poderemos ficar cansados dele

biographie

Écrivain et philosophe français

On dit de lui **qu'il a été** le philosophe **le plus discuté** du 20ème **siècle**. Mais Jean-Paul Sartre **doit surtout sa renommée** à sa théorie de l'existentialisme et à ses nombreuses pièces de théâtre et **romans**, dont *l'Être et le Néant* et *La Nausée*, **publiées** respectivement en 1938 et en 1943.

Né à Paris, le 21 juin 1905 d'un père officier de la marine **qui décède** avant sa **deuxième année**, **il est élevé par sa mère** et son **grand-père** maternel **qui est apparenté** au docteur Albert Schweitzer, **récipiendaire** du **prix Nobel de la paix** en 1952. **Il s'est fait connaître** tant par **les polémiques suscitées** par **ses écrits** que par **sa vie amoureuse hors du commun**. Compagnon de **vie** de Simone de Beauvoir jusqu'à **sa mort**, c'est un ardent défenseur de **la gauche** radicale. **Il n'hésite pas** à **aller à contre-courant** des tendances de **son époque en rejetant**, notamment, le mariage et la paternité.

Sa théorie philosophique s'oppose au matérialisme, et à l'idéalisme traditionnel. **Elle propose** une vision de la vie humaine où **l'être doit agir** et s'**ouvrir** au **monde** pour exister. **Selon** son **postulat**, les éléments fondamentaux de l'existence de l'**homme se résument** à l'engagement, l'aliénation, l'ennui, **la peur**, **le néant**, l'absurde et à la liberté. L'éventualité du suicide **étant**, selon lui, **la seule** question véritable.

Jean-Paul Sartre a **échoué** en 1928 au premier **concours** d'agrégation de l'**École** normale supérieure de Paris **qui lui aurait permis d'enseigner**. Il le réussit l'année suivante et enseigne au Havre, à l'Institut français de Berlin et au lycée Pasteur à Paris. En 1944, **il fonde** la revue *Les Temps Modernes* puis **se tourne par la suite** vers le théâtre et **devient un auteur** très prolifique. **Il refuse** le prix Nobel de littérature **qui lui est attribué** en 1964, car **il s'est** toujours **fait un devoir** de décliner les honneurs. Il est mort à Paris le 15 avril 1980.

Prix Nobel de médicine

Né le 14 novembre 1891 dans **la ville** d'Alliston en Ontario, au Canada, et benjamin d'**une fratrie** de cinq enfants, Frederick Grant Banting **a bénéficié** d'**un destin peu commun**.

Connu comme le découvreur de l'insuline, conjointement avec le professeur J.J.R. Macleod, **il a débuté sa scolarité** en fréquentant **les écoles publiques** de sa ville natale. **Par la suite**, il entre à l'Université de Toronto avec **le désir** de poursuivre **une filière d'études** religieuses, mais **il s'oriente** finalement **vers** la médecine.

L'avènement de la Première Guerre Mondiale **le conduit** sur **le front** en France en 1916 avec le Corps médical de l'Armée canadienne. **Blessé** à la bataille de Cambrai en 1918, **on lui octroie** la Croix Militaire pour **bravoure** en 1919. À son **retour de la guerre**, il étudie la chirurgie orthopédique et **oeuvre** successivement comme praticien à London (Ontario) et chirurgien résident à l'Hôpital pour enfants **malades** de Toronto. **Il devient** par la suite professeur et conférencier en pharmacologie à l'Université de Toronto.

Le Dr Banting a toujours manifesté un grand intérêt scientifique **envers** le diabète et plus particulièrement par la possibilité d'**extraire** l'insuline directement **des ilots** de Langerhans **qui le sécrètent** dans le pancréas. Avec l'aide du Dr Macleod, **qui soutient sa démarche** expérimentale, et de son assistant, le Dr Charles Best, alors étudiant, **il parvient** à **vérifier** l'authenticité de sa théorie, **laquelle donne lieu** à la découverte de l'insuline.

On lui accorde, conjointement avec le Dr J.J.R. Macleod, **le prix Nobel** de médecine en 1923. **Il a également reçu** de nombreuses décorations honorifiques canadiennes et **étrangères**, et a **été ennobli** en 1934. **Marié** à **deux reprises**, **père** d'**un fils** et **peintre** de talent, il a également participé à une expédition artistique **le conduisant au-delà** du cercle arctique. **Il est mort** dans un accident d'**avion**, en février 1941, à Terre-Neuve, au Canada.

---

né (naître): nascido (nascer)
la ville: a cidade
fratrie: irmão
a bénéficié (bénéficier): beneficiou-se (beneficiar)
un destin: um destino
peu commun: excepcional

connu comme (connaître): conhecido como (conhecer)
le découvreur: o descobridor
il a débuté (débuter): ele começou (começar)
sa scolarité: sua escolaridade
écoles publiques: escolas públicas
par la suite: mais tarde
il entre (entrer): ele entra (entrar)
le désir: o desejo
une filière d'études: um curso de estudo
il s'oriente vers (orienter): ele se orientou em direção a (orientar)

l'avènement: o advento
le conduit (conduire): o levou (levar)
front: frente de batalha
blessé (blesser): ferido (ferir)
on lui octroie (octroyer): ele foi premiado (premiar)
bravoure: coragem
retour de la guerre: de volta da guerra
il étudie (étudier): ele estuda (estudar)
la chirurgie: a cirurgia
(il) oeuvre (oeuvrer): ele trabalha (trabalhar)
malades: doentes
il devient (devenir): tornou-se (tornar-se)

envers: em relação a
extraire: extrair
des ilots: ilhotas
qui le sécrètent (sécréter): que secretam (secretar)
qui soutient (soutenir): que suportam (suportar)
sa démarche: seu processo
il parvient (parvenir): ele conseguiu (conseguir)
vérifier: verificar
laquelle donne lieu: a que leva a

on lui accorde (accorder): ele foi premiado (premiar)
le prix Nobel: o prêmio nobel
il a également reçu (recevoir): ele também recebeu (receber)
étrangères: estrangeiros
il a été ennobli (ennoblir): ele foi enobrecido (enobrecer)
marié: casado
deux reprises: duas vezes
père: pai
un fils: um filho
peintre: pintor
le conduisant (conduire): o que o levou (levar)
au-delà: além
il est mort (mourir): ele morreu (morrer)
un avion: um avião

biographie 95

La Môme

Connaissez-vous cette **chanteuse française née** le 19 décembre 1915 et **appelée** Édith Giovanna Gassion ? Non ? Et **si je vous dis** qu'**elle s'est rendue célèbre** dans **le monde entier** avec **des chansons** comme *La Vie en rose*, *Milord* ou *Non, je ne regrette rien* ? Oui, c'est Édith Piaf, **bien sûr** !

Voilà **une femme** qui, **un peu comme** Billie Holiday aux États-Unis, aura connu la gloire grâce à un immense talent et qui aura eu, **en tant que** femme, **une vie** particulièrement **douloureuse**.

Née d'un artiste de **cirque** et d'**une mère** chanteuse, Édith **vit** dans **la misère la plus absolue les deux premières années** de sa vie. **Son père est parti à la guerre**, sa mère **n'a pas les moyens** de s'occuper d'elle. **On la confie** donc à sa grand-mère maternelle, **mais celle-ci la néglige** totalement. **On la place** donc **un an et demi plus tard** chez sa grand-mère paternelle, **patronne** d'**une maison close** en Normandie. **Certes, on peut rêver** d'**un meilleur** environnement qu'une « maison de **débauche** » pour **élever une petite fille**, mais là, **au moins**, Édith est **bien nourrie** et **choyée** par sa grand-mère et toutes les prostituées **qui travaillent** pour elle. Édith **a sept ans** lorsque son père **vient la chercher** pour qu'elle travaille avec lui dans **des cirques itinérants**.

Petit à petit, **elle se rend compte** qu'elle a **une voix** et que ça peut lui **permettre** de **gagner de l'argent**. Accompagnée de **sa meilleure amie, elle chante** de plus en plus souvent et **quitte** son père à l'âge de 15 ans **pour tenter sa chance, seule**. À 17 ans, **elle tombe amoureuse** d'un certain Louis Dupont, avec qui **elle aura** une petite fille, Marcelle, **qui mourra** d'une méningite à l'âge de deux ans…

Si c'était un film, **on dirait** que c'est **exagéré**, mais la vie d'Édith Piaf est une succession de drames et de joies, tout aussi intenses. Édith chante pendant quelques années dans **les rues** de Paris avant d'être remarquée par Louis Leplée qui, **séduit** par sa voix, **l'engage** dans son prestigieux cabaret et **la baptise** « la môme piaf ». **Un piaf** est **un petit oiseau** et Édith **ne mesure qu'un mètre quarante-sept**. Le succès est immédiat et Édith **ne tarde pas** à **enregistrer** son premier **disque**.

En 1937, la môme Piaf devient définitivement Édith Piaf. Elle n'a que 22 ans, **mais déjà** toute une vie de femme **derrière** elle et toute une carrière d'artiste **qui l'attend**… Pendant la Seconde Guerre Mondiale, elle continue à chanter, mais ses chansons **évoquent** la résistance et **elle s'efforce de faire travailler** des musiciens juifs.

C'est en 1945 qu'**elle écrit** seule la chanson *La Vie en rose*. **Sa vie amoureuse** est riche, mais pas toujours simple. Ses liaisons sont généralement de **courte durée**. Lorsque le boxeur Marcel Serdant, le grand amour de sa vie (pour qui elle écrit *L'Hymne à l'amour*) meurt en 1949 dans **un accident d'avion**, Piaf, d'un naturel **enjoué** et **rieur**, sombre dans une dépression **qui ne la quittera jamais vraiment**.

Deux ans plus tard, en 1951, **elle est impliquée** dans deux accidents de **voiture qui aggraveront** son état. **Sa santé** fragile, l'alcool et **une accoutumance** à la morphine **obligeront** Piaf à **délaisser** temporairement **le métier qu'elle aimait tant**. De cure de désintoxication en **tournées triomphales**, **elle parvient tant bien que mal** à tenir la route jusqu'en 1963.

Usée, **épuisée**, **abîmée**, elle meurt à 47 ans, le 10 octobre, **un jour avant** son ami Jean Cocteau **qui dira d'elle** : « **Je n'ai jamais connu d'être moins économe** de son âme. **Elle ne la dépensait pas, elle la prodiguait, elle en jetait l'or par les fenêtres.** »

---

on dirait (dire): poderíamos dizer (dizer)
exagéré (exagérer): exagerado (exagerar)
les rues (la rue): as ruas
séduit (séduire): seduziram (seduzir)
(il) l'engage (engager): (ele) a contrata (contratar)
(il) baptise (baptiser): (ele) a nomeia (nomear)
un piaf: um pardal
un petit oiseau: um passarinho
ne mesure qu'un mètre quarante-sept: ela mede apenas um metro e quarenta e sete centímetros de altura
ne tarde pas (tarder): não demora para (demorar)
enregistrer: gravar
un disque: um disco

mais déjà: mas já
derrière: atrás
qui l'attend (attendre): que a espera (esperar)
évoquent (évoquer): evoca (evocar)
elle s'efforce de faire (s'efforcer de): ela tenta muito (tentar)
travailler: trabalhar

elle écrit (écrire): ela escreve (escrever)
sa vie amoureuse: sua vida amorosa
courte durée: duração curta
un accident d'avion: um acidente de avião
enjoué: alegre
rieur: risada
qui ne la quittera jamais vraiment (quitter): que não a deixará nunca (deixar)

elle est impliquée (impliquer): ela se envolve (envolver)
une voiture: carro
qui aggraveront (aggraver): que irá agravar (agravar)
sa santé (une santé): sua saúde
une accoutumance: um vício
(ils) obligeront (obliger): (eles) obrigarão (obrigar)
à délaisser: a abandonar
le métier: a profissão
qu'elle aimait tant (aimer): que ela tanto amava (amar)
tournées (une tournée): turnês
triomphales: triunfais
elle parvient (parvenir): ela consegue (conseguir)
tant bien que mal: mais ou menos

usée (usé): desgastada
épuisée (épuisé): exausta
abîmée: acabada, ferida
un jour avant: um dia antes
qui dira d'elle (dire): quem dirá sobre ela (dizer)
je n'ai jamais connu (connaître): eu nunca a conheci (conhecer)
d'être moins économe: menos mesquinha
elle ne la dépensait pas (dépenser): ela não gastou (gastar)
elle la prodiguait (prodiguer): ela doou (doar)
elle en jetait l'or par les fenêtres (jeter): ela jogou dinheiro fora (jogar)

biographie 97

Écrivaine acadienne

C'est **grâce à ses romans** *La Sagouine* et *Pélagie-la–Charrette*, tous deux **publiées** en 1979, qu'Antonine Maillet s'est **fait connaître comme une écrivaine** canadienne française de premier plan. **Le rayonnement** international dont **elle bénéficie doit beaucoup** à son style authentique et à la complexité de ses **personnages**, majoritairement féminins, **qui expriment** une vaste gamme d'émotions **allant de** l'humour à **la colère la plus virulente**. Née à Bouctouche en 1929, dans la province canadienne du Nouveau-Brunswick, la romancière **a remporté de nombreux prix littéraires**, dont le Prix Goncourt pour son roman *Pélagie-la-Charrette*.

C'est toute l'histoire de l'**Acadie** qu'**elle met inlassablement** en scène **dans la plupart** de **ses ouvrages** ; une histoire marquée par les joies et les souffrances de ce peuple au destin particulier. Le peuple acadien issu de de la colonisation française de 1604, a connu **un déracinement** majeur en 1755, lorsque la presque totalité de ses dix mille habitants a **été déportée vers** les États-Unis et **éparpillée par le conquérant** britannique.

C'est donc avec *Pélagie-la-Charrette* que son **art connaît** son **apothéose**, puisqu'**elle parvient à** y **imprimer** la conscience collective d'une nation à l'identité incertaine, mais pourtant **forte** et déterminée. **Jouant** avec **les riches sonorités** et **les mots anciens qui ponctuent** sa **langue natale**, elle parvient avec originalité et habileté à **transmettre** au **lecteur**, dans une vision symbolique et **épique**, la mémoire de la nation **qui l'a vu naître**.

Antonine Maillet, qui a publié plus de quarante romans, **a reçu une vingtaine** de distinctions honorifiques dont l'Ordre du Canada et l'Ordre de la Légion d'honneur française. **Elle a enseigné** la littérature et le folklore à l'Université Laval de Québec ainsi qu'à Montréal, où **elle réside la plupart du temps**.

À la découverte de Matisse

Le tableau *Les coucous, tapis bleu et rose* **a été vendu** cette **année** à Paris pour 32 millions d'euros, **une somme** historique. **S'il ne fallait qu'une preuve** que Matisse est **encore** et **toujours apprécié**, **ce serait celle-ci.**

Henri Matisse, un des artistes **les plus connus** du XXème **siècle**, **était un peintre**, **un dessinateur** et un sculpteur français. **Considéré** comme **le chef de file** du **fauvisme**, Matisse était **célèbre** pour ses larges **aplats** de couleurs **vives** et violentes. Son influence était telle que Picasso **lui-même l'a reconnu** comme son rival… **mais aussi** comme son **ami**.

Grand **voyageur**, Matisse **s'inspirait des lumières** et **des couleurs** de Sud. Ses **sujets de prédilection restent,** comme pour Picasso, **les femmes** et **les natures mortes. Cependant,** contrairement à son rival, Matisse préférait **peindre à partir de** modèles réels, **qu'il plaçait** généralement dans **un décor détaillé.**

À partir de 1917, le peintre **a quitté** Paris et **s'est installé** à Nice. C'est là-bas **qu'il est mort** d'**une crise cardiaque** en 1954, **après** une carrière prolifique et **parfois teintée de** scandales.

Moins de dix ans **plus tard,** en 1963, c'est donc **logiquement** que la ville de Nice lui a **consacré un musée**. Situé sur **la colline** de Cimiez, le musée Matisse est **tout proche** de l'ancienne résidence du peintre, l'Hotel Regina. **On y trouve** une collection permanente, **composée** en majorité de peintures, **dessins**, gravures et sculptures. **Chaque année**, des expositions temporaires, **ainsi que** des conférences et projections, sont organisées à l'intention des visiteurs.

---

le tableau: o quadro
(il) a été vendu (vendre): foi vendido (vender)
une année: ano
une somme: soma
s'il ne fallait qu' (falloir): se era somente necessário (ser necessário)
une preuve: prova
encore: ainda
toujours: sempre
apprécié: apreciado
ce serait (être): isso seria (ser)
celle-ci: esta aqui

le plus connu: mais famoso
le siècle: século
était (être): (ele) era (ser)
un peintre: pintor
un dessinateur: um artesão
considéré: considerado
le chef de file: líder
le fauvisme: fauvismo
célèbre: famoso
aplats: superfícies pintadas
vives: vivas
lui-même: ele mesmo
(il) l'a reconnu (reconnaître): (ele) o reconheceu (reconhecer)
mais aussi: mas também
un ami: amigo

un voyageur: viajante
(il) s'inspirait (s'inspirer): se inspirava (inspirar)
lumières: luzes
le sud: o sul (da frança)
sujets de prédilection: temas preferidos
restent (rester): ficar (ficar)
femmes: mulheres
les natures mortes: a natureza morta
cependant: contudo
peindre: pintar
à partir de: a partir de
qu'il plaçait (placer): que ele colocava (colocar)
un décor: uma decoração
détaillé: detalhada

a quitté (quitter): deixou (deixar)
(il) s'est installé (s'installer): (ele) se instala (instalar)
il est mort (mourir): ele morreu (morrer)
une crise cardiaque: um infarto
après: após
parfois: algumas vezes
teintée de: tocado pela

moins de: menos de
plus tard: mais tarde
logiquement: logicamente
consacré: dedicado
un musée: um museu
la colline: colina
tout proche: muito perto
on y trouve (trouver): ali encontramos (encontrar)
composé: feito de
dessins: desenhos
chaque année: cada ano
ainsi que: tão bem quanto

biographie 99

Une personnalité fondamentale

L'**homme** est l'une des figures contemporaines les plus importantes des Antilles Françaises. **D'ailleurs** dans son **île natale**, la Martinique, **il est quasiment vénéré** comme **un dieu**. Pourtant **le nom** d'Aimé Césaire **a dépassé les frontières** des Antilles et a atteint une notoriété **mondiale** au cours du **vingtième siècle**.

Aime Césaire **est né** en 1913, **soixante-cinq ans** après l'abolition de l'esclavage et un an avant la Première Guerre Mondiale, dans une Martinique alors colonie française. **Il est doté depuis son plus jeune âge** de dispositions intellectuelles remarquables, **qui vont le conduire** à 18 ans dans **un lycée parisien de renom**. **Très peu** de **jeunes noirs** issus des colonies l'**avaient fait avant lui**. Sa scolarité supérieure **sera couronnée** par l'obtention de la prestigieuse Agrégation de lettres, qui a fait de lui un professeur au lycée Schoelcher en Martinique.

Ce jeune homme **qui était destiné** à **devenir un fonctionnaire fidèle** au système colonial français a, **au fil des années** à Paris, de ses expériences et de ses échanges intellectuels, **commencé à réfléchir** au système dans lequel **il avait grandi** et dans lequel son **île** et toutes les autres colonies **se trouvaient encore**. Cette réflexion a **trouvé un écho** lors de ses échanges avec d'autres jeunes étudiants noirs **venus** d'autres colonies françaises, caribéennes.

De ces échanges intellectuels et littéraires est né le concept de négritude **qui représentait** un rejet de la politique coloniale, **accusée d'aliéner** et d'acculturer les populations locales puisqu'**il s'agissait** alors de **les assimiler plutôt que** de développer leur **identité propre**.

100 biographie

Aimé Césaire **marquera** cette réflexion par **une oeuvre parue** en 1939, intitulée *Cahier d'un retour au pays natal,* dans laquelle **il dénonce** les conséquences du colonialisme sur la population martiniquaise mais aussi sur les populations africaines dont **il a entendu parler par son ami** Léopold Senghor. Ce texte **parle de douleur** et de révolte **contre** un système dont il a évalué les effets lorsqu'**il vivait** en Europe.

Cahier d'un retour au pays natal **a été suivi** en 1950 **par** le *Discours sur le colonialisme*. Ce pamphlet qui comme son nom l'**indique** est une attaque claire contre le colonialisme **a été réédité** en 1955, après le début de la Guerre d'indépendance d'Algérie. **L'auteur** a alors **pris position** pour **le pays** du Maghreb et contre l'oppression coloniale. Et c'est d'ailleurs, à cette période **des guerres** de décolonisation, que le nom d'Aimé Césaire **a commencé à traverser les frontières grâce à ses écrits**, dont la dimension universelle **dépassait** la Martinique et **même** la France.

À la fin de la Seconde Guerre Mondiale, **qui a vu l'implication** de nombreux jeunes Martiniquais dans les armées de libération américaines ou françaises en exil et **malgré** ses positions idéologiques, Aimé Césaire **choisit** de **s'engager** en politique **en devenant maire** de Fort-de-France (capitale de la Martinique) de 1945 à 2001 et aussi député de l'île de 1958 à 1993.

C'est **la mort** d'Aimé Césaire en avril 2008 **qui a prouvé, si c'était vraiment nécessaire**, à quel point **il était devenu** une figure incontournable de la littérature francophone, de **la pensée** universelle et du combat des peuples **opprimés** dans **le monde**. **En effet, les hommages rendus à l'annonce de son** décès **ont été** nombreux et **ont réunis** des intellectuels de tous pays et de tous horizons. C'est avec **tristesse** mais aussi beaucoup de **fierté** que **des milliers** de Martiniquais l'**ont accompagné** jusqu'à **sa dernière demeure**, comme des membres de sa propre famille.

---

marquera (marquer): marcará (marcar)
une oeuvre: trabalho
parue: publicada
il dénonce (dénoncer): ele denuncia (denunciar)
il a entendu parler (entendre): ele escutou falar sobre (escutar)
son ami (un ami): seu amigo
parle de douleur (parler de): lida com (lidar)
contre: contra
il vivait (vivre): ele vivia (viver)

(il) a été suivi par (suivre): (ele) foi seguido por (seguir)
indique (indiquer): indica (indicar)
a été réédité (rééditer): foi publicado de novo (publicar)
l'auteur (un auteur): o autor
(il) a pris position (prendre position): (ele) tomou posição (tomar posição)
le pays: o país
guerres: guerras
a commencé (commencer): começou (começar)
traverser les frontières: atravessar fronteiras
grâce à: graças a
ses écrits (un écrit): seus trabalhos escritos
dépassait (dépasser): excedeu (exceder)
même: mesmo

a la fin de: no fim da
qui a vu (voir): que já se viu (ver)
l'implication (une implication): o envolvimento
malgré: apesar
choisit (choisir): escolheu (escolher)
s'engager: envolver-se
en devenant maire: ao tornar-se prefeito

la mort: morte
qui a prouvé (prouver): que demonstrou (demonstrar)
si c'était vraiment nécessaire: se era realmente necessário
il était devenu (devenir): ele se tornou (tornar)
la pensée: pensamento
opprimés: oprimido
le monde: mundo
en effet: de fato
les hommages rendus: as homenagens feitas
à l'annonce de son décès: quando sua morte foi anunciada
(ils) ont été (être): (eles) foram (ser)
(ils) ont réunis (réunir): (eles) juntaram (juntar)
la tristesse: a tristeza
la fierté: o orgulho
des milliers (un millier): milhares
(ils) ont accompagné (accompagner): (eles) acompanharam (acompanhar)
sa dernière demeure: seu último lugar de descanso

Les débuts de Coco Chanel

Née en 1883, Gabrielle Bonheur Chanel est **placée à l'orphelinat à l'âge de** 12 ans après **le décès de sa mère**. À 18 ans, elle débute **le dur apprentissage** du **métier** de **couseuse**. En 1903, **elle commence** à **travailler** en tant que telle dans une maison **spécialisée en** trousseaux et **layettes**.

Mais Gabrielle a de l'ambition et **surtout** une **forte** personnalité. Étienne Balsan, riche **homme d'affaires**, la **remarque**. **Une idylle** commence rapidement. **Par son biais**, Gabrielle Chanel **apprend** le fonctionnement de **la haute société** et surtout **étoffe** ses relations. C'est ainsi qu'**elle va rencontrer** Arthur Capel, **dit** « Boy », **l'amour de sa vie**. Il jouera **un rôle clef** dans la création des premières boutiques Chanel, **notamment en apportant** son **soutien financier**.

Gabrielle Chanel, dite « Coco », commence par **créer ses propres chapeaux** et **vêtements** qu'**elle porte** a l'occasion de **soirées mondaines**. **Elle teste** ainsi ses modèles et en assure la promotion **au sein de** la haute société de l'**époque**. Son style est **décalé, sobre, épuré, bref à contre-courant** de la mode du début du XXème **siècle**. Ses modèles **plaisent**, si bien qu'**elle ouvre** sa première boutique en 1913 au 21 **rue** Cambon à Paris, **sa deuxième** à Deauville la **même année** et **sa troisième** en 1915 à Biarritz. Elle créera sa maison de haute couture en 1918, rue Cambon, où **elle se trouve encore aujourd'hui**.

---

née (naître): nascida (nascer)
placée (placer): colocada (colocar)
un orphelinat: um orfanato
à l'âge de: na idade de
le décès: a morte
sa mère: sua mãe
dur: duro, difícil
l'apprentissage: o treinamento
un métier: emprego
une couseuse: uma costureira
elle commence (commencer): ela começa (começar)
travailler: trabalhar
spécialisée en: especializada em
layettes: roupas de bebê

surtout: acima de tudo
forte: forte
un homme d'affaires: um empresário
(il) remarque (remarquer): ele nota (notar)
une idylle: um caso de amor, romance
par son biais: graças a ele
apprend (apprendre): aprende (aprender)
la haute société: a alta sociedade
(elle) étoffe (étoffer): ela expande (expandir)
elle va rencontrer (aller): ela vai encontrar (ir)
dit: conhecido como
l'amour de sa vie: o amor de sua vida
il jouera (jouer): ele terá (ter)
un rôle clef: um papel decisivo
notamment: especialmente
en apportant: em trazer
un soutien financier: um suporte financeiro

créer: criar
ses propres chapeaux: seus próprios chapéus
des vêtements: roupas
elle porte (porter): ela usa (usar)
des soirées mondaines: reuniões sociais
elle teste (tester): ela testa (testar)
au sein de: dentro
une époque: uma época
décalé: diferente
sobre: simples, liso
épuré: sem confusão
bref: em resumo
à contre-courant: contra a corrente
un siècle: século
plaisent (plaire): agradam, são populares (agradar)
elle ouvre (ouvrir): ela abre (abrir)
la rue: rua
sa deuxième: sua segunda
la même année: no mesmo ano
sa troisième: sua terceira
elle se trouve (se trouver): está localizada (localizar)
encore: ainda
aujourd'hui: hoje

Le style Chanel est en **rupture** avec la mode de l'époque. Gabrielle Chanel crée une nouvelle **allure**. **Elle libére le corps** des femmes en créant des modèles **novateurs**, confortables mais élégants: **les jupes** sont **raccourcies, la taille des robes** est **supprimée. Elle utilise** aussi **des matières** plus fluides comme le jersey qui **jusque-là n'était pas** du tout **utilisé** dans la confection féminine.

Mais Coco Chanel est surtout une avant-gardiste car **elle perçoit avec une grande justesse** l'évolution de la société française et notamment la place qu'**occupent les femmes au sein de celle-ci**. Pendant et après **la Première Guerre Mondiale**, les femmes **sont devenues** une **vraie force de travail**. Elle crée donc des modèles **qui correspondent** aux nouveaux **besoins quotidiens** des femmes de l'époque. Ses vêtements sont simples, pratiques mais chics. **Sa mode** s'inspire largement **des tenues masculines** et sportives **des stations balnéaires** qu'**elle côtoie**. Elle introduit **le pantalon, la jupe plissée courte** et le polo comme autant de modèles qui constituent aujourd'hui les basiques de **nos garde-robes**. Parmi ces classiques, **la petite robe noire** (**fourreau droit sans col** à **manches** trois quart) est une idée de **génie** qui sera **très souvent copiée** et recopiée. Quant aux couleurs, Mademoiselle Chanel **ne jurait que par le noir**, le blanc et le beige.

Mais Coco est aussi une icône, un modèle pour les femmes de l'époque. Extrêmement **mince**, les cheveux courts, **bronzée**, elle impose sa silhouette androgyne. Elle crée de nouveaux **canons de beauté qui vont marquer** ses contemporaines mais aussi les générations **suivantes**.

Depuis 1983, le styliste Karl Lagerfeld **perpétue** l'esprit et assure la continuité du style Chanel **en retravaillant** les codes fondamentaux de **la fondatrice**, **à savoir** le blanc, le noir, les perles, le jersey et le tweed … Ainsi **pour chacune** de ses nouvelles collections, il utilise comme source d'inspiration les archives de Chanel renouvelant ainsi **à sa manière** le style **indémodable** de Coco.

---

une rupture: ruptura
une allure: estilo
elle libére (libérer): ela libera (liberar)
le corps: o corpo
novateurs (novateur): inovadores
les jupes (la jupe): as saias
raccourcies (raccourci): mais curtas
la taille: a cintura
robes: vestidos
supprimée (supprimer): removidas (remover)
elle utilise (utiliser): ela usa (usar)
matières: materiais
jusque-là: até então
il n'était pas utilisé (utiliser): que não eram utilizados (utilizar)

elle perçoit (percevoir): ele sente (sentir)
avec une grande justesse: com toda a justiça
(elles) occupent (occuper): possuem (possuir)
les femmes (la femme): mulheres
au sein de celle-ci: no meio desta
la Première Guerre Mondiale: a Primeira Guerra Mundial
sont devenues (devenir): tornaram-se (tornar)
vraie (vrai): verdadeira
une force de travail: uma força de trabalho
qui correspondent (correspondre): que corresponde (corresponder)
besoins quotidiens: necessidades diárias
sa mode: sua moda
des tenues masculines: roupas masculinas
des stations balnéaires: de estações balneárias
elle côtoie: ela frequenta
le pantalon: a calça
la jupe plissée courte: a saia pregada curta
des garde-robes (une garde-robe): os armários
la petite robe noire: o vestidinho preto
un fourreau: a bainha
droit: reto
sans col: sem colarinho
manches: mangas
le génie: gênio
très souvent: muitas vezes
copiée (copier): copiada (copiar)
ne jurait que par (jurer): apenas jurava (jurar)
le noir: preto

mince: magra
bronzée (bronzer): bronzeada (bronzear)
les canons de beauté: regras da beleza
qui vont marquer: que irão marcar
suivantes: próximas

perpétue (perpétuer): perpetua (perpetuar)
en retravaillant: ao retrabalhar
la fondatrice: a fundadora
à savoir: isto é
pour chacune: para cada
à sa manière: à sua maneira
indémodable: que nunca sairá de moda

biographie 103

Évaluez votre compréhension

Ingénieur français célèbre, Página 88

1. Quem inspirou o caminho profissional de Gustave Eiffel?

2. Após a Torre Eiffel, que projeto famoso ele realizou?

3. Que outro tipo de projeto o engenheiro Eiffel realizou?

Cinéaste français, Página 92

1. Qual é o estilo ou a técnica da La Nouvelle Vague?

2. Qual é o resultado da filmagem dessa maneira?

3. Quando assistimos a um filme de Truffaut, o que parece que ele nos diz?

Écrivain et philosophe français, Página 94

1. A infância de Jean-Paul Sartre foi marcada por qual tragédia?

2. Como ele desafiou as normas sociais da sua época?

3. O que aconteceu durante seu primeiro ano na École normale supérieure de Paris?

Prix Nobel de médecine, Página 95

1. Frederick Grant Banting é famoso por qual invenção?

2. Quando Banting iniciou a universidade, qual era a sua carreira?

3. Após ser ferido em guerra, o que ele estudou?

Teste sua compreensão

La Môme, Página 96

1. Édith Piaf é comparada a qual cantora americana?

2. Aos sete anos de idade, o que acontece com Édith?

3. Por que ela foi apelidada de *la môme piaf*?

Écrivaine acadienne, Página 98

1. Descreva as personagens dos romances de Maillet.

2. O que ela introduz na maioria de seus trabalhos?

3. Quantos romances ela publicou?

Une personnalité fondamentale, Página 100

1. De que Aimé Césaire acusa o governo local?

2. O que ele fez pelos países do Maghreb e como isso afetou sua popularidade?

3. Após a Segunda Guerra Mundial, o que ele fez para se envolver ainda mais na política?

Les débuts de Coco Chanel, Página 102

1. Quem era o amor da vida de Coco Chanel? Qual era seu apelido?

2. Que tecido ela introduziu na moda?

3. Descreva o estilo de vestido que era reconhecido como sua criação.

Coutumes

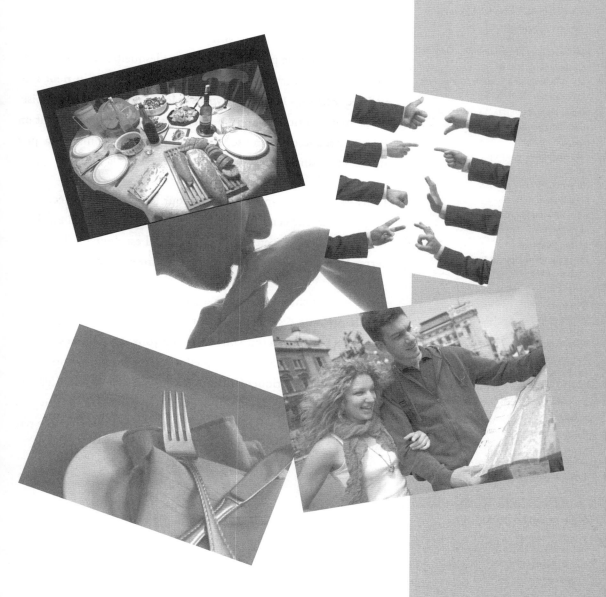

Bises ou pas bises ?

La façon de **dire bonjour** à une personne dépend généralement du type de relations que l'on a avec elle **mais également** de la situation (l'âge, les rapports hiérarchiques, etc.) **Ce seront** les rapports **plus ou moins** intimes que l'**on entretient qui détermineront** si l'on utilise **la poignée de main** ou si l'**on se fait la bise**.

Avec des personnes que **vous connaissez peu** ou que **vous rencontrez pour la première fois** et avec lesquelles **vous souhaitez marquer** une « certaine distance », la poignée de main **peut être utilisée**. Elle sera le signe de votre volonté de **ne pas faire** la bise, ou de marquer un certain respect **envers** la personne mais tout **en faisant preuve** de politesse. **Ensuite quand** on connait un peu **mieux** la personne, il est de coutume de se faire la bise.

Dans les relations professionnelles pour lesquelles il est nécessaire de conserver une certaine distance **entre** les personnes, il est donc **mal vu** de **se saluer** en se faisant la bise. Il est donc préférable de **serrer la main**, **que vous soyez** entre **hommes** ou **femmes**.

Dans le contexte personnel, avec **des amis** ou la famille la bise **se fait presque** systématiquement en France, mais c'est **selon** le sexe de la personne a qui **vous dites bonjour**. Les femmes **se font** automatiquement la bise entre elles, et un homme embrassera également systématiquement une femme (et vice-versa). Cela est **moins courant** pour les hommes entre eux **qui ne le font** que s'ils ont un certain degré d'intimité (s'ils sont d'une **même** famille par exemple ou s'ils sont amis depuis un certain nombre d'**années**).

---

la façon: a maneira
dire: dizer
bonjour: bom dia
mais également: mas também
ce seront (être): eles serão (ser)
plus ou moins: mais ou menos
on entretient (entretenir): manter (manter)
qui détermineront (déterminer): que determinarão (determinar)
la poignée de main: aperto de mão
on se fait la bise (baisser): um beijo na bochecha (beijar)

vous connaissez peu (connaître): você não conhece bem (conhecer)
vous rencontrez (rencontrer): você encontra (encontrar)
pour la première fois: pela primeira vez
vous souhaitez (souhaiter): você quer (querer)
marquer: marcar
peut être utilisée (pouvoir): pode ser usado (poder)
elle sera (être): que será (ser)
le signe de: o sinal de
votre volonté: sua vontade
ne pas faire: não fazer
envers: em relação a
en faisant preuve (faire): ao demonstrar (demonstrar)
ensuite: então
quand: quando
mieux: melhor

entre: entre
mal vu: mal visto
se saluer: cumprimentar
serrer la main: apertar as mãos
que vous soyez (être): quer seja (ser)
hommes: homens
femmes: mulheres

amis: amigos
se fait presque (se faire): é feito quase (fazer)
selon: de acordo com
vous dites bonjour (dire): você diz bom dia (dizer)
se font la bise: beijam na bochecha
moins courant: menos comum
qui ne le font (faire): que não o fazem (fazer)
même: mesmo
années: anos

Le **nombre** de bises à faire est une question à laquelle les français **eux-mêmes ne savent pas toujours répondre**. Dans la grande majorité des cas, on se fait deux bises, mais dans certaines régions de France, comme dans **le Sud**, ou **le Nord**, **on peut en faire** 3, voire 4, … mais même les Français **ne sauraient déterminer** « la norme » du nombre de bises a faire quand on se dit bonjour…. On reste donc beaucoup dans l'improvisation et l'adaptation pour le nombre de bises à faire et **par quelle joue commencer**.

Dans le doute, pour **être sûr** de faire preuve de politesse, **la meilleure** des solutions est de **tendre** la main, et de « **suivre** » ce que la personne **en face de** vous **va vous proposer**. Elle vous tend la main, faites une poignée de main **ferme** et **franche**, **qui montrera** que vous êtes sûr(e) de vous. **Si la personne** vous **tend** la joue pour vous faire la bise tout **en** vous **tenant** la main, **suivez-la** et **lancez-vous** en faisant la bise également ! C'est la preuve que cette personne **souhaite établir** un contact **chaleureux** avec vous.

Mais quel que soit **le mode** de salutations **choisi**, une fois que l'on a fait la bise a **quelqu'un**, **ne plus la faire** à **la rencontre suivante** peut être considéré comme le fait qu'il y a un problème ou comme un signe d'impolitesse.

---

nombre: números

eux-mêmes: eles mesmos

(ils) ne savent pas (savoir): eles não sabem (saber)

toujours: ainda

répondre: responder

le sud: o sul

le nord: o norte

on peut en faire (pouvoir): pessoas podem fazer (poder)

(ils) ne sauraient déterminer: eles não saberiam determinar

par quelle: por qual

joue: bochecha

commencer: começar

être sûr: estar seguro

la meilleure: a melhor

tendre: esticar

suivre: seguir

en face de: diante de

va vous proposer (aller): irá sugerir (ir)

ferme: forte

franche: sincera

qui montrera (montrer): que mostrará (mostrar)

la personne tend (tendre): a pessoa estica (esticar)

en tenant (tenir): segurando (segurar)

suivez-la (suivre): siga-a (seguir)

lancez-vous (se lancer): envolva-se (envolver)

souhaite établir (souhaiter): deseja estabelecer (desejar)

chaleureux: quente

le mode: a maneira

choisi: selecionado, escolhido

quelqu'un: alguém

ne plus la faire: não o faz mais

la rencontre: o encontro

suivante: seguinte

coutumes 109

pays: países
visités (visiter): visitados (visitar)
monde: mundo
très courant: muito comum
rencontrer: encontrar
surtout: acima de tudo
été: verão
si vous souhaitez (souhaiter): se você desejar (desejar)
éviter: evitar
être pris pour (prendre): ser considerado (considerar)
habillement: roupas
vous permettra (permettre): o ajudará a (ajudar)
vous confondre: misturar-se com
vous promenez (promener): passear (passear)
les rues: as ruas
chaussettes blanches: meias brancas
une casquette: um boné
un appareil photo: uma câmera fotográfica
en bandoulière: sobre o ombro
il y a fort à parier que: é mais provável que
adoptez (adopter): adotar (adotar)
une tenue vestimentaire: uma vestimenta
vous pourrez (pouvoir): você poderá (poder)
passer inaperçu: passar despercebido
vous ne parlez pas (parler): você não fala (falar)
vous pouvez (pouvoir): você pode (poder)
toutefois: contudo
prendre la peine: tomar o tempo para
apprendre: aprender
quelques mots: algumas palavras
vous aurez (avoir): você terá (ter)
montrer: mostrar
vous rencontrerez (rencontrer): você encontrará (encontrar)
vous avez (avoir): você terá (ter)
très fiers: muito orgulhosos
aborder: aproximar
assez: bastante
mal vu: mal visto
très impoli: muito indelicado

Ne pas avoir l'air d'un touriste

La France est un **des pays** les plus **visités** au **monde**. Il est donc **très courant** d'y **rencontrer** des touristes, **surtout** en période d'**été**. **Si vous souhaitez éviter** d'**être pris pour** le touriste typique, il y a certains stéréotypes à éviter.

L'**habillement vous permettra** tout d'abord de **vous confondre** un peu avec la population locale. Si vous **vous promenez** dans **les rues** de Paris en Bermuda, avec des baskets, **des chaussettes blanches**, **une casquette** (imprimée « I Love Paris ») et **un appareil photo en bandoulière, il y a fort à parier que** les Français vous considèrent comme un touriste. **Adoptez** donc **une tenue vestimentaire** plus classique de type jeans, t-shirt. C'est classique, mais cela reste très commun en France et **vous pourrez passer inaperçu** si vous le souhaitez.

Vous ne parlez pas français ? **Vous pouvez toutefois prendre la peine** d'**apprendre quelques mots** ou phrases dont **vous aurez** l'utilité pour **montrer** aux personnes que **vous rencontrerez** que **vous avez** le respect de la langue. Les Français sont **très fiers** de leur langue et de leur culture. **Aborder** des Français en langue anglaise en considérant que c'est la langue que tout le monde parle est **assez mal vu** et **très impoli**.

Si vous avez des difficultés avec l'**apprentissage** de la langue, prenez donc juste la peine d'apprendre une phrase vous permettant de leur **demander**, en Français, s'ils parlent anglais et si **cela** leur **pose un souci** de vous **renseigner** dans cette langue. **Il est quasiment sûr** que **la plupart** des Français **seront ravis** de vous montrer qu'ils sont capables de communiquer en anglais et de vous **tirer une épine du pied**.

En France, **les horaires sont assez** structurés et **si vous voulez vivre** « à la sauce française », calez-vous sur les horaires types. **Il vous suffira de savoir** que **le dimanche** la plupart des boutiques sont **fermées**, que **entre midi et deux** de nombreux **endroits** sont également fermés **pour faire la pause déjeuner** et que les plats « to go » **ne font absolument pas partie de** la culture française. Les Français **aiment s'asseoir** à une table, en terrasse ou au **comptoir** d'un café pour **boire un coup**. Ils prennent le temps de déjeuner le midi et **ne mangent pas** « **sur le pouce** ». **Ne cherchez donc pas** à stresser les serveurs **pour qu'ils vous servent** plus rapidement… Après tout, n'êtes-vous pas en vacances ?

Enfin, dans les bars et restaurants, il y a une grande différence avec les pays anglo-saxons: **le service** est **inclus** dans l'addition ! Si vous souhaitez **laisser un** peu de **pourboire**, vous pouvez le faire quand vous êtes content de **la façon** dont **vous avez été servi**. Cette coutume **se fait en général** sur **le rendu de monnaie** quand vous payez l'addition.

Le meilleur moyen de **se confondre** avec la population est donc d'**essayer** de **se mettre à la place** de la personne avec laquelle vous souhaitez communiquer. Vous n'aurez ainsi **sans nul doute** aucune difficulté à **comprendre** quelle est la meilleure attitude à adopter, et à **être accueilli chaleureusement**.

---

apprentissage: aprendizado
demander: perguntar
cela pose un souci (poser): causa algum problema (causar)
renseigner: informar
il est quasiment sûr: é quase seguro, óbvio
la plupart: a maior parte de
seront ravis (être): ficarão felizes (ficar)
tirer une épine du pied: tirar alguém de uma situação difícil

horaires: horários
sont assez (être): são bastante (ser)
si vous voulez vivre (vouloir): se você quiser viver (querer)
il vous suffira de savoir: será necessário saber
le dimanche: o domingo
fermées (fermer): fechado (fechar)
entre midi et deux: entre meio-dia e duas da tarde
endroits: lugares
pour faire la pause déjeuner: para fazer o intervalo do almoço
(ils) ne font absolument pas partie de: eles não pertencem em absoluto a
aiment s'asseoir (aimer): estar sentados (estar)
comptoir: balcão de bar
boire un coup: tomar uma bebida
ils prennent le temps de (prendre): eles tomam seu tempo (tomar)
(ils) ne mangent pas (manger): eles não comem (comer)
sur le pouce: rápido
ne cherchez donc pas (chercher): portanto, não procure (procurar)
pour qu'ils vous servent (servir): para que o sirvam (servir)

le service: a gorjeta
inclus (inclure): incluído (incluir)
laisser un pourboire: deixar uma gorjeta
la façon: a maneira
vous avez été servi (servir): você foi servido (servir)
se fait en général (faire): geralmente é feito (fazer)
le rendu de monnaie (rendre): dar o troco (dar)

le meilleur moyen: a melhor maneira
se confondre: misturar-se
essayer: tentar
se mettre à la place: estar no lugar de outra pessoa
sans nul doute: sem nenhuma dúvida
comprendre: compreender
être accueilli chaleureusement: ser acolhido calorosamente

L'étiquette professionnelle

Les Français **travaillent en moyenne** 35 heures par **semaine**. Les heures **habituelles** de travail **se situent** de 8h30 à 12h00/12h30 et de 13h30/ 14h00 à 18h30/19h00. **Les pauses déjeuner** sont quasi systématiques en France, et il est très difficile de **joindre** des personnes par téléphone **entre midi et 14h00**. **Il est courant** pour **les cadres** d'effectuer des heures supplémentaires et de travailler **plus tard le soir**.

En général, **on vouvoie** les personnes que l'**on rencontre** pour **la première fois**, le supérieur hiérarchique ou une personne **plus âgée** que soi. En **affaires**, le **tutoiement spontané** est **ressenti** comme **un manque** de respect. Par la **suite**, si une relation de confiance s'installe **entre** deux personnes, **ils conviendront** de **se tutoyer** ou de s'appeler par leur **prénom**. Mais dans tous les cas, lors d'une première rencontre, l'usage du « vous » est obligatoire en affaires, et la personne **doit être appelée par** son nom de famille (Monsieur X) et non par son prénom.

Pour **les femmes**, **si vous ne savez pas** si vous **avez à faire** à une personne **mariée** ou non, l'usage de « Madame » **reste la valeur sûre**, car le terme de Mademoiselle peut être perçu péjorativement **selon** le statut de la femme que vous saluez.

Les Français sont plutôt formels dans la rencontre. S'il s'agit d'une première rencontre, **on pourra dire** : « Enchanté », « **Ravi de vous rencontrer** », ou tout simplement **annoncer** son nom : « Bonjour, Nicolas Martin ».

---

travaillent (travailler): trabalham (trabalhar)
en moyenne: em média
semaine: semana
habituelles: usual
(elles) se situent (se situer): (elas) são (ser)
pauses: intervalos
le déjeuner: o almoço
joindre: juntar-se
entre midi et 14h00: entre meio-dia e 2 da tarde
il est courant: é comum
les cadres: os executivos
plus tard: mais tarde
le soir: a noite
on vouvoie (vouvoyer): nós falamos com alguém usando a famosa forma "vous" (falar usando "vous")
on rencontre (rencontrer): encontrar (encontrar)
la première fois: a primeira vez
plus âgée: mais velha
affaires: negócios
le tutoiement spontané: o uso do "tu" espontâneo
ressenti: sentido
un manque: uma falta
suite: conseguinte
entre: entre
ils conviendront (convenir): eles concordarão (concordar)
se tutoyer: usar a forma "tu"
le prénom: o nome
doit être appelée par (devoir): deve ser usado para chamar alguém (dever)
femmes: mulheres
si vous ne savez pas (savoir): se você não souber (saber)
si vous avez à faire: se tiver de lidar com
mariée: casada
(cela) reste la valeur sûre (rester): é mais seguro (ser)
selon: de acordo
on pourra dire (pouvoir): nós podemos dizer (poder)
ravi de vous rencontrer: estou feliz por encontrá-lo (a)
annoncer: dizer, anunciar

La poignée de main reste **le geste** le plus adéquat pour toute personne que vous rencontrez pour la première fois, homme ou femme. **Serrer** la main est en France un rituel d'**ouverture** et de **fermeture** de la rencontre; l'acte de **se saluer** et de **se quitter** est obligatoirement **marqué** par ce geste. Une rencontre, **même de moins de cinq minutes** peut être introduite par une poignée de main et terminée par une autre.

Les Français considèrent **impoli** d'**arriver en retard** à un rendez-vous d'affaires. L'idéal étant de **se présenter** avec 5 minutes d'avance **par rapport** à l'**heure prévu** de rendez-vous. **Vous ne serez pas considéré** comme arrivant trop en retard jusqu'à 10 minutes **dépassant** l'horaire prévue.

Les rendez-vous d'affaires autour d'**un repas** sont **monnaie courante** en France. S'il s'agit d'**un déjeuner**, il commencera habituellement **vers** 13h00 et **pourra durer jusqu'**à 15h00. **S'il a lieu** le soir, les invitations sont généralement **lancées** autour de 20h00 et la soirée **se terminera** aux alentours de 23h00.

Faire des cadeaux n'est pas une coutume dans les affaires en France, **sauf pour** les occasions particulières de type **fin d'année** ou **pour sceller** la négociation d'un contrat important. Si vous venez de l'**étranger** et **désirez** faire un cadeau à une personne avec qui **vous souhaitez établir** une relation à long terme, optez pour un cadeau représentatif de votre **pays** qui sera certainement apprécié.

Enfin, **sachez** qu'il est très impoli de demander à un Français que vous **ne connaissez pas** quelles sont ses opinions politiques ou **ce qu'il a voté aux dernières élections**. **C'est perçu comme** une agression dans **la vie privée** et c'est un sujet **qui n'est abordé** qu'entre personnes **ayant déjà** une certaine complicité dans la relation.

---

la poignée de main: o aperto de mão
le geste: o gesto
serrer: apertar
une ouverture: uma abertura
fermeture: fechamento
se saluer: cumprimentar-se
se quitter: ir
marqué: marcado
même de moins de cinq minutes: mesmo menos de cinco minutos

impoli: rude, indelicado
arriver: chegar
en retard: atrasado
se présenter: chegar
par rapport: em relação a
une heure prévu: um horário marcado
vous ne serez pas considéré (considérer): você não será considerado (considerar)
dépassant: excessivo

un repas: uma refeição
monnaie courante: prática comum
un déjeuner: o almoço
vers: em torno de
(il) pourra durer jusqu' (pouvoir): ele pode durar até (poder)
s'il a lieu (avoir lieu): se ele acontece (acontecer)
(elles) sont lancées (lancer): elas são lançadas (lançar)
(elle) se terminera (terminer): terminará (terminar)

faire des cadeaux: dando presentes
sauf pour: exceto para
la fin de d'année: o final de ano
pour sceller: para selar
étranger: estrangeiro
vous désirez (désirer): você deseja (desejar)
vous souhaitez (souhaiter): você deseja (desejar)
établir: estabelecer
pays: país

(vous) sachez (savoir): você sabe (saber)
vous ne connaissez pas (connaître): você não conhece (conhecer)
ce qu'il a voté aux dernières élections: em quem ele votou nas últimas eleições
c'est perçu comme (percevoir): é visto como (ser visto)
la vie privée: a vida privada
qui n'est abordé (aborder): que somente é tratado (tratar)
ayant déjà (avoir): quando já tendo (ter)

coutumes 113

La bienséance autour d'une table

Les Français **attachent beaucoup** d'importance à la qualité de **leurs repas** ; qualité dans l'**assiette mais également** en terme de **comportement**. C'est un moment de convivialité **pendant** lequel **les amis** et/ou membres de la famille **partagent** et **échangent autour** des assiettes. Les repas en France **sont quotidiennement pris assis**, à table, **ensemble** et **en même temps**. **Que ce soit entre** amis, en famille ou avec **des invités de marque,** il y a certaines **règles** de **savoir-vivre** et de politesse à respecter autour d'une table en France.

Tout d'abord, c'est généralement l'hôtesse **qui place** ses invités à table. **À moins** qu'**elle n'ait précisé** que **chacun** se place **à sa guise**, il faut généralement **attendre** qu'**elle vous indique** votre place. Quand cela est possible, **par rapport à** la diversité des personnes présentes, il est de coutume d'**alterner homme/femme** sur **les sièges**.

Il est d'usage que **le maître** et la maîtresse de **maison** président le repas et **se fassent face en bout de table**. D'un point de vue **plus protocolaire,** avec des invités, les personnes les plus importantes, ou **les plus âgées** ou encore **celles qui viennent** pour **la première fois seront placées** à la **droite** et à la **gauche** des maîtres de maison. **Enfin**, si le dîner ou repas est organisé en l'honneur d'une personne en particulier, ce sera cette personne qui sera placée en bout de table. Par exemple, pour **des fiançailles** ou un mariage, **les amoureux** président la table.

Une fois à table, les règles de savoir-vivre sont nombreuses et certains gestes simples **peuvent devenir** une marque de grande impolitesse. Les plus basiques consistent à ne pas parler **la bouche pleine**, et surtout à **fermer** la bouche **en mangeant**. Il est très impoli de **mâcher** la bouche **ouverte en faisant du bruit**.

La serviette se pose sur **les genoux** et **ne s'accroche pas autour du cou**, ceci étant réservé aux plus **jeunes enfants** uniquement. À une table française, il est par ailleurs impoli de **laisser sa main** sous la table sur **la cuisse** ; les deux mains et **bras doivent** être placés sur la table, **de chaque coté** de l'assiette et **il ne faut pas s'appuyer** sur **ses coudes**. **Tenir** son **visage** dans ses mains en s'appuyant sur la table avec les coudes **relève** de la **pire** impolitesse en termes de **tenue à table** !

Si vous avez besoin d'utiliser vos mains pendant le repas, les couverts **doivent** être **posés** dans l'assiette une fois utilisés et non sur **la nappe**, ou la table directement, **cela évite** de la **tacher**. Quand **vous avez terminé** le repas, les couverts doivent être placés sur votre assiette verticalement, **les dents** de **la fourchette vers le bas**. Ceci est le signe que vous avez terminé votre repas.

Dans les repas **plus formels**, il n'est pas rare de **trouver plusieurs** paires de **couverts** (entrée, plat, fromage, dessert). **Si vous ne savez pas** quel couvert correspond à quel plat, **il suffit de** les utiliser dans l'ordre de l'extérieur vers l'intérieur de l'assiette, et de les **poser** à **chaque fois** dans l'assiette (et non pas sur **le rebord** uniquement) **pour marquer le fait** que vous avez terminé le plat en question.

Ces règles sont les usages basiques du savoir-vivre à table en France. En famille ou avec des invités, elles sont inculquées aux enfants dès leur plus **jeune** âge comme la base d'une **tenue respectable** pendant les repas.

Il y a ensuite d'autres règles à respecter **selon les mets** que vous mangez (par exemple de ne jamais **couper les feuilles de salade** ou ne pas **introduire toute la cuillère** à soupe dans la bouche), ainsi que des usages **plus minutieux** pour les repas protocolaires. Mais respecter ces premières règles sont les bases minimum pour **se forger** une **bonne** image **autour d'**une table en France. **Nous espérons** que **ces quelques conseils vous permettent** d'adopter la « French attitude » à table. Bon appétit !

---

la serviette: o guardanapo
se pose (poser): é colocado (colocar)
genoux: joelhos
elle ne s'accroche pas (s'accrocher): não é pendurada (pendurar)
autour du: em torno de
le cou: o pescoço
les jeunes enfants: as crianças
laisser: deixar
sa main: sua mão
la cuisse: a coxa
le bras: o braço
(ils) doivent (devoir): eles devem (dever)
de chaque coté: de cada lado
il ne faut pas: você não deve
s'appuyer sur: apoiar-se sobre
ses coudes: seus cotovelos
tenir: segurar
um visage: o rosto
cela relève de (relever): isso vem sobre (vir)
pire: pior
la tenue à table: a maneira à mesa

si vous avez besoin: se você precisar
(ils) doivent (devoir): eles devem (dever)
posés (poser): colocar (colocar)
la nappe: o guardanapo
cela évite (éviter): isso evita (evitar)
tacher: manchar
vous avez terminé (terminer): você terminou (terminar)
les dents (la dent): dentes
la fourchette: garfo
vers le bas: virado para baixo

plus formels: mais formal
trouver: encontrar
plusieurs: muitos
couverts: talheres
si vous ne savez pas (savoir): se você não souber (saber)
il sufit de (suffir): você apenas precisa (precisar)
poser: colocá-los
chaque fois: cada vez
le rebord: a borda
pour marquer le fait: para indicar

jeune: jovem
une tenue respectable: boas maneiras

selon: de acordo com
mets: pratos
couper: cortar
les feuilles de salade: as folhas da salada
introduire: introduzir
la cuillère: a colher
plus minutieux: mais meticuloso
se forger: forjar
bonne: bom
autour de: em torno de
nous espérons (espérer): nós esperamos (esperar)
ces quelques conseils: esse pequeno conselho
vous permettent (permettre): permita-lhe

coutumes

La signification des gestes

Lorsque l'**on voyage** dans **les pays** où la culture est à prédominance méditerranéenne, comme la France par son **côté sud**, on est souvent **étonné par la façon imagée** dont **les autochtones illustrent** leurs **propos**. Non seulement **il leur arrive de faire des simagrées**, mais **ils utilisent** aussi abondamment **leurs mains** pour **accompagner** leur discours, **aussi ténu soit-il**.

Il est important de **connaître ces gestes**, car **ils permettent** de **mieux comprendre** certaines expressions qui, autrement, **pourraient paraître nébuleuses** ou **porter à confusion**.

Voici la signification de quelques-uns des gestes les plus **souvent utilisés**, accompagnés de l'expression parfois idiomatique **qu'elle cherche** à illustrer.

Je ne veux pas me prendre la tête avec ça. Cette expression **qui signifie** qu'**on ne veut pas se faire du souci** est souvent accompagnée d'un geste des deux mains que l'**on place de chaque côté** de **la tête**.

Oh la la ! Cette expression est utilisée pour **marquer** l'**étonnement** ou l'impatience **face à** une situation, ou à **un comportement** bizarre ou inapproprié de la part quelqu'un. Il est accompagné d'**un mordillement** de **la lèvre inférieure** et d'un mouvement de la main que l'**on secoue de gauche à droite**.

À peu près, est une expression qui indique l'approximation. **On l'utilise** avec un geste **qui ressemble** au précédent, **c'est-à-dire** que **le poignet**, **plutôt que** d'**être secoué**, **effectue** une **ample** rotation.

C'est foutu. Cette expression, qui indique que **quelque chose est raté** et **qu'il n'y a plus vraiment** de raison légitime d'**espérer** est utilisée en plaçant une main sur **le front**, comme pour **indiquer** que la catastrophe est imminente.

C'est juré, craché. Cette expression est utilisée pour signifier que l'**on va accomplir** la chose promise. Il y a deux gestes **qui sont adaptés** à cette affirmation **quasi solennelle**, **on crache par terre** ou on peut, en plus, **croiser** l'index et **le majeur**. **Le fait** de cracher est **bien entendu tout à fait optionnel**.

Il est barjot ou il est cinglé. On emploie cette expression à la limite de l'impolitesse lorsque l'**on veut indiquer** que quelqu'un est **fou** ou **qu'il n'a pas toute sa tête**. Pour accompagner cette affirmation, on place **le bout** de **l'index** sur sa **tempe** et **on le fait tourner**.

J'ai sommeil ou je suis fatigué. Cette expression simple et **limpide** indique que l'**on est épuisé** et qu'**on aimerait aller dormir**. C'est en plaçant ses deux mains **paume contre paume** sur un **des côtés** du **visage** que l'on illustre cette phrase universelle.

C'est parfait ! C'est **en faisant** un cercle avec **le pouce** et l'index que l'on indique que la situation ou **le travail** accompli est **sans défaut** et mérite **les applaudissements**.

C'est délicieux ! Cette expression, **partagée par** tout le pourtour méditerranéen, **incluant** l'Italie, **laisse entendre** que **la nourriture qu'on nous sert possède** toutes les qualités. On l'utilise en **embrassant le bout** de ses **doigts fermés puis en ouvrant** rapidement la main.

Ces quelques gestes placés à **bon escient permettront** à l'**étranger** non seulement de **se faire comprendre**, mais peut-être, **qui sait**, de **passer pour un natif** du pays.

---

quelque chose est raté (rater): algo deu errado (dar errado)
qu'il n'y a plus vraiment: que não há mais
espérer: esperar
front: testa
indiquer: indicar

on va accomplir: nós vamos realizar
qui sont adaptés: que são apropriados
quasi solennelle: quase solenes
on crache par terre (cracher): alguém cospe no chão (cuspir)
croiser: cruzar
le majeur: dedo médio
le fait: o fato
bien entendu: não é necessário dizer
tout à fait optionnel: completamente opcional

on veut indiquer (vouloir): nós queremos mostrar (querer)
fou: louco
qu'il n'a pas toute sa tête: alguém que perdeu a cabeça
le bout: a dica
l'index: dedo indicador
tempe: têmpora (lateral da testa)
on le fait tourner (faire): fazemos girar (fazer)

limpide: claro
on est épuisé: alguém está cansado
on aimerait: gostaríamos
aller: ir
dormir: dormir
paume contre paume: palmas juntas
côtés: lados
un visage: o rosto

en faisaint (faire): fazendo (fazer)
le pouce: polegar
le travail: o trabalho
sans défaut: sem falhas
les applaudissements: os aplausos

partagée par: dividido por
incluant (include): incluindo (incluir)
laisse entendre (laisser): implica (implicar)
la nourriture: a comida
qu'on nous sert (servir): que é servida (servir)
possède (posséder): possui (possuir)
embrassant: beijando
le bout: o topo
doigts: dedos
fermés: fechados
puis en ouvrant (ouvrir): então abrindo (abrir)

bon escient: com precisão
permettront (permettre): permitirão (permitir)
étranger: estrangeiro
se faire comprendre: fazer entender
qui sait (savoir): quem sabe (saber)
passer pour: passar por
un natif: um nativo

coutumes 117

Les expressions usuelles

Il existe de nombreux proverbes et expressions usuelles dans la langue française. Ils ne sont pas réservés à l'usage de l'écriture et il n'est pas rare d'en utiliser dans le langage parlé pour imager ses propos ou pour apporter une touche d'ironie tout en apportant un peu de morale.

Voici quelques expressions utilisées couramment au cours de discussions sur le thème de l'action et des relations :

« Avoir plus d'une corde à son arc »

Un arc ne possède qu'une seule corde. Considérer que cet arc a plusieurs cordes permet de pouvoir tirer ses flèches de différentes façons, et dans différentes directions. « Elle a plusieurs cordes à son arc » veut dire que cette personne a différentes types de ressources ou différentes possibilités d'action pour arriver à un même résultat.

« Avoir le bras long »

Signifie qu'une personne a un bon carnet d'adresses et donc, qu'elle est influente. Cela peut parfois avoir une connotation péjorative pour préciser que la personne peut se permettre beaucoup de choses car elle sera toujours « sauvée » par ses connaissances qui sont influentes, grâce à son « bras long » qui peut atteindre plus de choses qu'un bras de taille « normale ».

« Avoir une idée derrière la tête »

Cette expression désigne une idée qui n'a pas encore été exprimée clairement. Dire de quelqu'un qu'il « a une idée derrière la tête » signifie que la personne agit de façon à réaliser ce à quoi elle pense, mais que cette pensée n'a pas encore été exprimée ouvertement.

« Faire des ronds de jambe »

Faire des ronds de jambe signifie **se montrer extrêmement poli** pour **plaire** à quelqu'un. **Cette politesse** est souvent excessive et parfois **déplacée**. Ce terme **fait référence au** rond de jambe, ressemblant à des figures de **danse**, utilisés **lors des** révérences qui **se faisaient** en signe de respect au XIXème **siècle**.

« Faire cavalier seul »

Agir seul, sans demander **ni accepter** l'aide de personne. Ce terme **vient** également d'une figure de danse du XIXème siècle. Dans cette danse, **nommée** quadrille, les figures **étaient exécutées** à plusieurs, **sauf pour** « le cavalier seul » pour qui les pas de danse étaient exécutés par **un homme** tout seul. **De nos jours**, on utilise l'expression « faire cavalier seul » pour une personne qui agit seule **de façon volontaire**. Cette expression a souvent une connotation négative, pour **insister** sur le fait que la personne **soit ne veut pas** être **aidée**, **soit** ne veut pas **partager**.

« En avril ne te découvre pas d'un fil, en mai fais ce qu'il te plaît ! »

Le climat en France en avril est très **capricieux**. Le mois d'avril **marque la fin** de l'hiver mais **les écarts** de températures sont importants. **Ainsi**, **il peut faire** quelques degrés **le matin** et **jusqu'à** 15 ou 20 **l'après-midi**. Il faut donc **s'habiller** de façon adéquate. **Quand bien même** le climat peut **prendre des allures de printemps** l'après-midi, il est très **courant** d'attraper froid pendant cette période car **la fraîcheur** arrive **très vite le soir** et le **moindre coup de vent** reste très frais à cette période. En mai **par contre**, les températures sont plus **clémentes** et on peut **porter des vêtements** d'été dès que le thermomètre **monte** dans les degrés, **sans risquer** de **tomber malade**. Ce proverbe est **couramment utilisé** avec **les enfants**, **pour leur faire comprendre** qu'il faut **rester couvert** en avril **malgré** qu'**ils aient envie** de **se découvrir**.

---

faire des ronds de jambe: fazer sala (ser educado)
se montrer: mostrar-se
extrêmement poli: extremamente educado
plaire: agradar
cette politesse: essa cortesia
déplacée: inapropriada
fait référence au: se refere a
la danse: dança
lors des: no tempo da
se faisaient (se faire): eram feitas (fazer)
un siècle: século

agir seul: atuar sozinho, solo
ni accepter: nem aceitar
(il) vient (venir): ele vem (vir)
nommée (nommer): chamado (chamar)
étaient exécutées (exécuter): eram executadas (executar)
sauf pour: exceto por
le cavalier seul: único cavalheiro
un homme: um homem
de nos jours: dos dias de hoje
de façon: de maneira
volontaire: determinada, obstinada
insister: insistir
soit ... soit: seja... ou seja...
ne veut pas (vouloir): não quer (querer)
aidée (aider): ajudada (ajudar)
partager: dividir

ne te découvre pas un fil: não tirar nem mesmo um fio (de roupa)
fais (faire): faz (fazer)
ce qui te plaît (plaire): o que lhe agradar (agradar)
capricieux: incerto, instável
marque (marquer): marca (marcar)
la fin: o fim
l'hiver: inverno
les écarts: as diferenças
ainsi, il peut faire: assim, ele pode fazer
le matin: a manhã
jusqu'à: até
l'après-midi: a tarde
s'habiller: se vestir
quand bien même: mesmo se
prendre: pegar
allures: aspectos
de printemps: de primavera
courant: comum
attraper froid: pegar um resfriado
la fraîcheur: frescura
très vite le soir: muito rápido na noite
moindre coup de vent: menor vento
par contre: por outro lado
clémentes: suave
porter: vestir
vêtements: roupas
monte (monter): sobe (subir)
sans risquer: sem arriscar
tomber malade: ficar doente
couramment: frequentemente
utilisée (utiliser): usado (usar)
les enfants: as crianças
pour leur faire comprendre: para fazê-los entender
rester: ficar
couverts: cobertos
malgré: apesar, mesmo que
ils aient envie: eles podem querer
se découvrir: retirar algumas roupas

coutumes

Évaluez votre compréhension

Bises ou pas bises?
Página 108

1. Quando encontramos alguém pela primeira vez, como devemos cumprimentá-lo (a)?

2. Quando conhecemos a pessoa um pouco melhor, que cumprimento é o mais comum?

3. Se estivermos em dúvida, qual é o melhor cumprimento a ser usado?

Ne pas avoir l'air d'un touriste, Página 110

1. Antes de ir à França, o que você deveria tentar aprender?

2. O que os franceses desaprovam, no que se refere a turistas visitando seu país?

3. Qual é o costume ao deixar uma gorjeta?

L'étiquette professionnelle, Página 112

1. O que são as *les pauses déjeuner* e quando elas acontecem?

2. O que é considerado falta de respeito quando encontramos a pessoa pela primeira vez?

3. Se você encontrar uma mulher e não souber se ela é casada, como deve dirigir-se a ela?

4. Quando deveríamos chegar a uma reunião? Quando uma reunião à tarde acontece?

Teste sua compreensão

La bienséance autour d'une table, Página 114

1. Por que os horários das refeições são tão importantes para os franceses?

2. Qual é o costume para sentar convidados na mesa de jantar?

3. Diga três maneiras básicas à mesa que deveriam ser seguidas.

4. Em um jantar formal, se não souber qual talher usar, o que devemos fazer?

La signification des gestes, Página 116

1. O que a expressão *Oh la la!* indica? Descreva acompanhando o gesto.

2. O que o gesto que acompanha *C'est foutu* indica? Como é?

3. Se alguém está cansado, que gesto veríamos?

4. Que expressão é popular em países do Mediterrâneo também? Descreva esse gesto.

Les Arts

Les humoristes québécois

L'humour étant la caractéristique la plus évidente de l'évolution d'un peuple, **il n'est pas surprenant** qu'**une vague** d'humoristes **en tous genres ait déferlé sur** le continent nord-américain et l'Europe **depuis quelques décennies.**

Le Québec, **qui doit naviguer entre rigueur** du climat, **querelles** linguistiques et impasses constitutionnelles **n'y a pas échappé.** Cette province francophone **se targue** de **posséder** le plus grand nombre d'humoristes au **kilomètre carré,** dont certains tels que Louis-Philippe Gagnon ou Stéphane Rousseau, **mènent également** une carrière lucrative en Europe ou aux États-Unis.

Organisatrice du Festival « **Juste pour rire** », Montréal **se veut** à l'avant-garde dans **le domaine** de **la farce**, puisqu'elle est **l'une des seules villes au monde** à **offrir,** depuis plus de **vingt ans,** un cursus des **plus sérieux** dans le domaine de l'humour. Ainsi, l'École nationale de l'humour a produit plus de 325 **joviaux diplômés** depuis son **ouverture**.

Des précurseurs tels les monologuistes Yvon Deschamps ou Michel Barrette et des pièces de théâtre **hilarantes** comme « Broue » **ont montré la voie suivie** par plus d'une centaine de **jeunes** humoristes comme Mario Jean, Claudine Mercier, Martin Matte, Patrick Huard et François Morency.

Les fêtes de fin d'année **ont aussi longtemps donné lieu** au fameux « Bye Bye » **animé par la diminutive** Dominique Michel, et **au cours duquel** les humoristes du moment **s'en donnaient à coeur joie** en se moquant parfois férocement des travers de **leurs semblables, révélés** au cours de l'année précédente.

Mais ce sont les années quarante à soixante **qui ont vu défiler un florilège** de comédiens, alors obscurs, **se donnant la réplique** dans les cabarets **enfumés** de la « Main » ou du bas de la ville. **C'est alors que** les Juliette Pétrie, Olivier Guimond, « Ti-Gus et Ti-Mousse », Dominique et Denise **ont fait rire aux larmes** de nombreuses générations de Québécois.

Les Petits Rats

Non, **il n'est pas** question ici de ces **désagréables rongeurs qui hantent les ruelles la nuit venue. Il s'agit plutôt** de l'**appellation imagée et ludique donnée** à ces petites danseuses et danseurs de **huit ans à peine** qui ont le privilège de **faire partie** de l'**école** de ballet de cette prestigieuse institution.

Leur nom **vient du bruit** de **trottinement** de leurs **chaussons** de danse dans les couloirs de l'Opéra Garnier **qui abritait les** premiers **élèves. Aujourd'hui,** c'est généralement par le biais de l'École de danse de l'Opéra national de Paris, située à Nanterre, que ces **aspirants** danseurs et danseuses débutent leur rigoureuse formation.

Car la danse **à haut niveau exige** non seulement une discipline **draconienne** mais le développement **harmonieux** de l'instrument qu'est **le corps,** incluant ses muscles, ses tendons et ses articulations. C'est ce qui motive leur enrôlement si **précoce. Chaque année, en moyenne** quatre cents enfants **se présentent** aux auditions dans l'**espoir** de faire partie de cette institution **renommée. Des critères** très précis comme **la taille, le poids** et la conformation physique **permettent** de **réduire à** une vingtaine le nombre des privilégiés.

En fin de parcours, après des années de **douleurs** et de sélections **impitoyables, seuls** quatre ou cinq danseurs **pourront prétendre faire carrière** dans la danse classique. **Toutefois,** les enfants **ont régulièrement** l'occasion de **se produire** dans **des représentations** telles que « La Bayadère » ou « Casse-Noisette ».

Créée sous le règne de Louis XIV, il y a donc près de trois cents ans, l'École de danse de Nanterre a la prétention **légitime** de **former** les futurs danseurs et danseuses « étoiles » **qui illumineront** de leur grâce **éthérée** les ballets parisiens et internationaux, tout comme leurs modèles ont autrefois illuminé **les toiles** du **peintre** Degas.

---

il n'est pas (être): não é (ser)
désagréables: desagradável
rongeurs: roedores
qui hantent (hanter): que assombram (assombrar)
les ruelles: os becos
la nuit venue: ao cair da noite
il s'agit plutôt: é isso sim
appellation: nome
imagée: colorida
ludique: lúdica
donné (donner): dada a (dar)
huit ans à peine: apenas oito anos de idade
faire partie: faz parte
une école: escola

vient du bruit (venir): vem do barulho (vir)
trottinement: passos rápidos
chaussons: sapatilhas de balé
qui abritait (abriter): que abrigava (abrigar)
élèves: alunos
aujourd'hui: hoje
aspirants: aspirantes

haut niveau: alto nível
exige (exiger): exige (exigir)
draconienne: drástico
harmouieux: harmonioso
le corps: o corpo
précoce: precoce
chaque année: cada ano
en moyenne: em média
se présentent (présenter): apresentam-se (apresentar)
espoir: esperança
renommée: famoso
critères: critério
la taille: a altura
le poids: o peso
permettent (permettre): permitem (permitir)
réduire à (réduire): reduzir (reduzir)

en fin de parcours: ao final do período
douleurs: dores
impitoyables: impiedosas, implacáveis
seuls: apenas
pourront (pouvoir): poderão (poder)
prétendre (prétendre): aspirar a (aspirar)
faire carrière: fazer carreira
toutefois: no entanto
ont régulierement (avoir): possuem regularmente (possuir)
se produire (produire): se apresentar (apresentar)
représentations: performances
créée (créer): criadas (criar)
légitime: legítimas
former: para formar, para educar
qui illumineront (illuminer): que iluminarão (iluminar)
éthérée: etérea
toiles: quadros
un peintre: pintor

L'art public à Montréal

Montréal est **une ville** unique qui **se distingue** tant par son histoire où **s'entremêlent** deux cultures distinctes, que par la beauté de son architecture et la qualité indéniable de sa vie culturelle, **attirant** de **nombreux** visiteurs enthousiastes.

Mais pour **les citadins**, l'une de ses particularités est de **posséder** une vaste collection publique d'**oeuvres d'art qui est exposée** et **livrée** à leur appréciation admirative dans les squares, les parcs, **les bibliothèques**, certains quartiers cosmopolites, **aux abords de** quelques **édifices** gouvernementaux ou **intégrée** directement à l'architecture. Ces **trois cents** oeuvres, inhérentes au caractère de la ville et **faisant partie** intégrante du **paysage** urbain, **adoptent souvent** la forme de monuments commémoratifs, de sculptures monumentales ou de murales.

Le métro de Montréal, **construit vers le milieu des années soixante** pour l'Exposition Universelle, en **compte à lui seul** des dizaines dont quelques-unes de dimensions spectaculaires ou **provenant** d'artistes québécois ou internationaux **célèbres** comme Frédéric Back.

Symbole de la ville, la Croix du Mont-Royal, **édifiée** en 1924, est l'une des premières oeuvres d'art **ayant pavé la voie** de la vocation artistique publique de la municipalité. **Il faut dire** qu'une directive ministérielle encourage les villes à développer leur patrimoine extérieur d'oeuvres d'art.

Le Palais des Congrès, **quant à lui**, propose la monumentale fontaine « La Joute » **conçue par** l'artiste Jean-Paul Riopelle, tandis que le musée McCord offre à la vue **des passants** une imposante sculpture Inuit de deux-cents tonnes alors qu'**une vache** en bronze **se repose** sur **la rue** Sherbrooke.

Dans le Vieux Montréal, au square de la Place d'Armes, ce sont quatre statues de personnages historiques, dont un Iroquois, **qui rappellent** aux **promeneurs les événements parfois** tragiques **qui se sont déroulés** au moment de la colonisation.

Qu'il s'agisse des immenses **pôles ornés** de **drapeaux coniques** multicolores **flottant au vent** à l'entrée du Parc Lafontaine, de l'espace extérieur d'exposition de photographies d'art Expo-Photos de la rue McGill ou des nombreuses sculptures agrémentant les rues du Centreville, Montréal **demeure une cité** à **l'âme** profondément artiste.

Il ne faut surtout **pas oublier** les Mosaïcultures, qui se déroulent **chaque année** dans le Vieux-Port et **qui proposent** une série de sculptures végétales monumentales et **féériques créées à partir d'arbres,** de plantes et de **fleurs**.

Enfin, l'un des plus grands artistes asiatiques contemporains, le sculpteur Ju Ming, a **été choisi** pour **enrichir** temporairement le patrimoine culturel de la ville **grâce à** plusieurs de ses oeuvres plus imposantes que nature et aux qualités indéniables.

Faisant partie de la série *Taichi*, **dix-neuf** oeuvres sont disséminées **à travers** la ville et plus particulièrement sur trois sites : les Quais du Vieux-Port, quartier historique possédant un riche patrimoine architectural propice aux explorations à vocation culturelle, le Mont-Royal, **montagne au coeur de** la ville et **lieu de rencontre** et de **convivialité estivale**, et le Quartier international, où les oeuvres artistiques **servent** souvent de **repère** urbain.

Une nouvelle série de sculptures en bronze a également été installée à l'Arboretum et au Pavillon d'**accueil** du Jardin botanique de Montréal où la technique de l'artiste **fait non seulement jaillir de la matière** force et énergie, **mais établit le lien entre le corps humain** et les mouvements cosmiques.

---

qui rappellent: que lembram
promeneurs: caminhantes
les événements: eventos
parfois: algumas vezes
qui se sont déroulés: que acontecem

qu'il s'agisse: ainda que seja sobre
des pôles ornés: postes decorados
drapeaux: bandeiras
coniques: cônicas
flottant au vent: flutuando ao vento
demeure (demeurer): permanece (permanecer)
une cité: uma metrópole
une âme: uma alma

il ne faut pas: não se deve
oublier: esquecer
chaque: cada
une année: ano
qui proposent (proposer): que oferece (oferecer)
féériques: mágico, encantador
crées (créer): criadas (criar)
à partir d': a partir de
arbres: árvores
fleurs: flores

a été choisi (choisir): foi escolhido (escolher)
enrichir: para enriquecer
grâce à: graças a

faisant partie de: pertencente a
dix-neuf: dezenove
à travers: através
une montagne: uma montanha
au coeur de: no meio, no centro de
un lieu de rencontre: fórum
convivialité estivale: simpatia de verão
servent (servir): são usados como (usar)
un repère: marco

accueil: acolhida
fait... jaillir de la matière (faire): faz o material saltar para fora de (fazer)
non seulement: não somente
mais établit (établir): mas também estabelece (estabelecer)
le lien entre: a ligação entre
le corps humain: o corpo humano

les artes

La musique Guadeloupéene

Si l'on dit que « la musique est universelle », en Guadeloupe, c'est un élément essentiel. **Ceci se vérifie** au **quotidien** car la musique est omniprésente dans **la vie** de la population et évidemment, **chaque** genre musical est **indissociable** d'**une danse**. Pour **comprendre** cette importance, **voyons** les principaux types de musique que l'**on peut entendre** en Guadeloupe **aujourd'hui, en commençant** par la musique **dite traditionnelle.**

Tout d'abord, parlons du quadrille. Cette musique **est jouée** par un orchestre qui est **composé** d'un accordéon, d'un violon, de maracas, d'**un tambour** et d'un triangle. Il s'agit d'un accompagnement instrumental, **sur lequel dansent** quatre couples, d'où **le nom** de quadrille. Ce genre **qui est arrivé** aux Antilles avec **les riches colons** européens **a été repris** par les esclaves africains et **surtout interprété** et modifié à l'aide d'instruments **tels que** les maracas ou le tambour **pour devenir** ce qu'il est aujourd'hui.

Puis, du côté des traditions **venues** d'Afrique, **on trouve** le Gwo-Ka. Il s'agit d'un des types de musique **les plus joués** en Guadeloupe, mais **ceci n'a pas toujours été vrai**. C'est la musique d'une percussion **appelée** « ka », un tambour fait d'**un tonneau de rhum** et d'**une peau de cabri tendue**. Pourtant interdite par les **maîtres** d'esclaves pendant longtemps, cette musique **s'est perpétuée** parce qu'**elle permettait** une communication secrète entre les esclaves. Le Gwo-ka **se joue** sur sept rythmes, **chacun** ayant **un sens très précis** et qui correspond à un moment donné de la vie des esclaves. **Elle a gardé pendant longtemps ce goût** de fruit **défendu malgré le travail** des « met-ka » (maîtres du ka) comme Vélo ou Robert Loyson.

Aujourd'hui, le Gwo-Ka **a retrouvé** sa place dans **les veillées mortuaires**, le carnaval, les événements officiels et les soirées **en tout genre.** Le Gwo-Ka est indissociable du créole, **langue** régionale de la Guadeloupe.

---

si l'on dit que (dire): se é dito que (dizer)
ceci se vérifie (vérifier): isso pode ser verificado (verificar)
le quotidien: diariamente
la vie: a vida
chaque: cada
indissociable: inseparável
une danse: dança
comprendre: entender
(nous) voyons (voir): nós vemos (ver)
on peut entendre: nós podemos escutar
aujourd'hui: hoje
en commençant: ao começar
dite traditionnelle: chamada tradicional

tout d'abord: antes de tudo
(nous) parlons (parler): nós falamos (falar)
est jouée (jouer): é tocada (tocar)
composé: composto
un tambour: tambor
sur lequel: em que
(ils) dansent (danser): (eles) dançam (dançar)
le nom: nome
qui est arrivé (arriver): que chegou (chegar)
riches: ricos
colons: colonos
(il) a été repris (reprendre): (ele) tem sido revivido (reviver)
surtout: especialmente
interprété: interpretado
tels que: tais como
pour devenir: para tornar-se

venues (venir): vindos (vir)
on trouve (trouver): nós encontramos (encontrar)
les plus joués: os mais tocados
ceci n'a pas toujours été vrai: nem sempre foi verdade
appelée (appeler): chamado (chamar)
un tonneau de rhum: um barril de rum
une peau de cabri tendue: uma pele de cabrito esticada
pourtant: no entanto
interdite: proibido
maîtres: mestres
s'est perpétuée (se perpétuer): sobreviveu (sobreviver)
elle permetrait (permettre): ela permitia (permitir)
se joue (se jouer): é tocado (tocar)
chacun: cada
un sens: significado
très précis: muito específico
elle a gardé (garder): ela manteve (manter)
pendant longtemps: durante muito tempo
ce goût: este gosto
défendu: proibido
malgré: apesar
le travail: trabalho

(il) a retrouvé (retrouver): (ele) reencontrou (reencontrar)
veillées mortuaires: vigílias
en tout genre: de todos os tipos
la langue: a língua

128 les artes

À la fin des années 1970, un groupe de **jeunes** Guadeloupéens et Martiniquais **réunis autour** de l'**amour** de la musique et de leurs cultures **a lancé un nouveau courant** musical **qui a marqué** la vie des Antilles françaises: le Zouk. Ce groupe du nom de Kassav' (nom **emprunté** à **une galette sucrée faite de farine** de manioc, **aliment répandu** aux Antilles), **voulait** révolutionner à cette **époque** les genres musicaux **à la mode** tels que la biguine ou le kompa haïtien.

Tout en s'en inspirant, Kassav' a produit une musique nouvelle, **basée sur** un rythme du Gwo-Ka, **mêlée à** des instruments modernes comme la guitare ou **la batterie. Ce mélange** des cultures a **tout de suite** trouvé sa place dans **les moeurs** Guadeloupéennes. Dans les années 1980, le groupe **a conquis** les Antilles françaises, l'Afrique, et puis **devient** populaire **mondialement grâce à** ses rythmes **novateurs** mais **qui rappelaient** malgré tout la culture antillaise.

Si Kassav', le pionnier du Zouk, **a choisi de toujours chanter** créole, la nouvelle génération de chanteurs antillais **obéit** à de nouvelles **règles,** notamment celle de **se faire connaître** en France hexagonale. Bien sûr cet impératif économique **les oblige** à chanter en français pour être compris par tout le monde et on entend maintenant **des tubes** dans les **hit-parades** français chantés par des jeunes artistes antillais de zouk comme Médhy Custos, Warren ou Fanny.

Ces dix dernières années, la Guadeloupe et la Martinique ont beaucoup dansé aux rythmes de musiques **venues d'ailleurs** grâce au développement d'Internet et **des réseaux** télévisés câblés. **On y retrouve** le dancehall jamaïcain, le rap américain, la salsa cubaine... Cette diversité venue d'ailleurs **n'empêche pas** les Guadeloupéens d'être encore **créatifs** car un nouveau genre qu'on appelle l'acoustique **a fait son apparition.** Il s'agit d'une musique consciente qui parle de la société, de **ses maux** ou de **ses bonheurs**, tout cela sur une musique acoustique, **plus naturelle à l'oreille.**

à la fin: no final
des années 1970: dos anos 70
jeunes (jeune): jovens
réunis (réunir): reunidos (reunir)
autour: em torno
amour: amor
(il) a lancé (lancer): (ele) lançou (lançar)
nouveau: novo
un courant: tendência
qui a marqué (marquer): que marcou (marcar)
emprunté: emprestado
une galette: panqueca, biscoito redondo
sucrée (sucré): açucarada
faite de farine (faire): feita de farinha (fazer)
aliment: alimento
répandu: difundido
(il) voulait (vouloir): (ele) queria (querer)
une époque: uma época
à la mode: elegante

tout en s'en inspirant: inspirando-se
basée sur (baser): baseada em (basear)
mêlée à (mêler): misturado a (misturar)
la batterie: tambores
ce mélange: essa mistura
tout de suite: imediatamente
les moeurs: costumes
a conquis (conquérir): conquistou (conquistar)
(il) devient (devenir): ele se tornou (tornar)
mondialement: mundialmente
grâce à: graças à
novateurs (novateur): inovadoras
qui rappelaient (rappeler): que lembrava (lembrar)

(il) a choisi de (choisir): (ele) escolheu (escolher)
toujours: sempre
chanter: cantar
obéit (obéir): obedece (obedecer)
règles: regras
se faire connaître: ser conhecido
(il) les oblige (obliger): eles são obrigados (obrigar)
tubes: músicas de sucesso
les hit-parades: paradas musicais

ces dix dernières années: estes últimos dez anos
venues d'ailleurs: vindos de outro lugar
réseaux: redes
on y retrouve (retrouver): ali, podemos encontrar de novo (encontrar de novo)
(cela) n'empêche pas: (isto) não impede
créatifs: criativos
(il) a fait son l'apparition: (ele) apareceu
maux: problemas
bonheurs: alegrias
plus naturelle: mais natural
à l'oreille: ao ouvido

les artes

Les splendeurs de Versailles

Résidence de quatre générations de **rois** de France, dont Louis XIV le Roi Soleil, le *Château de Versailles*, à l'origine simple **pavillon de chasse ayant pris** une considérable expansion, est **sans nul doute** la plus grandiose résidence royale de France.

Le domaine **couvre** une superficie de 67 000 mètres **carrés** et le château **compte plus de** deux mille pièces. **Situé** dans la commune de Versailles, au **sud-ouest** de Paris, c'est sur plus de 815 hectares, dont 93 hectares de **jardins, que s'étend** le parc du château.

On y retrouve de nombreuses constructions annexes, dont le Petit et le Grand Trianon, le Hameau de la Reine, la pièce d'**eau dite** « des Suisses », une ménagerie, une orangerie **ainsi que** le grand et le petit canal. Le château est **également le siège** du *musée de l'Histoire de France.*

Un projet titanesque de rénovation du château et du parc, **débuté** en 2003 et financé en partie par l'État et en partie par **des mécènes, devrait s'étaler** sur plus de dix-sept **ans**. Le premier **volet** de ce projet d'**envergure** s'est achevé en 2007 et **visait entre autres** la réfection de la Galerie des Glaces.

Cette **célèbre** galerie, **longue** de soixante-treize mètres, compte trois cent cinquante-sept miroirs, d'où **elle tire son nom**. Cette salle, **qui était un lieu de passage** et de rassemblement de dignitaires, **exalte par** sa magnificence, **à la fois le pouvoir** royal et **la puissance** de la France de l'**époque.**

La **somptuosité** de sa décoration évoque autant les victoires politiques et diplomatiques que la prospérité de la France, **par le biais** de nombreuses **peintures allégoriques**. Elle compte en outre dix-sept **arcades** et pilastres de bronze **faisant face aux fenêtres**.

Les visiteurs **ont le loisir** d'admirer également les appartements royaux et les divers **bâtiments**, dont le Hameau de la Reine, **demeure** plus intimiste où Marie-Antoinette **avait choisi de fuir la rigueur** de l'étiquette de **la Cour**.

De nombreuses activités, **colloques, expositions, spectacles**, concerts de musique baroque et classique **prennent place** tout au long de l'année **selon** un calendrier riche et éclectique.

Ainsi, la Grande Écurie du château **accueille**, depuis 2003, l'*Académie du spectacle équestre* tandis que le *Centre de Musique baroque* **propose** une programmation complète allant de l'opéra aux récitals instrumentaux.

Des expositions d'art contemporain, de photographies ou d'objets représentant **le faste de la Cour** sont aussi organisées régulièrement. Pour **la première fois**, en 2009, une exposition fort attendue intitulée « Louis XIV, l'**homme** et le roi » **rappelle** aux visiteurs la grandeur et la gloire du Roi Soleil.

De nombreuses ressources scientifiques et documentaires, incluant de précieuses informations sur l'architecture du château, son iconographie ou sur ses jardins, **dessinés il y a près de** quatre cents ans par André Le Nôtre, sont **disponibles** à la consultation sur les sites Internet qui leurs sont **dédiés.**

Plusieurs activités pédagogiques leur **permettant de mieux connaître** l'histoire et les particularités du Château de Versailles ont également été développées à l'intention **des enfants** ou de leurs **enseignants, afin de perpétuer** l'admiration due à ce somptueux palace, **inscrit depuis** trente ans au Patrimoine de l'Humanité.

---

somptuosité: suntuosidade
par le biais: através
peintures allégoriques: pinturas alegóricas
arcades: arcos
faisant face (faire): de frente
fenêtres: janelas

ont le loisir (avoir): são livres para (ser)
bâtiments: edifícios
une demeure: casa
avait choisi de fuir (choisir): escolheu escapar (escolher)
la rigueur: o rigor
la Cour: a corte

colloques: conferências
expositions: exibições
spectacles: espetáculos
prennent place (prendre): tomam lugar (tomar)
selon: de acordo com

accueille (accueillir): recebe (receber)
propose (proposer): oferece (oferecer)

le faste de la Cour: a pompa da corte
la première fois: a primeira vez
un homme: homem
rappelle (rappeler): lembra (lembrar)

dessinés (dessiner): desenhados (desenhar)
il y a près de: cerca de
disponibles: disponíveis
dédiés (dédier): dedicados (dedicar)

permettant de mieux (permettre): permitindo melhor (permitir)
connaître (connaître): conhecer (conhecer)
enfants: crianças
enseignants: professores
afin de: de modo a
perpétuer (perpétuer): perpetuar (perpetuar)
inscrit (inscrire): registrado (registrar)
depuis: desde

les artes

Le théâtre français

Le mot théâtre **signifie à la fois le bâtiment** et les représentations **qui y ont lieu.** On peut donc **aller** au théâtre pour **se divertir, faire du théâtre si** l'on est comédien ou **concevoir** un théâtre si l'on est architecte. Le théâtre comme **art de la scène, prend toutefois naissance** en Grèce, dans l'Antiquité, **vers** le VIème siècle av. J.-C. **Il fait partie intégrante des jeux**, précurseurs des Jeux Olympiques. L'**on s'accorde** généralement pour **situer** au **Moyen Âge** l'avènement des premières représentations théâtrales en France.

Les scènes sont habituellement **liées** aux tableaux les plus populaires de **la vie** liturgique comme **Noël** et **Pâques**. Elles sont présentées dans les couvents ou monastères sous forme de dramatisations (ou *tropes*) des épisodes religieux **qui ponctuent l'année.**

Le théâtre **profane** fait son apparition en France vers le 12ème ou le 13ème siècle avec **des auteurs** tel Ruteboeuf, **mais il conserve toutefois** des composantes religieuses ou morales. **Il s'agit la plupart du temps** de pièces **écrites** en **vers rythmés** et en latin. **Par la suite**, les représentations **se font en plein air** et l'**on délaisse** le latin pour **adopter la langue** vernaculaire.

---

le mot: a palavra
signifie (signifier): significa (significar)
à la fois: ao mesmo tempo
le bâtiment: o edifício
qui y ont lieu (avoir): que acontecem ali (acontecer)
aller (aller): ir (ir)
se divertir: divertir-se
faire du théâtre (faire): atuar em uma peça (atuar)
concevoir (concevoir): conceber (conceber)
art (s) de la scène: artes cênicas
prend toutefois naissance: no entanto nasceu
vers: em torno
il fait partie intégrante: ele é parte integrante
des jeux: dos jogos
on s'accorde (accorder): nós concordamos (concordar)
situer: situar
Moyen Âge: Idade Média

liées (lier): ligadas (ligar)
la vie: a vida
Noël: Natal
Pâques: Páscoa
qui ponctuent (ponctuer): que pontuam (pontuar)
l'année: o ano

profane: secular
auteurs: autores
mais: mas
il conserve (conserver): ele conserva (conservar)
toutefois: no entanto
il s'agit (s'agir): trata-se (tratar)
la plupart de temps: a maior parte do tempo
écrites (écrire): escritos (escrever)
vers rythmés: versos ritmados
par la suite: depois disso
se font (faire): são feitos (fazer)
en plein air: ao ar livre
on délaisse (délaisser): nós abandonamos (abandonar)
adopter: adotar
la langue: a língua

À partir du 13ème siècle, le théâtre **se décline** en **plusieurs** genres tels que *la farce*, qui est une pièce humoristique sur les défaillances humaines, *la pastourelle*, que l'**on situe** dans **un décor champêtre** et *la sottise* **qui dépeint** les interactions **remplies de quiproquos entre des personnages jouant les sots** ou les idiots.

Il existe également d'autres types de représentations **abordant** les thèmes du mystère, de la moralité, du miracle ou de la passion. Mais c'est à la Renaissance que l'**on voit apparaître** la tragédie sous toutes ses formes, *les ballets de cour*, présentés devant les monarques, dont le plus **célèbre** est le *Ballet comique de la Reine*, et la comédie.

Ce n'est que vers 1680 que la Comédie-Française fait son apparition en France à l'instigation de Louis XIV pour **fusionner** les deux troupes de théâtre existantes. **Les principaux auteurs** de l'**époque** sont Molière, Jean Racine et Corneille. Par la suite, outre le théâtre antique et baroque, **se développent** le théâtre classique, le théâtre romantique, puis le vaudeville, **qui s'apparente à** *la farce*, et le théâtre contemporain.

Avant la Révolution française, **on voit apparaître** des auteurs tels que Voltaire, Marivaux et Beaumarchais, **suivis par** Feydeau et Mirabeau au 19ème siècle, alors que les batailles épiques entre le romantisme et la comédie **se jouent** sur les scènes des théâtres!

Le 20ème siècle **laisse place à** des auteurs de **la trempe** d'Alfred Jarry, Guillaume Apollinaire et Antonin Artaud. Le *théâtre d'avant-garde, le nouveau théâtre,* et *le théâtre expérimental*, **qui s'éloignent des sentiers battus**, permettent à Jean-Paul Sartre, Jean Genet et Eugène Ionesco d'**avoir** une influence prépondérante sur la société de leur époque.

De nos jours, le célèbre Festival d'Avignon, **qui a lieu chaque année** au **mois** de juillet en France, regroupe une pléthore d'auteurs, de comédiens et de **metteurs en scène venus** du **monde entier célébrer** cet art **plus que millénaire**.

à partir: a partir
se décline (décliner): sofrem um declínio (sofrer)
plusieurs: muitos
on situe (situer): nós situamos (situar)
un décor champêtre: uma decoração rústica
qui dépeint (dépeindre): que retrata (retratar)
remplies de: cheio de
quiproquos: mal entendidos
entre: entre
des personnages: personagens
jouant (jouer): atuando (atuar)
sots: idiotas

il existe (exister): existe (existir)
abordant (aborder): falando sobre (falar)
on voit apparaître (apparaître): vemos aparecer (ver)
célèbre: famosos

fusionner (fusionner): misturando (misturar)
principaux: principais
les auteurs: os autores
époque: época
se développent (développer): desenvolvem (desenvolver)
qui s'apparente (apparenter): que parece (parecer)

avant: antes
on voit apparaître (voir, apparaître): vemos aparecer (ver)
suivis par (suivre): seguidos por (seguir)
se jouent (se jouer): é encenado (encenar)
laisse place à (laisser): dá lugar a (dar)
la trempe: calibre
qui s'éloignent (éloigner): que se distanciam (distanciar)
des sentiers battus: caminhos batidos
avoir (avoir): tem (ter)

de nos jours: de nossos dias
qui a lieu (avoir): que acontece (acontecer)
chaque: cada
année: ano
mois: mês
metteurs en scène: diretores
venus (venir): vindos (vir)
monde entier: mundo inteiro
célébrer: celebrar
plus que millénaire: mais que milenar

les artes 133

Chansonniers québécois

Contrairement à **la plupart des chanteurs** français **qui se tiennent** habituellement loin des préoccupations sociales, **les auteurs-compositeurs** et **interprètes** francophones du Québec **ont des prétentions à la fois** musicales, esthétiques et politiques. Cette orientation spécifique **les pousse** à **écrire** des textes poétiques **dépouillés** et **intimistes qui véhiculent** généralement un message **lié à** leur identité nationale ou à la préservation de **la langue** française en Amérique.

Issue de la « Révolution tranquille » **qui s'est déroulée entre** 1960 et 1966 – une période de l'histoire québécoise où **s'est fait ressentir le besoin** de se libérer du **carcan des valeurs** traditionnelles dépassées – cette tendance musicale a vu l'éclosion d'un mouvement artistique **qui perdure encore aujourd'hui.**

Cette tendance **est apparue** dans **les années soixante** suite à la popularité de **chanteurs engagés** tels Félix Leclerc, Gilles Vigneault, Raymond Lévesque ou Claude Léveillé **qui ont su apporter** une couleur nationaliste à leurs écrits, **faisant ainsi** écho au grand attachement du peuple à **ses racines.**

Cet **engouement** patriotique du Québec pour le chanteur et poète **solitaire** s'accompagnant à la guitare **ne s'est jamais démenti.** Ainsi, de nombreux chanteurs continuent de **perpétuer** cette tendance **en représentant** dans leurs textes les valeurs **chères** au coeur de ce peuple sensible et **attachant.**

C'est principalement dans des « boîtes à chansons », qui sont des cabarets **souvent situés** dans **des sous-sols enfumés** où **la bière coule** à **flots**, favorisant ainsi l'expression poétique et **la convivialité**, que les premiers chansonniers **se sont fait entendre.**

À Montréal, **il y a eu avant tout** chez Bozo, en référence à la chanson **éponyme** de Raymond Lévesque, puis le Patriote, le Chat Noir et la Butte-à-Mathieu **qui accueillaient les têtes d'affiche. De nos jours,** Richard Desjardins, Daniel Bélanger ou Kevin Parent continuent de **faire honneur**, en chanson, à leurs origines.

---

la plupart: a maior parte
chanteurs: cantores
qui se tiennent (se tenir): que se mantêm (manter)
les auteurs-compositeurs: compositores
les interprètes: cantores
(ils) ont des prétentions (avoir): (eles) possuem ambições (possuir)
à la fois: ao mesmo tempo
les pousse (pousser): empurra (empurrar)
écrire: escrever
dépouillés: simples
intimistes: intimistas
qui véhiculent (véhiculer): que promovem (promover)
lié à: ligado a
la langue: a língua

qui s'est déroulée (se dérouler): que aconteceu (acontecer)
entre: entre
s'est fait sentir (se faire ressentir): tornou conhecido (tornar conhecido)
le besoin: a necessidade
un carcan: a restrição
valeurs: valores
qui perdure (perdurer): que duram (durar)
encore: ainda
aujourd'hui: hoje

(elle) est apparue (apparaître): (ela) apareceu (aparecer)
les années soixante: nos anos 60
chanteurs engagés: cantores de protesto
qui ont su apporter: que souberam trazer
faisant (faire): fazendo (fazer)
ainsi: assim
ses racines: suas raízes

un engouement: paixão
solitaire: solitário
(il) ne s'est jamais démenti (démentir): (ele) nunca foi rejeitado (rejeitar)
perpétuer: perpetuar
en représentant: ao representar
chères (cher): queridas
attachant: cativante

souvent: muitas vezes
situés (situé): localizados
sous-sols: porão
enfumés (enfumé): enfumaçados
la bière: cerveja
coule à flots (couler): flui (fluir)
la convivialité: a convivialidade
(ils) se sont fait entendre (se faire entendre): (eles) se fazem escutar (fazer escutar)

il y a eu: houve
avant tout: antes de tudo
éponyme: homônimo, do mesmo nome
qui accueillaient (accueillir): que recebia (receber)
les têtes d'affiche: manchetes
de nos jours: de nossos dias
faire honneur: honrar

Les troubadours au Moyen Âge

Au **Moyen Âge**, le troubadour est avant tout un poète **qui a compris** la nécessité d'**ajouter** l'argument irréfutable de l'art lyrique à la beauté **des strophes qu'il compose**.

Se produisant habituellement dans **les cours seigneuriales des châteaux** de l'**époque médiévale**, surtout dans les régions de l'Aquitaine, du Périgord, du Limousin et de la Provence françaises, ainsi qu'en Italie, **il a pour but** non dissimulé la séduction d'**une belle dame** souvent inaccessible, car d'un rang social plus **élevé**.

À cet égard, le « fin'amor » l'équivalent de l'amour délicat, incorpore l'idéalisation de la personne **convoité**e, la courtoisie et la **fine fleur** des **valeurs** chevaleresques, **sans toutefois** condamner systématiquement l'adultère. C'est principalement en *langue d'oc* ou ancien occitan, que des poètes comme Cercamon, Marcabru, Jaufré Rudel **traduisent** poétiquement et en musique, entre l'an 1100 et 1150, **les émois** de leur **âme** et les tribulations de leur **coeur éprouvé**.

La plupart des linguistes **s'entendent** pour **trouver** l'origine étymologique du **mot** troubadour soit dans le mot « trobar » dont la signification la plus probable en langue romane est « **composer** », soit dans le mot latin « tropus » **qui signifie** inventer une « trope » ou **une poésie**.

Le troubadour développe plusieurs genres comme **la chanson** en cinq ou six couplets, la sérénade du **chevalier amoureux**, la pastourelle **destinée** à une belle **bergère** ou la ballade **dansée** s'accompagnant du **luth**, de **la flûte à bec**, de la lyre et **plus tard** du **cistre**.

Fait intéressant, à Los Angeles, la légendaire **boîte de nuit** *Troubadour* **ayant pignon sur rue** à West Hollywood et **qui a adopté** ce nom évocateur avec beaucoup **d'à-propos**, **possède** la particularité d'**avoir découvert** ou **aidé à mousser** la popularité de **chanteurs** comme Elton John, Bob Dylan, James Taylor ou Bruce Springsteen.

Moyen Âge: Idade Média
qui a compris (comprendre): que entendeu (entender)
ajouter: adicionar
des strophes (une strophe): estrofes
qu'il compose (composer): que ele compõe (compôr)

se produisant (produire): atuando (atuar)
les cours seigneuriales: as cortes senhoriais
des châteaux (château): dos castelos
époque médiévale: época medieval
il a pour but: ele tem como objetivo
une belle dame: uma linda dama
élevé (élever): elevado (elevar)

à cet égard: sob esse olhar
convoitée (convoiter): cobiçado (cobiçar)
fine fleur: mais fina
valeurs: valores
sans toutefois: sem, no entanto
traduisent (traduire): traduzem (traduzir)
émois: as emoções
une âme: uma alma
un coeur: um coração
éprouvé (éprouver): colocado à prova (colocar)

plupart: maior parte
s'entendent (entendre): concordam (concordar)
trouver (trouver): encontrar (encontrar)
un mot: uma palavra
composer (composer): escrever, compor (escrever, compor)
qui signifie (signifier): que significa (significar)
une poésie: um poema

la chanson: a canção
chevalier amoureux: cavalheiro apaixonado
la pastourelle: pastoral
destinée (destiner): destinada (destinar)
une bergère: uma pastora
dansée (danser): dançada (dançar)
un luth: alaúde
la flûte à bec: flauta
plus tard: mais tarde
cistre (cistres): mandolim antigo

fait intéressant: fato interessante
boîte de nuit: boate
ayant pignon sur rue: bem estabelecido
qui a adopté (adopter): que adotou (adotar)
d'à-propos: relevância
possède (posséder): possui (possuir)
avoir découvert: tendo descoberto
aidé à mousser: ajuda a promover
chanteurs: cantores

les artes 135

Les musées parisiens

Tout le monde a **entendu parler** du **célèbre musée** du Louvre de Paris, mais **il existe** dans la capitale française de nombreux autres musées de dimensions plus modestes, **mais tout aussi captivants**, et **qui valent vraiment le détour** !

La Ville Lumière **compte** plus de 136 musées et sites culturels **qui proposent** aux visiteurs la richesse de leurs collections permanentes et temporaires **célébrant** la création artistique sous toutes ses formes.

Le Musée d'Orsay est situé dans le VIIème arrondissement de Paris, sur **la rive gauche** de la Seine, face au **jardin** des Tuileries. **Le bâtiment qu'il occupe constitue** la première **oeuvre** d'art offerte aux regards des visiteurs. **Il s'agit** de l'ancienne **gare** d'Orsay à l'architecture audacieuse, **construite pour l'Exposition Universelle** de 1900.

Ce musée présente des collections variées et éclectiques **qui incluent** la peinture, la sculpture, l'architecture, les objets d'art, **le mobilier,** le cinéma, la photographie, la musique et le décor d'opéra, et **couvrant** exclusivement la période située **entre** 1848 et 1914. **On peut y admirer**, entre autres, des oeuvres **mondialement connues** de peintres tels que Renoir, Degas, Cézanne, Monet, Delacroix, Ingres et Van Gogh. **On y retrouve** également certaines oeuvres de sculpteurs tels Rodin ou Claudel, de l'Art décoratif et de l'Art nouveau. Le musée d'Orsay, **qui comble** un espace chronologique entre le musée du Louvre et le Centre Pompidou, **mérite que l'on y flâne** lorsque l'on a la chance de visiter Paris.

Le Centre national d'art et de culture Georges-Pompidou situé dans le IVème arrondissement de Paris, dans le quartier Beaubourg, le Centre Pompidou a, **selon certains**, l'apparence caractéristique d'une « **raffinerie de pétrole** » sur **huit niveaux**.

136 les artes

On décrit également son architecture comme une « parodie technologique » avec ses **poutres** métalliques et ses **tuyaux apparents** peints en **vert** et **bleu**. Ce **qui ne l'empêche pas** d'**accueillir** près de 6,6 millions de visiteurs **chaque année**.

Créé en 1977 par le président Georges Pompidou, c'est un centre multidisciplinaire **qui comprend** le Musée national d'art moderne, **une bibliothèque** publique d'information, un institut de **recherche** et de coordination acoustique, **des salles de cinéma** et de **spectacles**, des espaces éducatifs, un restaurant et un café. **Il abrite** une imposante collection d'oeuvres d'art moderne et contemporain et propose, entre autres, des tableaux de Picasso, Matisse, Mondrian, Balthus, Giacometti et Braque, **pour ne nommer** que ceux-là.

Le musée Rodin est **dédié** exclusivement à la conservation des oeuvres du sculpteur Auguste Rodin. La collection est **partagée** entre deux sites, l'un situé dans le VIIème arrondissement de Paris, sur **la rue** de Varenne, **occupe** l'Hôtel Biron. Le second est situé à Meudon dans la Villa des Brillants, en Hautsde-Seine. Plus de 6600 sculptures, **des dizaines** de **milliers** de dessins, photographies et objets d'art **conçus** et **réunis** par cet artiste prolifique et également collectionneur sont offerts à l'admiration des visiteurs.

On y retrouve également des oeuvres de Camille Claudel, **qui a été** sentimentalement **liée à** Rodin et **à qui on a consacré** une salle. Des oeuvres célèbres du sculpteur telles *Le Penseur* ou *La Porte de l'enfer* **nous rappellent** le caractère universel de son **génie**.

---

on décrit (décrire): é descrito (descrever)
poutres: vigas
tuyaux: tubos
apparents: expostos
vert: verde
bleu: azul
qui ne l'empêche pas (empêcher): que não impede (impedir)
accueillir: acolhe
chaques: cada
une année: ano

crée (créer): criada (criar)
qui comprend (comprendre): que inclui (incluir)
une bibliothèque: uma biblioteca
recherche: pesquisa
des salles de cinéma: salas de cinema
spectacles: espetáculos
il abrite (abriter): ele abriga (abrigar)
pour ne nommer (nommer): para nomear apenas (nomear)

dédié (dédier): dedicado (dedicar)
partagée (partager): dividido (dividir)
la rue: a rua
occupe (occuper): ocupa (ocupar)
dizaines: dezenas
milliers: milhares
conçus (concevoir): concebidos (conceber)
réunis (réunir): reunidos (reunir)
qui a été (être): que foi (ser)
liée à (lier): ligada a (ligar)
à qui on a consacré (consacrer): a quem dedicamos (dedicar)
Le Penseur: O Pensador
La Porte de l'Enfer: A Porta do Inferno
nous rappellent (rappeler): lembra-nos (lembrar)
un génie: gênio

les artes 137

Un symbole de la culture

fait partie (faire partie): faz parte (fazer parte)
souvenirs: lembranças
l'enfance: infância
qui les amuse (amuser): que entretém (entreter)
les fait rire: faça-os rir
un personnage: personagem
(il) incarne (incarner): (ele) encarna (encarnar)

(ils) a été crée (créer): (ele) foi criado (criar)
un ouvrier tisserand: trabalhador da seda
autrement dit: em outras palavras
un canut: trabalhador da seda
le chômage: o desemprego
il décide (décider): ele decide (decidir)
se reconvertir: mudar para
en marchand forain: vendedor de feira
arracheur de dents: dentista
subvenir: para fornecer
besoins de sa famille: as necessidades da sua família
afin d'attirer: de modo a atrair
il organisait (organiser): ele organizou (organizar)
des petits spectacles: pequenos espetáculos
reprenant: repetindo
il crée (créer): ele cria (criar)
ses propres: seus próprios
celui qui deviendra (devenir): aquele que se tornará (tornar)
célèbre: famoso

parfois: algumas vezes
appelée (appeler): chamado (chamar)
qui caricature (caricaturer): que caricatura (caricaturar)
le monde politique: o mundo político
on y retrouve (retrouver): nós encontramos de novo (encontrar)
cela a d'ailleurs permis à (permettre): além de ter seguido (seguir)
obtenir: ganhar
étranger: estrangeiro
d'antan: ano anterior
vivant: vivo
(elle) renoue (renouer): (ela) revive (reviver)
tout en continuant: todos seguindo

La marionnette « Guignol » **fait partie des souvenirs** d'**enfance** de tous les petits lyonnais. Mais Guignol est bien plus qu'une simple marionnette **qui les amuse** et **les fait rire**. Ce **personnage** est le symbole de Lyon et **incarne** l'identité lyonnaise.

Le personnage et la marionnette de Guignol **a été crée** par Laurent Mourguet en 1808. Laurent Mourguet était **un ouvrier tisserand** lyonnais, **autrement dit un canut**. Au **chômage, il décide de se reconvertir en marchand forain,** puis en **arracheur de dents**, pour **subvenir** aux **besoins de sa famille. Afin d'attirer** de potentiels clients, **il organisait des petits spectacles** avec des marionnettes en **reprenant** le répertoire italien (Polichinelle, Arlequin). Progressivement, **il crée ses propres** personnages : Gnafron puis **celui qui deviendra** le plus **célèbre**, Guignol, qui incarne un canut lyonnais.

Une version moderne de Guignol est par exemple l'émission de télévision française de Canal + « Les Guignols de l'info », **parfois appelée** tout simplement « Les Guignols ». Cette émission satirique de marionnettes est une parodie du journal télévisée **qui caricature le monde politique**, les medias, et la société française contemporaine. **On y retrouve** la même tradition satirique et théâtrale que dans le guignol traditionnel. **Cela a d'ailleurs permis à** l'émission d'**obtenir** une grande notoriété en France et à l'**étranger** … tout comme Guignol en son temps. Mais le Guignol satirique **d'antan** est toujours **vivant**. Une compagnie de théâtre lyonnaise, la Compagnie des Zonzons, **renoue** avec la tradition guignolesque, c'est-à-dire satirique, **tout en continuant** à faire des spectacles plus classiques pour les enfants.

138 les artes

Mais **que signifie le mot** « guignol » ? Et à quoi ressemble ce personnage lyonnais si célèbre ? **Vous connaissez** sûrement l'expression « faire le guignol » qui signifie s'amuser et amuser les autres en faisant **des plaisanteries, des pitreries** ou **des mimiques** ou encore plus simplement faire l'idiot. L'expression **tire donc son origine** du théâtre de Guignol. En revanche, l'origine du **nom** de Guignol est controversée. Certains **pensent** qu'il est issu de l'expression ancienne « c'est guignolant » qui signifie « **très drôle** ». D'autres pensent qu'il s'agit d'**un clin d'oeil** à un des amis de Laurent Mourguet qui se serait appelé Jean Guignol. Enfin, **il s'agirait** d'une référence **au titre** d'une comédie **à succès de l'époque** « Nitouche et Guignolet ». Si l'on n'est donc pas certain de l'origine de ce nom, **cela ne l'a** toutefois **pas empêché** de passer dans les coutumes de la langue française.

Vous l'aurez bien compris, Guignol est une marionnette, mais une marionnette **à gaine. Elle n'est pas dirigée** par **des fils qui permettent** ses mouvements mais directement par **la main** du marionnettiste **qui l'enfile** en quelque sorte comme un gant. **Sa tête** est **en bois. Son visage** est **fendu** d'**un sourire** en accent circonflexe. **Ses yeux** sont **noirs** et il a **des fossettes**. Son costume consiste en une jaquette et **un noeud papillon rouge. Il porte** sur la tête **un bicorne** aux **bords rabattus. Ses cheveux** sont coiffés en **catogan**.

Guignol a un fort accent lyonnais. C'est un canut mais il est **un peu fainéant** et **travaille** le moins possible. Il est malicieux et **farceur** mais **il dénonce** les injustices. Bref, c'est un personnage attachant. Il est en général toujours **entouré** des mêmes personnages. **On peut citer** notamment Gnafron, l'ami de Guignol qui est **cordonnier**. Son visage **montre** qu'il aime bien **le vin** et le beaujolais en particulier. **Il a le nez rouge** et est toujours **mal rasé**. Madelon est l'épouse de Guignol. C'est une grande **bavarde** mais elle a **bon coeur**. Et puis, il y a aussi **le gendarme qui bat** Gnafron avec sa **matraque**.

En 2008, Guignol a eu **200 ans. Il n'a pas pris une seule ride** et continue de faire rire grands et petits !

---

que signifie (signifier): que significa (significar)
le mot: a palavra
vous connaissez (connaître): você conhece (conhecer)
plaisanteries: piadas
pitreries: palhaçadas
mimiques: mímicas
tire son origine de (tirer): se origina de (originar)
le nom: nome
(ils) pensent (penser): (eles) pensam (pensar)
très drôle: muito engraçado
un clin d'oeil: um piscar de olho
il s'agirait: seria nobre
au titre: para o título
à succès: bem-sucedido
de l'époque: da época
cela ne l'a pas empêché (empêcher): não preveniu (prevenir)

vous l'aurez bien compris (comprendre): você tenha entendido (entender)
à gaine: com luva
elle n'est pas dirigée (diriger): ele não dirigiu (dirigir)
fils: fios
qui permettent (permettre): que permitem (permitir)
la main: a mão
qui l'enfile (enfiler): que a coloca (colocar)
sa tête: sua cabeça
en bois: em madeira
son visage (le visage): seu rosto
fendu: rachado
un sourire: um sorriso
ses yeux: seus olhos
noirs (noir): pretos
fossettes: covinhas
un noeud papillon rouge: laço vermelho
il porte (porter): ele usa (usar)
un bicorne: um chápeu
bords rabattus: bordas dobradas
cheveux: cabelos
un catogan: um penteado com trança

un peu fainéant: um pouco preguiçoso
il travaille (travailler): ele trabalha (trabalhar)
un farceur: brincalhão
il dénonce (dénoncer): ele denuncia (denunciar)
entouré: rodeado
on peut citer: podemos citar
le cordonnier: sapateiro
montre (montrer): mostra (mostrar)
le vin: o vinho
il a le nez rouge: ele tem o nariz vermelho
mal rasé: mal barbeado
bavarde: fala muito, tagarela
un bon coeur: um bom coração
le gendarme: o policial
qui bat (battre): que bate (bater)
une matraque: cassetete

200 ans: 200 anos
il n'a pas pris une seule ride: ele não está enrugado

les artes 139

La tradition du théâtre d'été

L'été, alors que le climat de la « Belle Province » s'**est adouci** au point où un bon **nombre** de **citadins trouve** refuge dans la **fraîcheur campagnarde**, le théâtre d'été offre une alternative de choix aux **étouffantes soirées estivales à arpenter les trottoirs de la ville en quête** de distractions.

Phénomène unique en genre, le théâtre d'été au Québec trouve son origine au début **des années soixante-dix,** alors que les vaudevilles et les comédies de boulevard sont à leur **apogée**. C'est donc plus de 25 spectacles, **auxquels assistent** environ 600,000 spectateurs, **qui sont présentés** tout au long de l'été dans un grand nombre de petites villes ou villages de **banlieue**.

Prenant place généralement dans **un bâtiment reconverti, une grange** ou **un corps de ferme réaménagé** pour l'occasion, la représentation est **la plupart du temps** une comédie **légère** ou romantique. **Elle donne lieu à des malentendus** et des **quiproquos** et **met en scène des personnages tentant de se sortir** de situations **loufoques** ou inextricables, pour le plus grand plaisir ou l'hilarité des spectateurs.

Des acteurs comme France Castel, Claude Michaud et Gilles Latulipe sont **des habitués** de ces intermèdes estivaux présentés soit dans les Laurentides, soit dans les villes **environnantes** ou dans de nombreuses petites municipalités du Québec.

Trouvant en partie sa source dans le théâtre de Molière ou de Marivaux, **qui savait mêler** la dérision et **le rire** en excluant **un moralisme trop rigoureux**, le théâtre d'été du Québec **se veut le digne** successeur d'une tradition **qui remonte** à la commedia dell'arte en Italie, où les acteurs **jouaient en plein air** ou dans **des salles rudimentaires en laissant toutefois** une plus grande place à l'improvisation.

La Cinémathèque française

Haut lieu culturel dédié à la préservation, la restauration et **la diffusion** du patrimoine cinématographique français et **mondial**, la Cinémathèque Française, **qui existe depuis le milieu des années trente**, a **été créée** à l'instigation de Henri Langlois et Georges Franju.

La vigilance de ces deux passionnés de cinéma **a permis de soustraire des milliers** de films à la destruction **ordonnée par** l'autorité **allemande, qui occupait** la France depuis le début de la Deuxième Guerre mondiale.

Ayant entrepris leur mission de préservation avec **seulement** dix films, la Cinémathèque française, **qui s'appelait** à l'origine le Cercle du cinéma, **compte désormais plus de** 40,000 **titres** ainsi que des milliers d'objets et de documents **liés au** monde du « septième art ». Bénéficiant au départ d'**appuis** et de **subsides privés**, c'est **dorénavant** un organisme subventionné en grande partie par **l'État** et dont la vocation première consiste **à protéger** et **mettre en valeur** la richesse du patrimoine audiovisuel **passé** et contemporain.

Le premier **musée** du cinéma ainsi qu'**une salle de projection** de 60 places s'**installe** à l'origine au 7, avenue de Messine, dans le 8ème arrondissement de Paris. **On y voit défiler** des grands **noms** du cinéma français tels François Truffaut, Éric Rohmer et Jean-Luc Godard.

Après avoir successivement **déménagé au fil des années** sur **la rue** de l'Ulm et dans la salle du Palais de Chaillot, **détruite subséquemment par un incendie**, la Cinémathèque prend finalement ses quartiers **définitifs** sur la rue de Bercy à Paris, dans l'ancien **bâtiment** de l'American Center.

Sous la présidence de Costa Gavras depuis 2005, la Cinémathèque a **fusionné** en 2007 avec la BiFi – Bibliothèque du film. **Nul doute** que la Cinémathèque française a su **rallier** depuis plus de quatre-vingts ans non seulement tous **les intervenants**, mais également tous **les inconditionnels** et **amoureux** du cinéma.

---

haut lieu culturel: alto espaço cultural
dédié à (dédier): dedicado a (dedicar)
difusion: difusão
mondial: mundial
qui existe (exister): que existe (existir)
depuis: desde
le milieu: a metade
des années trente: dos anos 30
été crée (créer): foi criada (criar)

a permis (permettre): permitiu (permitir)
de soustraire: retirar
milliers: milhares
ordonnée par (ordonner): ordenado por (ordenar)
allemande: alemã
qui occupait (occuper): que ocupava (ocupar)

ayant (avoir): tendo (ter)
entrepris (entreprendre): empreendido (empreender)
seulement: somente
qui s'appelait (s'appeler): que se chamava (chamar)
compte (compter): inclui (incluir)
désormais: de agora em diante
plus de: mais de
titres: títulos
liés au (lier): ligados ao (ligar)
appuis: apoio
subsides privés: subsídios privados
dorénavant: doravante
l'État: o Estado
à protéger (protéger): para proteger (proteger)
mettre en valeur (mettre): realçar (realçar)
passé: passado

un musée: museu
une salle de projection: uma sala de projeção
s'installe (installer): instala-se (instalar)
on y voit (voir): nós podemos ver (ver)
défiler (defiler): desfilando (desfilar)
noms: nomes

après avoir (avoir): após ter (ter)
déménagé (déménager): movido (mover)
au fil des années: ao longo dos anos
la rue: a rua
détruite (détruire): destruída (destruir)
subséquemment: posteriormente
par un incendie: por um incêndio
définitifs: definitivo
un bâtiment: edifício

fusionné (fusionner): misturando (misturar)
nul doute: sem dúvida
rallier (rallier): reúne (reunir)
les intervenants: pessoas envolvidas
les inconditionnels: defensores ardorosos
amoureux: apaixonados

les artes

Évaluez votre compréhension

Les Petits Rats, Página 125

1. O que são os *Les Petits Rats*? De onde o nome vem ?

2. Quais são alguns dos critérios estritos usados para escolher alunos?

3. Quantos alunos conseguirão uma carreira na dança?

La musique guadeloupéene, Página 128

1. Liste os instrumentos que são usados para produzir a quadrille.

2. A música *Gwo-ka* origina-se de que tradição?

3. Uma nova tendência na música começou nos anos 70. Qual era essa tendência? Quem foi o pioneiro?

L'art public à Montréal, Página 126

1. Quantas obras de arte públicas podem ser encontradas em Montreal?

2. Qual é o símbolo da cidade?

3. O que você encontrará no *Le Palais des Congrès*?

Les splendeurs de Versailles, Página 130

1. Como a *La Galerie des Flaces* recebeu seu nome?

2. Quem morou no *Le Hameau de la Reine*? Por que ela morava ali?

3. Que exibição importante estreou em 2009?

Teste sua compreensão

Le théâtre français, Página 132

1. Em qual país nasceram as artes cênicas?

2. As primeiras peças de teatro muitas vezes eram religiosas. Eram ligadas a quais feriados?

3. As comédias nasceram no século XIII. Quais eram algumas das primeiras peças?

Les musées parisiens, Página 136

1. O *Le musée d'Orsay* ocupa um edifício considerado por alguns uma obra de arte. O que era esse edifício e quando ele foi construído?

2. O que *Le Centre Pompidou* parece?

3. Que outras obras de artistas você encontrará no *Le Musée Rodin*?

Les troubadours au Moyen Âge, Página 135

1. Onde os troubadours geralmente se apresentavam?

2. Quais temas românticos os poemas expressavam?

3. Quais eram os três tipos de canções que os trovadores desenvolveram?

Un symbole de la culture, Página 138

1. Qual é a marionete mais famosa?

2. Guignol é uma marionete usada como uma luva ou com fios?

3. Descreva a aparência de Guignol.

Histoire

La fleur de lys

La fleur de lys, en **motif**, **se trouve** sur des documents archéologiques **très anciens** et de civilisations diverses. **Elle est apparue** dès le troisième millénaire **avant notre ère**, en Assyrie.

De nombreux passages de la Bible présentent **le lys blanc** comme symbole de virginité et de pureté, ce qui explique **le parallèle dressé** avec **Marie**. Des représentations de Marie avec des fleurs de lys **existent** sur **des monnaies** et **des sceaux émis** par **des évêques à partir du** XIème siècle.

Pourtant, à cette **époque**, cette **fleur n'a pas encore de lien privilégié** avec la monarchie française. C'est sous **les règnes** de Louis VI et Louis VII **que sera introduite** la fleur de lys dans la symbolique du **pouvoir royal**, **le roi étant considéré**, tout comme Marie, comme un protecteur et un médiateur **entre Dieu** et **les hommes**.

La fleur de lys **prend petit à petit place dans** les armoiries royales représentant le caractère sacré, divin, et céleste de la mission de la monarchie française. **L'écu est frappé** de trois fleurs de lys **sous le règne de** Philippe Auguste et la fleur **devient** l'emblème des rois de France au XIIème siècle puis emblème de **l'Etat à partir** du XVème siècle, emblème des Bourbons, de l'état français et de la nation française.

Une légende **raconte que** Clovis, premier roi Franc **chrétien** (466-511) **se serait caché derrière** des lys (**qui seraient en fait** une fleur d'iris stylisée avec 3 pétales **vers le haut** et le dernier vers le bas) **pour échapper** aux Wisigoths et en mémoire de cet épisode, **en aurait orné** son **blason**.

On dit également que de par **sa fonction génératrice**, le lys **fut choisi** comme emblème par les rois de France, **soucieux** de leur succession et de la multiplication de leur peuple. La fleur **aurait des pouvoirs** de **guérisons attribués** aux rois de France.

---

un motif: padrão
se trouve (trouver): é encontrada (encontrar)
très anciens: muito antigos
elle est apparue (apparaître): ela apareceu (aparecer)
avant notre ère: antes de nossa era

le lys blanc: o lírio-branco
parallèle dressé: comparação feita
marie: casamento
(elles) existent (exister): (elas) existem (existir)
monnaies: moedas
sceaux émis: selos emitidos
évêques: bispos
à partir du: a partir de

une époque: uma época
une fleur: flor
n'a pas encore (avoir): ainda não tem (ter)
de lien privilégié (un lien): ligações especiais
les règnes (un règne): reinados
que sera introduite: que será introduzida
le pouvoir royal: o poder real
le roi: o rei
étant considéré (considérer): sendo considerado (considerar)
entre: entre
Dieu: Deus
les hommes (un homme): os homens

prend place dans (prendre place): toma lugar (tomar lugar)
petit à petit: pouco a pouco
l'écu (un écu): o escudo
est frappé (frapper): é estampado (estampar)
sous le règne de: sob o reinado de
devient (devenir): torna-se (tornar)
l'Etat: o Estado
à partir: a partir de

raconte que (raconter): conta que (contar)
un chrétien: um cristão
(il) se serait caché (cacher): ele teria se escondido (esconder)
derrière: atrás
qui seraient (être): que seria (ser)
en fait: de fato
vers le haut: para a parte superior
pour échapper: para escapar
(il) en aurait orné (orner): (ele) teria decorado (decorar)
un blason: brasão, escudo de armas

on dit (dite): é dito (dizer)
également: também
sa fonction génératrice: sua função geradora
fut choisi (choisir): foi escolhida (escolher)
soucieux: preocupado
aurait (avoir): teria (ter)
pouvoirs: poderes
guérisons: recuperações
attribués: atribuídos

Historique du drapeau français

Le drapeau français tel que **nous le connaissons aujourd'hui a été adopté** en 1794. Ses trois couleurs représentent **le Roi** (le blanc) et **la ville** de Paris (le bleu et le rouge).

Les origines de ce drapeau **datent de** la période de la Révolution française. **Au début de** juillet 1789, **juste avant** la prise de la Bastille, alors qu'**une milice se constitue, celle-ci porte** en signe distinctif **une cocarde** bicolore **composée** des couleurs de Paris, le bleu et le rouge. Le 17 juillet, Louis XVI **se rend** à Paris **pour reconnaître** la nouvelle Garde Nationale. **Pour montrer** son accord avec la ville de Paris, **il porte** la cocarde bleu et rouge à laquelle Lafayette, commandant de la Garde, **a ajouté** le blanc, couleur royale.

Les trois couleurs **sont** donc d'abord **réunies** sous la forme d'une cocarde tricolore puis **agencées** par **le peintre** Louis David en bandes verticales, **qui symbolisent la foi** en la liberté. Au XIXème siècle, le blanc des royalistes légitimistes et les trois couleurs **héritées de** la Révolution s'affrontent. Le drapeau blanc **est remis à l'honneur** sous la Restauration mais Louis-Philippe **reprend** le drapeau tricolore **auquel il fait ajouter** l'emblème du **coq gaulois.**

Pendant la Révolution de 1848, si le drapeau tricolore est adopté par le gouvernement provisoire, c'est le drapeau rouge qui **est brandi par** le peuple en signe de révolte. Sous la IIIème République, un consensus **est établit** progressivement autour des trois couleurs. Les royalistes **finissent par l'accepter** pendant **la Première Guerre Mondiale**. Les constitutions de 1946 et de 1958 **ont définitivement fait** du drapeau tricolore l'emblème national de la République.

---

le drapeau: a bandeira
nous le connaissons (connaître): nós a conhecemos (conhecer)
aujourd'hui: hoje
(il) a été adopté: (ela) foi adotada (adotar)
Roi: Rei
la ville: a cidade

datent de (dater de): data de (datar)
au début de: no início de
juste avant: justo antes
milice: milícia
se constitue: é criada (criar)
celle-ci porte (porter): esta veste (vestir)
cocarde: distintivo oficial
composée: composto por
se rend (se rendre): irá (ir)
pour reconnaître: para reconhecer
pour montrer: para mostrar
il porte (porter): ele veste (vestir)
(il) a ajouté (ajouter): (ele) adicionou (adicionar)

(elles) sont réunies (réunir): (elas) são reunidas (reunir)
agencées (agencer): dispostas (dispôr)
le peintre: o pintor
qui symbolisent (symboliser): que simboliza (simbolizar)
la foi: a fé
héritées de: herdadas por
est remis à l'honneur (remettre): é homenageada de novo (homenagear)
reprend (reprendre): retoma (retomar)
auquel: a qual
il fait ajouter: ele faz adicionar
le coq gaulois: o galo gaulês

pendant: durante
est brandi par (brandir): é empunhado (empunhar)
est établit (établir): é estabelecido (estabelecer)
finissent par l'accepter: acaba aceitando-o
la Première Guerre Mondiale: a Primeira Guerra Mundial
(elles) ont définitivement fait (faire de): elas se tornaram definitivas (tornar)

À la découverte de la Martinique

Si la Martinique **porte le surnom d'île aux fleurs,** c'est **grâce** à sa végétation luxuriante. **La tradition veut que** l'île **fût nommée** « Madinina » par ses premiers habitants, les Amérindiens, en l'honneur de la diversité et de la profusion de fleurs **qui** y **poussaient alors**.

Du XVIIème au XIXème **siècle**, cette île du **sud** des Antilles, d'une superficie totale de 1 100 km2, **a connu** une longue histoire de possession et dépossession de la part de **deux puissances** européennes : l'**Angleterre** et la France. Les deux pays **se disputaient** alors quatre îles **situées** dans cette zone de l'arc antillais : la Guadeloupe, la Dominique, la Martinique et Sainte-Lucie. Ce sont **des guerres** et **des accords historiques qui ont décidé des destins** de ces îles aux histoires **si proches**. **C'est ainsi** que la Martinique **est devenue** définitivement française en 1814, **à la suite** d'**un accord politique**.

Lors de sa longue histoire de **colonie sucrière** française, la Martinique développé sa tradition de **jardin** créole qui la caractérise **aujourd'hui** et **a fait sa renommée**. En Martinique, de **nombreuses** résidences **datant de** la période coloniale, **telles que** l'Habitation Latouche ou l'Habitation Clément, **existent encore**. **Elles permettent** de **découvrir** des jardins dits créoles, comme le très **célèbre** jardin de Balata, **qui présentent** un panel de fleurs tropicales, tel que **l'oiseau du paradis** ou le Bougainvillier.

La végétation de l'île a beaucoup influencé son histoire, tout comme son relief très **montagneux** et volcanique. L'un **des événements** majeurs **ayant marqué** la mémoire collective martiniquaise est l'éruption du volcan, **la montagne** Pelée, qui a **dévasté** l'ancienne capitale, **la ville** de Saint-Pierre en 1902. Les 30 000 habitants **furent tués**. Il n'y eut que **trois rescapés**, dont un prisonnier **sauvé** par **les murs** de sa prison.

La population martiniquaise de **l'époque était composée** des colons européens et des descendants d'africains **venus en esclaves**, puis **s'est enrichie de travailleurs** venus d'Inde **mais aussi** d'immigrants **chinois, syriens** ou **libanais. Toutes les composantes de** cette population **désormais** multiculturelle ont en commun **une langue**: le créole.

Cette langue **liée à l'identité même** de l'île s'est construite depuis la période de la colonisation **jusqu'à** aujourd'hui. **Elle a** aussi **traversé les frontières grâce à** un genre musical, le zouk, **né** dans **les années** 1980 par le biais d'un groupe d'artistes martiniquais et guadeloupéens nommé Kassav'. Ce **groupe mythique a fait connaître** la culture antillaise et la langue créole au **monde entier.** Le zouk n'a pas été l'unique **fenêtre** de la Martinique sur le monde car l'île **fut** aussi **le berceau** d'une personnalité **mondialement connue** : Aimé Césaire.

Cet intellectuel et **homme politique**, connu dans le monde entier pour ses idées, **a beaucoup réfléchi** sur l'identité martiniquaise et française. **Décédé** en 2008, l'homme est **la fierté** d'un peuple **qui lui doit beaucoup**, notamment une idée positive de la littérature antillaise. **On peut d'ailleurs** nommer **des auteurs** martiniquais très connus tels que Patrick Chamoiseau ou Edouard Glissant. **Ils appartiennent tous deux** à un genre littéraire que l'on nomme la Créolité.

Si aujourd'hui, la Martinique **est connue** comme toutes les îles des Antilles pour **ses beaux paysages**, c'est surtout **un lieu** où la culture **se mêle** harmonieusement **à** la nature.

l'époque: a época
était composée de (se composer de): era composta por (compor)
venus en esclaves (venir): chegando como escravos (chegar)
(elle) s'est enrichie de: (ele) foi expandida, enriqueceu por
travailleurs: trabalhadores
mais aussi: mas também
chinois: chinês
syriens: sírios
libanais: libanês
toutes les composantes de: todas as partes de
désormais: de agora em diante
une langue: uma língua

liée (lier): ligada (ligar)
l'identité même: identidade própria
jusqu'à: até
elle a traversé (traverser): ela atravessou (atravessar)
frontières: fronteiras
grâce à: graças a
né (naître): nascido (nascer)
années: anos
un groupe: um grupo
mythique: mítico
il a fait connaître (faire connaître): ele tornou conhecido (tornar conhecido)
le monde entier: mundo inteiro
la fenêtre: a janela
fut (être): foi (era)
le berceau: o berço
mondialement connue (connaître): mundialmente conhecido (conhecer)

un homme politique: político
beaucoup: muito
(il) a réfléchi (réfléchir): (ele) refletiu, pensou sobre (pensar)
décédé: morto
la fierté: o orgulho
qui lui doit beaucoup (devoir): que lhe devem muito (dever)
on peut (pouvoir): nós podemos (poder)
d'ailleurs: além disso
auteurs: autores
ils appartiennent à (appartenir à): eles pertencem a (pertencer)
tous deux: ambos

est connue (être connu): é conhecido (ser conhecido)
ses beaux paysages: suas lindas paisagens
un lieu: um lugar
se mêle à (se mêler à): mistura-se a (misturar)

histoire 149

La Nouvelle-France

C'est au XVIème **siècle** que débute l'aventure française en Amérique du Nord. **Le récit** de l'implantation des premiers **colons** est **ponctué de nombreuses** difficultés d'adaptation **au climat**, à **la faim**, aux **raids amérindiens** et **plus tard**, à l'invasion britannique.

À l'époque, la France, **avide** de **richesses nouvelles**, **confie** l'exploration du continent nord-américain à Jacques Cartier. Celui-ci **débarque** à Gaspé en 1534, où **il revendique** le territoire **au nom du roi** de France **avant de poursuivre** sa route dans **les terres** de la vallée du Saint-Laurent. **Il découvre** les villages amérindiens de Stadaconé et d'Hochelaga, **aujourd'hui** Québec et Montréal, et **fait la connaissance** des tribus amérindiennes de la région.

Québec est la première **implantation** française en Amérique du Nord. **Elle est fondée** en 1608. D'abord une **colonie-comptoir destinée** à l'approvisionnement en ressources, la Nouvelle-France **devient** une colonie **de peuplement** sous les ordres du roi de France **qui désire** y **implanter** des familles de colons.

À **son apogée**, le territoire de la Nouvelle-France **s'étendait** de la vallée du Saint-Laurent jusqu'au golfe du Mexique, en passant par la vallée de l'Ohio et du Mississippi. Les colonies britanniques, **quant à elles**, se concentraient sur **la côte** est, en Nouvelle-Angleterre, à l'est des Appalaches. **À l'époque**, **on y dénombrait** environ 1,5 millions de colons contre **seulement** 60 000 du côté français. La progression **vers l'ouest** des colons anglais est donc **freinée** par la présence française dans la vallée de l'Ohio, zone particulièrement **convoitée** pour ses ressources naturelles et **le commerce des peaux**.

Les premiers **affrontements ont lieu** en 1756, alors que le conflit **semble** inévitable. **La lutte** pour le territoire nord-américain est une des causes **qui précipite** l'entrée **en guerre** de la France et de la Grande-Bretagne dans la guerre de Sept Ans, **laquelle se joue** également sur le continent européen.

Durant **les** premières **années**, les Français résistent bien aux attaques des Britanniques, mais **le vent finit** par **tourner** et **ces derniers s'emparent** des principaux forts de la vallée du Mississippi et de l'Ohio. En s'emparant du fort de Louisbourg (aujourd'hui situé dans la province de Terre-Neuve), **ils disposent** d'une formidable base pour commencer l'invasion des terres de la vallée du Saint-Laurent.

Une des batailles les plus légendaires est celle des Plaines d'Abraham qui opposa les forces britanniques, **sous le commandement** du général Wolfe, aux forces du général Montcalm. En 1759 les forces britanniques, **ayant remonté le fleuve** Saint-Laurent, **encerclent la ville** de Québec. **Ils l'assiègent** et la bombardent **pendant plusieurs mois**. Le 13 septembre, **ils débarquent** à terre en **profitant** d'une **habile** diversion, et **livrent** une courte mais **sanglante bataille** aux Français sur les plaines d'Abraham. La bataille **ne dure que** quinze minutes, mais les deux commandants y trouvent **la mort**. Bien qu'**inférieure** en **nombre**, l'armée britannique mieux disciplinée **inflige** une **cuisante défaite** aux armées françaises, et Québec **tombe** ainsi sous domination anglaise.

Quelques mois **plus tard**, les Français **rappliquent** à la bataille de Ste- Foy, une victoire qui sera de courte durée, car les renforts britanniques arrivent en grand nombre et **remontent** le fleuve jusqu'à Montréal qui capitule en 1760 **sans offrir de résistance**.

Le traité de Paris de 1763 **met fin à** la guerre de Sept Ans et **cède** officiellement les colonies françaises d'Amérique du Nord à la Grande- Bretagne. La France **ne conserve que** quelques **îles** dans les Antilles qu'elle juge plus profitables, à cause du **sucre** qu'**on y produit**.

On dit parfois que **la conquête** de la Nouvelle-France **aura précipité** la Révolution américaine de 1776. Les colonies d'Amérique **ayant enrayé** la menace française **pourront plus aisément se passer** de l'aide de **leur métropole** : la Grande-Bretagne.

---

les années (une année): anos
le vent: o vento
finit (finir): termina (terminar)
tourner: virar
derniers: últimos
(ils) s'emparent (s'emparer): eles se apoderam (apoderar)
ils disposent (disposer): eles dispõem (dispor)

sous le commandement: sob o comando
ayant remonté (remonter): tendo navegado (navegar)
le fleuve: o rio
(elles) encerclent (encercler): cercaram (cercar)
la ville: a cidade
ils l'assiègent (assiéger): eles a cercaram (cercar)
pendant: durante
plusieurs: muitos
mois (un mois): meses
ils débarquent (débarquer): eles desembarcam (desembarcar)
profitant (profiter): tirando vantagem (tirar vantagem)
habile: inteligente
(ils) livrent (livrer): eles se envolvem (envolver)
sanglante bataille: batalha sangrenta
ne dure que (durer): dura apenas (durar)
la mort: a morte
inférieure (inférieur): inferior, menor
nombre: número
inflige (infliger): inflige (infligir)
cuisante (cuisant): pungente
une défaite: uma derrota
tombe (tomber): cai (cair)
plus tard: mais tarde

rappliquent (rappliquer): comparecem (comparecer)
(ils) remontent (remonter): navegam (navegar)
sans offrir de résistance: sem oferecer resistência

le traité: o tratado
met fin à: coloca fim a
(il) cède (céder): ele cede (ceder)
ne conserve que (conserver): somente mantém (manter)
îles: ilhas
le sucre: açúcar
on y produit (produire): eles produzem (produzir)

on dit (dire): é dito, as pessoas dizem (dizer)
parfois: algumas vezes
la conquête: a conquista
aura précipité (précipiter): teria precipitado (precipitar)
ayant enrayé (enrayer): tendo interrompido (interromper)
(elles) pourront (pouvoir): eles poderão (poder)
plus aisément: com mais facilidade
se passer: passar sem
leur métropole: da metrópole

Les sans-culottes

Les sans-culottes sont **des personnages** emblématiques de la Révolution française (1789). Révolutionnaire, parisien **le plus souvent**, et **issu des milieux populaires** et du **petit artisanat**, le sans-culotte **se définit** comme celui **qui s'habille** simplement, avec **un pantalon**, et **qui ne porte donc pas** « la culotte » comme **le font** les nobles et les Aristocrates. Ce terme **ne définit pourtant pas** une classe sociale ou économique en tant que telle. Le sans-culotte est donc l'**homme libre** révolutionnaire **qui revendique** sa liberté, **mais également** la nécessaire égalité de **droits entre les citoyens**. Des personnages tels que Robespierre et Danton **firent partie de** ce mouvement.

La tenue vestimentaire du sans culotte **se composait** d'un simple pantalon, d'**une chemise**, du **bonnet phrygien** et d'**une veste courte appelée** carmagnole (**qui donna** son **nom** à **une chanson créée** en 1792 et **qui montre** leur **haine** et leur **mépris** de la famille royale).

Le bonnet phrygien, **souvent rouge**, symbolise la liberté (ce bonnet **était porté par les esclaves affranchis** sous l'Empire romain), **la cocarde** et **les trois couleurs** symbolisent l'union et l'unité des sansculottes ainsi que son attachement à la patrie.

---

des personnages: personagens
le plus souvent: na maioria das vezes
issu: vindos de
des milieux populaires: classes sociais baixas
petit artisanat: pequena indústria de artesanato
se définit (définir): é definido (definir)
qui s'habille (s'habiller): que se veste (vestir)
un pantalon: calças
qui ne porte donc pas (porter): que portanto não veste (vestir)
le font (faire): o fazem (fazer)
ne définit pourtant pas: no entanto, se refere ao (referir)
homme libre: homem livre
qui revendique (revendiquer): que reivindica (reivindicar)
mais également: mas também
droits: direitos
entre: entre
les citoyens: os cidadãos
firent partie de (être): fazem parte de (fazer)
la tenue vestimentaire: as roupas
se composait (se composer): eram compostas de (compor)
une chemise: uma camisa
bonnet phrygien: barrete frígio
veste: jaqueta
courte: curta
appelée (appeler): chamada (chamar)
qui donna (donner): que dá (dar)
um nom: um nome
une chanson: uma canção
crée (créer): criada, escrita (criar)
qui montre (montrer): que mostra (mostrar)
la haine: o ódio
le mépris: o desprezo
souvent: muitas vezes
rouge: vermelho
était porté par (porter): era vestido por (vestir)
esclaves affranchis: escravos libertos
la cocarde: o cocar
les trois couleurs: as três cores

152 histoire

À cette tenue **se rajoutait** généralement **le sabre** et **la pique** révolutionnaire.

Outre l'égalité et la fraternité, les principales revendications des sans-culottes étaient généralement **liées** aux problèmes de **pénuries alimentaires** et à l'augmentation des produits de consommation. Les sans-culottes **ont joué** un rôle primordial lors de la Révolution Française en organisant **plusieurs** insurrections très importantes comme celle du 10 août 1792.

Ils mirent en place **des comités** de surveillance, **ce qui leur apporta un moyen de pression** sur la politique ; **cela engendra des dénonciations** de traîtres et conspirateurs **supposés par milliers**.

Les sans-culottes ont eu une implication très importante lors de « La Terreur », un des éléments du gouvernement révolutionnaire **mis en place** en France en 1793 et 1794 **pour lutter contre** les opposants et les ennemis de la Révolution. La Terreur **fit** plusieurs dizaines de milliers de **morts** et **entraîna des centaines** de milliers d'**arrestations**.

En 1794, avec **la chute** de Robespierre, les sans-culottes **perdirent** leurs **pouvoirs** ainsi que leur rôle politique et culturel.

---

se rajoutait (se rajouter): adicionaria (adicionar)
le sabre: o sabre
la pique: lança

liées (lier): ligadas (ligar)
pénuries alimentaires: escassez de alimentos
ont joué (jouer): foram (ser)
plusieurs: muitos

ils mirent en place (mettre en place): eles instalaram (instalar)
comités: comitês
ce qui leur apporta (apporter): o que lhes dá (dar)
un moyen de pression: táticas de pressão
cela engendra (engendrer): isto causa (causar)
des dénonciations: atos de denúncia
supposés: alegados por
milliers: milhares

mis en place (mettre): foi instalada (instalar)
pour lutter: para lutar
contre: contra
fit (faire): fez (fazer)
morts: mortos
entraîna (entraîner): causou (causar)
des centaines: centenas
arrestations: prisões

la chute: a queda
perdirent (perdre): perdem (perder)
pouvoirs: poderes

NOTA CULTURAL: os três mosqueteiros – fato ou ficção? Enquanto o romance de Alexandre Dumas, Os Três Mosqueteiros, foi um grande equilíbrio entre fato e ficção, os Mosqueteiros da França foram reais e uma parte importante da história francesa. Um mosqueteiro foi um primeiro tipo moderno de soldado de infantaria equipado com um mosquete. Os Mosqueteiros se tornaram famosos pela primeira vez sob o reinado de Louis XIII da França. Ele manteve uma companhia como sua guarda pessoal e os mosqueteiros eram uma parte importante das precoces armadas modernas. Fiéis ao seu nome, os Mosqueteiros eram excelentes atiradores. Infelizmente o mosquete tinha de ser recarregado a cada tiro disparado. Isso tornou o mosquete uma arma limitada quando as fileiras terminavam o revezamento e o combate se transformava em corpo a corpo. Devido a esse fator, a sobrevivência dos mosqueteiros dependia também do fato de serem excelentes espadachins. Hoje, aqueles que vestem a tradicional roupa de Mosqueteiro invocam uma imagem das melhores qualidades nos homens: galante, corajoso, cavaleiro e cortês.

histoire **153**

L'Arc de Triomphe

Qui n'a jamais vu, **ne serait-ce qu'une seule fois**, dans des atlas géographiques ou des manuels d'histoire, l'imposante majesté de l'Arc de Triomphe de Paris, sur **lequel débouche** la magnifique avenue des Champs Élysées, et dont l'allure caractéristique **représente si bien** la France ?

Situé sur le rond-point de **la place** de l'Étoile et s'ouvrant sur une douzaine d'avenues **qui rayonnent** dans toutes les directions, ce **célèbre** monument **se trouve** à **un peu plus de** deux kilomètres au nord-est de la place de la Concorde. Certaines des rues **qui y prennent leur point de départ commémorent** des victoires napoléoniennes telles que Wagram, Iéna ou Friedland, ou rappellent la grandeur de quelques généraux **qui ont oeuvré pour** l'Empire.

Napoléon 1er, **qui voulait célébrer** ses victoires avec **faste**, **commanda** l'Arc à l'architecte Chalgrin en 1806. **S'inspirant** de l'Antiquité, **ce dernier a conçu** un monument de cinquante-cinq mètres de **hauteur** et de quarante-cinq mètres de **largeur** présentant de nombreux basreliefs impressionnants.

De plus, quatre sculptures **ornant ses piliers** et **intitulées** Le Départ, Le Triomphe, La Résistance et la Paix illustrent de manière évocatrice différentes **étapes** de **la guerre**. Son **nom**, intrinsèquement **lié** à l'idée de victoire, **rappelle** la vocation première de l'avenue des Champs Élysées **qui devait être** une avenue triomphale **allant du** Louvre à la place de la Nation, **en passant par** la place de la Bastille.

Les fondations, **à elles seules, exigeront deux années** de **travaux qui seront interrompus** suite aux **défaites** et abandonnés temporairement sous la Restauration. Ce n'est que sous Louis-Philippe que les travaux **seront achevés** entre 1832 et 1836. Monument à **forte** connotation historique, **il n'est pas dénué** d'une **forte** charge émotionnelle pour **ceux qui ont perdu des proches** lors de batailles antérieures, puisque l'**on retrouve à ses pieds** la tombe du **soldat inconnu** de la Première Guerre mondiale.

---

qui n'a jamais vu (voir): que jamais viu (ver)
ne serait-ce qu'une seule fois: ao menos uma vez
lequel débouche (déboucher): a qual abre (abrir)
représente si bien (représenter): representa bem (representar)

la place: praça
qui rayonnent (rayonner): que radia (radiar)
célèbre: famoso
se trouve (trouver): é encontrada (encontrar)
un peu plus de: um pouco mais de
qui y prennent leur point de départ: que possuem seu ponto de partida
(elles) commémorent (commémorer): elas comemoram (comemorar)
qui ont oeuvré pour (oeuvrer): que trabalharam para (trabalhar)

qui voulait célébrer (vouloir): que queria celebrar (querer)
faste: pompa, esplendor
(il) commanda (commander): (ele) ordena (ordenar)
s'inspirant de (s'inspirer): se inspirando (inspirar)
ce dernier: o último
(il) a conçu (concevoir): (ele) projetou (projetar)
la hauteur: a altura
la largeur: a largura

ornant: decorando
ses piliers: seus pilares
intitulées: intituladas
étapes: passos
la guerre: a guerra
un nom: nome
lié: ligado
(il) rappelle (rappeler): (ele) lembra (lembrar)
qui devait être (devoir): que deveria ser (dever)
allant du ... à (aller): indo desde... até (ir)
en passant par (passer): passando por (passar)

à elles seules: sozinhas, apenas elas
elles exigeront (exiger): elas exigirão (exigir)
deux années: dois anos
les travaux: os trabalhos
qui seront interrompus (interrompre): que serão interrompidos (interromper)
défaites: derrotas
(ils) seront achevés (achever): (eles) serão acabados (acabar)
forte (fort): forte
il n'est pas dénué de: não possui uma escassez de
ceux qui ont perdu (perdre): aqueles que perderam (perder)
des proches: entes queridos
on retrouve (retrouver): nós encontramos (encontrar)
à ses pieds: aos seus pés
le soldat inconnu: o soldado desconhecido

La Cité Médiévale

La cité de Carcassonne, **posée sur un piton rocheux** dans le département de l'Aude, en Languedoc-Roussillon, est, avec ses doubles **remparts**, ses cinquante-deux tours, son château **comtal**, ses **quatre portes** monumentales et la basilique de St-Nazaire **qu'elle accueille**, la plus grande **ville fortifiée** d'Europe. Son histoire mouvementée **l'a conduite à subir** des transformations architecturales continues et **parfois hétéroclites qui s'étendent** sur une période de plus de **deux mille cinq cents ans**. **Occupée** dès le Vème siècle avant J.C, elle a été successivement une ville romaine, une ville fortifiée puis une cité médiévale.

Sa **double enceinte, qui s'étire** sur plus de trois kilomètres, **constitue** l'une des magnifiques et **étonnantes** particularités **qui lui ont permis** d'être **inscrite**, depuis 1996, au patrimoine mondial de l'Unesco. Soumise à de nombreuses attaques, dominations et abandons, la ville a **été modifiée**, **agrandie** et **restaurée** à de multiples **reprises**.

Située dans l'**axe** où **le rejet** de la doctrine de l'**église** catholique **a fait** le plus d'**adeptes**, la ville de Carcassonne a rapidement été **considérée comme le chef-lieu** des Cathares. Le catharisme est un mouvement **chrétien** médiéval **dissident qui comptait**, **à l'époque**, **plus de huit cents** églises en France.

Confronté à la montée du catharisme, **le pape** Innocent III initie la croisade des Albigeois dont **le but** est de **soumettre** les hérétiques. La Cité est **assiégée par** les croisés le 1er août 1209 et les principaux instigateurs de la rébellion, le comte de Toulouse et **le vicomte** de Trencavel **se rendent** rapidement en échange de **la vie sauve** des habitants de la ville.

La Cité, **qui a retrouvé** depuis **fort longtemps** l'ambiance **paisible des lieux** dont la riche histoire **appartient au passé**, **reçoit** plus de quatre millions de visiteurs annuellement et se classe parmi les sites historiques bénéficiant de l'un des plus **hauts taux** d'affluence en France.

---

posée sur (poser): localizada sobre (localizar)
un piton rocheux: um pico rochoso
remparts: muros fortificados
comtal: do conde
quatre portes: quatro portas
qu'elle accueille (accueillir): que ela abriga (abrigar)
la ville fortifiée: a cidade fortificada
l'a conduite à (conduire): conduziu-a (conduzir)
subir: passar
parfois: algumas vezes
hétéroclites: incompatíveis
qui s'étendent (étendre): que estendem (estender)
deux mille cinq cents ans: dois mil e quinhentos anos
occupée: habitada

double enceinte: parede dupla
qui s'étire (s'étirer): estica (esticar)
constitue (constituer): representa (representar)
étonnantes: incríveis
qui lui ont permis (permettre): que permitiram (permitir)
inscrite: registrado
été modifiée (modifier): foi modificada (modificar)
agrandie (agrandir): expandida (expandir)
restaurée (restaurer): restaurada (restaurar)
reprises: vezes

un axe: área grande
le rejet: recusa
une église: igreja
a fait... adeptes: recrutou... seguidores
considérée comme (considérer): considerada como (considerar)
le chef-lieu: a cidade capital
chrétien: cristã
dissidente: oponente
qui comptait (compter): que era composta (compor)
à l'époque: na época
plus de: mais de
huit cents: oitocentos

confronté à: de frente a
la montée: elevação
le pape: o papa
le but: objetivo
soumettre: submeter
assiégée par (assiéger): invadida por (invadir)
le vicomte: o visconde
se rendent (se rendre): rende-se (render)
la vie sauve: vida salva

qui a retrouvé (retrouver): que recuperou (recuperar)
fort longtemps: por muito tempo
paisible: pacífica
des lieux: dos lugares
appartient (appartenir): pertence a
au passé: ao passado
reçoit (recevoir): recebe (receber)
hauts taux: altas taxas

Histoire de France

Au coeur de Paris, sur l'île de la Cité où **se dresse** la **célèbre** Cathédrale Notre Dame et qui est aussi le premier Lutèce (ancien **nom** de Paris), **autour duquel** s'est **petit à petit construite** la capitale, **on peut aujourd'hui** visiter la Conciergerie. Lieu où la **dernière reine** de France **a vécu** ses **ultimes** moments, avant d'être guillotinée suite à un long et **pénible procès**. Cette exécution et celle de **son époux signa la fin** de la monarchie et **ouvrit** un **nouvel avenir** politique pour **le pays** : la République Démocratique de France.

Marie-Antoinette, **jeune** et **jolie autrichienne fut mariée** à 15 ans **au futur roi** de France Louis XVI. Elle vécut de 1755 à 1793 et **fut de tout son règne** – jusqu'à la Révolution française **qui éclata** en 1789 – très impopulaire **auprès** du peuple **qui ne pouvait souffrir**, en ces temps de misère, **le faste** dans lequel la reine **aimait** à **vivre**. Elle organisait de grandes **fêtes** pour toute **la cour** du Roi, **brillait** par le luxe de **ses toilettes**, son **amour** de la musique, de la danse et du **jeu** et **ne tolérait pas** qu'**on lui refusa le moindre caprice**.

---

au coeur de: no coração de
se dresse (se dresser): está (estar)
célèbre: famosa, conhecida
um nom: um nome
autour duquel: ao redor do qual
petit à petit: pouco a pouco
construite (construire): construída (construir)
on peut (pouvoir): nós podemos (poder)
aujourd'hui: hoje
dernière: última

reine: rainha
a vécu (vivre): viveu (viver)
ultimes: últimos
pénible procès: julgamento difícil
son époux: seu marido
signa (signer): assinou (assinar)
la fin: o fim
ouvrit (ouvrir): abriu (abrir)
un nouvel avenir: um novo futuro
le pays: o país

jeune: jovem
jolie: bonita
autrichienne: austríaca
fut mariée (marier): foi casada (casar)
un roi: o rei
fut (être): foi (ser)
de tout son règne: durante todo seu reinado
qui éclata (éclater): que explode (explodir)
auprès: com
qui ne pouvait souffrir: que não podia usufruir
le faste: o luxo
aimait (aimer): amava (amar)
vivre: viver
fêtes: festas
la cour: a corte
brillait (briller): destacava-se (destacar-se)
ses toilettes: seus vestidos
amour: amor
jeu: jogo
ne tolérait pas (tolérer): não aceitava (aceitar)
lui refusa (refuser): ser recusado (recusar)
le moindre caprice: o menor capricho

À quelques trente kilomètres de Paris, **elle fit bâtir** dans les jardins du Château de Versailles, **construit** par le célèbre Louis XIV, dit le Roi Soleil, le Petit Trianon où **elle se plaisait** à s'**occuper** d'animaux de **ferme** et cultivait **des fleurs**, **revêtant avec** ses compagnes de **légères robes** de **campagne**. La reine **vivait ainsi, sans qu'il semble** qu'**elle n'accepte jamais** de **prendre** les responsabilités politiques **qui étaient les siennes vis-à-vis** du peuple dont elle était la souveraine. **Il est** aussi **rapporté** que lorsqu'**on vint lui dire que** les Français subissaient une grave famine et qu'ils n'avaient plus de **pain** pour **se nourrir** elle répondit frivolement : « **S'ils n'ont plus de** pain, qu'**ils mangent** de la brioche ».

Ainsi, alors que Paris **commençait à brûler**, elle continua à refuser tout compromis avec l'Assemblée et **poussa le placide** et faible roi Louis XVI, son époux, à leur résister également et finalement **à fuir** avec la famille royale, **ce qui provoqua** l'intervention militaire **étrangère**. Tout cela contribua à **attiser la colère** du peuple français, colère **qui aboutira** à la Révolution française, à son **propre** emprisonnement et finalement, à son exécution. **On dit que tout** au cours de son procès, la Reine **resta** courageuse et **digne, malgré** son jeune âge, et **qu'il ne lui fut cependant** pas **pardonné d'avoir fait** appel aux Autrichiens **pour venir** à son **secours**. Elle fut guillotinée le 16 octobre 1793.

---

elle fit bâtir: ela fez... construir
construite (construire): construída (construir)
elle se plaisait (plaire): ela gostava (gostar)
occuper: cuidar
une ferme: fazenda
fleurs: flores
revêtant avec (revêtir): cobrindo com, vestindo com (cobrir)
légères robes: vestidos leves
la campagne: o campo
vivait ainsi (vivre): vivia assim
sans qu'il semble (sembler): sem parecer (parecer)
elle n'accepte (accepter) jamais: ela nunca aceitou (aceitar)
prendre: tomar
qui étaient (être): que eram (ser)
les siennes: suas
vis-à-vis: em relação
il est rapporté (rapporter): diz-se (dizer)
on vint lui dire que (venir): pessoas vinham dizer-lhe (vir)
un pain: um pão
se nourrir: alimentar-se
s'ils n'ont plus de (avoir): se eles não tinham... mais
ils mangent (manger): eles comem (comer)

commençait (commencer): começava (começar)
brûler: queimar
poussa (pousser): pressionava (pressionar)
le placide: o calmo
à fuir: a fugir
ce qui provoqua (provoquer): o que provocou (provocar)
étrangère: estrangeiro
attiser: acender
la colère: a ira
qui aboutira (aboutir): que terminará (terminar)
propre: próprio
on dit que (dire): diz-se que (dizer)
resta (rester): permaneceu (permanecer)
digne: digna
malgré: apesar
qu'il ne lui fut pas pardonné: ela não foi perdoada por...
cependant: no entanto
avoir fait appel: ter chamado
pour venir: para vir
secours: ajuda

Jeanne d'Arc

Jeanne d'Arc, **surnommée également** « **la Pucelle** d'Orléans », **a conduit** son **pays** à la victoire **contre** les Anglais lors de **la Guerre de Cent Ans**. Elle est l'une des trois saintes patronnes de la France.

Née au sein d'une famille de cinq **enfants**, dans le village de Domrémy en Lorraine, de parents notables **qui seront par la suite ennoblis**, Jeanne est **une jeune fille pieuse** au **caractère bien trempé**. Son francparler, son courage, sa sensibilité et sa pureté **laisseront une empreinte** indélébile sur tous ceux **qui la côtoieront**.

La Guerre de Cent Ans **couvre** en réalité une période de 116 **ans s'étendant entre** les années 1337 à 1453 et **mettant en scène** deux dynasties en conflit, les Plantagenêts et les Capétiens, **qui revendiquent** la possession du territoire français **au nom de** leur **roi** respectif, d'Angleterre ou de France.

C'est au cours du siège d'Orléans que l'action **intrépide** de Jeanne **permettra d'éviter** que les Anglais **ne s'emparent** de la ville et **aient** ainsi un **libre** accès au **sud** de la France. Jeanne **affirme avoir entendu**, à treize ans **à peine**, la voix de l'archange St-Michel et de deux saintes **lui demandant** de **libérer le royaume** de France de **la main** des Anglais, afin que **le dauphin**, **fils** du roi Charles 1er, dont la légitimité **est mise en doute**, **puisse monter sur le trône**. Mais ce n'est qu'à seize ans qu'**elle accède** finalement **à leur demande**.

Elle tente par deux fois de s'**enrôler** dans les troupes qui combattent pour le dauphin, mais sans succès. **Ce n'est que l'année suivante** qu'une escorte **lui est accordée afin qu'elle puisse se rendre** à Chinon **où se trouve** l'**héritier** du trône.

---

surnommée: apelidada
également: também
la Pucelle: a virgem
(elle) a conduit (conduire): (ela) conduziu (conduzir)
son pays: seu país
contre: contra
la Guerre de Cent Ans: a Guerra dos Cem Anos

née (naître): nascida (nascer)
au sein de: dentro
enfants: crianças
qui seront par la suite ennoblis (ennoblir): que serão depois enobrecidas (enobrecer)
une jeune fille: uma jovem
pieuse: religiosa
un caractère bien trempé: uma personalidade forte
laisseront une empreinte: deixarão uma marca
qui la côtoieront (côtoyer): que irão conhecê-la (conhecer)

couvre (couvrir): cobre (cobrir)
ans: anos
s'étendant (s'étendre): durando (durar)
entre: entre
mettant en scène: mostrando, revelando
qui revendiquent (revendiquer): que reivindica (reivindicar)
au nom de: em nome de
leur roi: seu rei

intrépide: intrépida, corajosa
permettra d'éviter: permite evitar
ne s'emparent (s'emparer de): tomar posse de (tomar posse)
ils aient (avoir): eles tenham (ter)
libre: livre
le sud: o sul
affirme (affirmer): afirma (afirmar)
avoir entendu: ter escutado
à peine: ao muito
lui demandant: pedindo-lhe
libérer: liberar
le royaume: o reinado
la main: a mão
le dauphin: príncipe
le fils: o filho
(elle) est mise en doute (mettre en doute): (ela) é colocada em dúvida (colocar)
(il) puisse (pouvoir): (ele) possa (poder)
monter sur le trône: ascender ao trono
elle accède à leur demande: ela adere a seus pedidos

elle tente (tenter): ela tenta (tentar)
enrôler: alistar
ce n'est que l'année suivante: é somente no ano seguinte
lui est accordée (accorder): é permitido a ela (permitir)
afin qu'elle puisse se rendre: para que ela possa ir
où se trouve (se trouver): onde está localizado (localizar)
un héritier: herdeiro

À partir de ce moment, la jeune fille **ne portera** que **des vêtements** masculins **qui lui permettront** de **traverser** incognito les villes bourguignonnes **qui la séparent** du **but ultime** de son voyage. **Ayant enfin pu s'entretenir** avec le dauphin, elle l'informe de quatre **événements** futurs **qui conduiront** la France à la victoire, et pour lesquels elle a été mandatée par **la puissance** divine.

Après avoir été interrogée et **examinée à deux reprises** par **des matrones** pour **constater** sa virginité et confirmer l'origine surnaturelle de ses affirmations, **elle est équipée** d'une armure et d'**une bannière blanche**, et part pour Orléans accompagnée de **ses frères** et de troupes de soldats qu'on lui a accordés.

C'est **sa foi** et son enthousiasme qui lui permettront d'encourager les soldats **à poursuivre** les combats jusqu'à forcer les Anglais à **quitter** la ville d'Orléans assiégée, dans **la nuit** du 7 au 8 mai 1429. **Malgré** ses victoires **qui conduisent** le dauphin à être sacré roi de France le 17 juillet 1429 dans la cathédrale de Reims, **elle finit** par être capturée et **rachetée par** les Anglais **au prix de dix mille livres**.

Elle est accusée d'hérésie par l'Église lors d'un procès **entaché** d'irrégularités et de **mensonges, pour avoir porté des vêtements d'homme** et **s'en être remise à la voix de Dieu** plutôt qu'à l'autorité ecclésiastique.

Elle sera brûlée vive, le 30 mai 1431 sur **un bûcher**, mais, **comble de l'ironie**, sera canonisée cinq cents ans **plus tard** par ses persécuteurs.

à partir de: a partir de
ne portera que (porter): vestirá somente (vestir)
des vêtements: roupas
qui lui permettront (permettre): que lhe permitirão (permitir)
traverser: atravessar
qui la séparent de (séparer): que a separam de (separar)
le but ultime: o objetivo final
ayant enfin pu s'entretenir: podendo finalmente discutir
événements: eventos
qui conduiront (conduire): que conduzirão (conduzir)
la puissance: o poder, a força

après avoir été interrogée et examinée: após ter sido questionada e examinada
à deux reprises: duas vezes
matrones: matronas
constater: constatar
elle est équipée (équiper): ela foi equipada (equipar)
une bannière blanche: uma bandeira branca
ses frères: seus irmãos

sa foi: sua fé
poursuivre: seguir
quitter: deixar
la nuit: a noite
malgré: apesar
qui conduisent (conduire): que levam a (levar)
elle finit par (finir par): ela terminou (terminar)
rachetée par: comprada por
au prix de: ao preço de
dix mille livres: dez mil libras

elle est accusée (accuser): ela é acusada (acusar)
entaché de: cheio de
mensonges: mentiras
pour avoir porté (porter): por ter vestido (vestir)
des vêtements d'homme: roupas de homens
s'en être remise à la voix de Dieu: tendo deixado nas mãos de Deus

elle sera brûlée (brûler): ela será queimada (queimar)
vive: viva
un bûcher: uma pira
le comble de l'ironie: a ironia
plus tard: mais tarde

histoire

correspond (correspondre): corresponde (corresponder)
s'est révolté (révolter): revoltou-se (revoltar)
contre: contra
afin de: de modo a
proclamer: proclamar
pour la première fois: pela primeira vez
les hommes: os homens
face aux lois: ante a lei
avoir: ter
portée: influência
puisque: já que
il a donné naissance (donner): deu origem (dar)
qui restent (rester): que permanecem (permanecer)
jusqu'à: até
aujourd'hui: hoje

à la fin: no final de
un siècle: um século
sur laquelle: na qual
règne: reina
le faible roi: o fraco rei
sa fastueuse épouse: sua extravagante esposa
couverte de dettes: coberta de dívidas
périt dans (périr): morreu em (morrer)
les goûts: os gostos
la reine: a rainha
favoriser: favorecer
la montée: o aumento
la haine: a ira
la rancoeur: o rancor
envers: para com
ses souverains: seus monarcas
devenir: tornar
vraie: verdade
le jour: o dia
la fête: a festa
va prendre (prendre): tomará (tomar)
durera (durer): durará (durar)
une décennie: uma década
au cours de: durante
laquelle seront jugées (juger): da qual serão julgados (julgar)

La Révolution Française

La Révolution française **correspond** en France au passage de la royauté (ou monarchie absolue) à la première République : le peuple français **s'est révolté** en 1789 pour protester **contre** les privilèges de la noblesse et du clergé **afin de proclamer pour la première fois** l'égalité de tous **les hommes face aux lois** et la souveraineté de la Nation. Cet événement a eu et continue d'**avoir une portée** internationale **puisqu'il a donné naissance** aux Droits de l'Homme et du Citoyen **qui restent jusqu'à aujourd'hui** la base de toutes les républiques démocratiques constitutionnelles.

À la fin du XVIIIème siècle, la France **sur laquelle règne le faible roi** Louis XVI et **sa fastueuse épouse** Marie-Antoinette, est **couverte de dettes** et le peuple **périt dans** la misère et la famine. **Les goûts** extravagants de **la reine** vont **favoriser la montée** de **la haine** et de **la rancoeur** du peuple **envers ses souverains** jusqu'à **devenir** une **vraie** révolution. Le 14 juillet 1789 – date **devenue** depuis lors **le jour** de **la fête** nationale française – le peuple **va prendre** d'assaut la prison parisienne royale de la Bastille, symbole de l'arbitraire de la monarchie. Cette date signe la capitulation de l'armée royale et donne victoire pour la première fois au peuple. La Révolution française **durera** jusqu'en 1799, **décennie au cours de** laquelle **seront jugées** et exécutées les figures principales de l'ancien régime.

À **la mort** du Roi, c'est Robespierre, un avocat originaire d'Arras, **qui prit le pouvoir**. **Sa place au sein du** Comité de Salut Public est toujours controversée. **Il fut guillotiné** en 1794 et on continue de questionner son rôle dans la Grande Terreur **qui coûta la vie** à des milliers d'hommes. Son procès **donna néanmoins** lieu à la Nouvelle Constitution **qui proclamait enfin le droit** inaliénable du peuple à **disposer** de **lui-même**. De nombreuses réformes **virent le jour** tout au long **des années qui suivirent**, jusqu'à l'obtention d'une Constitution viable et suffisamment solide **qui protège** les droits **des citoyens** et donne toute la souveraineté à la Nation. De la révolution du peuple français **est né** l'Etat de France **tel que nous le connaissons** aujourd'hui.

Du côté des idées, **on retient** souvent que la Révolution française correspond à l'accomplissement des idées véhiculées par le mouvement intellectuel, scientifique et artistique **appelé** « Les Lumières » caractérisé par la place centrale qu'il donne à la Raison et la Liberté. Les figures du mouvement **s'engagèrent contre** la relativité, l'irrationalisme et la superstition de **la croyance** et de **la foi qui maintenaient**, comme **un organe** politique, le peuple dans **la peur** et dans l'obéissance : en d'**autres termes**, **qui le privaient** de sa liberté.

Les Lumières **font ainsi** la promotion du progrès scientifique et de la liberté individuelle et c'est le modèle de l'encyclopédie universelle (**qui s'emploie à faire** une classification rigoureuse de la totalité des connaissances humaines) **qui va prendre** le premier plan dans le projet scientifique de l'homme **qui y reconnaît** ainsi sa vocation première. Les Lumières et la Révolution française ont ainsi contribué à **définir** et **peut-être** aussi à **créer** l'Homme Moderne de nos sociétés actuelles.

---

la mort: a morte
qui prit (prendre): que tomou (tomar)
le pouvoir: o poder
sa place: seu papel
au sein du: dentro
il fut guillotiné: ele foi guilhotinado
qui coûta sa vie (coûter): que custa a sua vida (custar)
il donna néanmoins (donner): ele dá, contudo (dar)
qui proclamait (proclamer): que proclamou (proclamar)
enfin: enfim
le droit: o direito
disposer: ter
lui-même: ele mesmo
virent le jour (voir): nasceram (nascer)
années: anos
qui suivirent (suivre): que se seguiram (seguir)
qui protège (protéger): que protege (proteger)
des citoyens: os cidadãos
est né (naître): nasceu (nascer)
tel que: como
nous le connaissons (connaître): nós o conhecemos (conhecer)

du côté: quanto as
des idées: as ideias
on retient (retenir): as pessoas lembram (lembrar)
appelé (appeler): chamada (chamar)
s'engagèrent (engager): engajaram-se (engajar)
contre: contra
la croyance: a crença
la foi: a fé
qui maintenaient (mantenir): que mantinha (manter)
organe: instituição
la peur: o medo
autres termes: outras palavras
qui le privaient (priver): que privavam (privar)

font ainsi (faire): fazem assim (fazer)
qui s'emploie à (s'employer): que trabalha para (trabalhar)
faire: fazer
qui va prendre: quem tomará
il reconnaît (reconnaître): que reconhece (reconhecer)
définir: definir
peut-être: talvez
créer: criar

histoire

Évaluez votre compréhension

La fleur de Lys, page 146

1. Na Bíblia, o lírio-branco é o símbolo de quê?

2. O que *La fleur de lys* representa no escudo real?

3. Que rei designou esse símbolo como emblema real da França?

Historique du drapeau français, page 147

1. Quais são as cores da bandeira? Qual cor foi adiciona por último?

2. O que as faixas da bandeira simbolizam?

3. O que Louis-Philippe adicionou à bandeira?

À la découverte de la Martinique, page 148

1. Qual é o apelido da Martinica?

2. Quais países lutaram pelas ilhas? Quando ela se tornou território francês?

3. Que disastre natural deixou uma grande marca na Martinica?

La Nouvelle-France, page 150

1. Qual foi o primeiro assentamento francês na América do Norte?

2. Pelo que foi cobiçada *La vallée de l'Ohio*?

3. Qual foi uma das mais famosas batalhas?

Teste sua compreensão

Les sans-culottes, page 152

1. De qual classe social eram originários os revolucionários de Paris?

2. Qual é o significado literal para *sans-culotte*? O que eles são conhecidos por fazerem/acreditarem?

3. De que cor era o *Le bonnet Phrygien* e o que ele simbolizava?

L'Arc de Triomphe, page 154

1. O que as quatro gravuras do monumento significam?

2. O que se encontra na base do monumento?

Histoire de France, page 156

1. A execução do marido de Maria Antonieta (o rei) assinalou quais eventos significantes?

2. De que país era Maria Antonieta?

3. O que a fez se destacar?

Jeanne D'Arc, page 158

1. Qual era o apelido de Jeanne d'Arc? Como ela simboliza a França?

2. Por que ela usava roupas de homem?

3. O que aconteceu durante sua captura em 1429?

Les trois fleuves de France

Un fleuve se distingue d'une rivière en ce que **cette dernière se jette** dans **un autre cours d'eau tandis que** le fleuve se jette dans **une mer** ou dans un océan. La France **est traversée par** de nombreux fleuves dont **trois des plus connus** sont la Seine, la Loire et le Rhône.

La Seine **s'étend sur** 777 km du Plateau de Langres en Côte d'Or **jusqu'à** la Manche, **en passant par** la capitale française, Paris, et par l'un des plus grand ports fluviaux et maritimes, Rouen. **Elle a très souvent été représentée par les peintres** (Monet) et dans la littérature (Balzac). Ses rives parisiennes ont **par ailleurs été classées** en 1991 au patrimoine mondial de l'UNESCO. **En empruntant** les **jolis** « bateaux mouches » pour une promenade fluviale dans Paris, les visiteurs **peuvent ainsi admirer tour à tour** la petite statue de la Liberté, le musée de l'ancienne Gare d'Orsay, le palais du Louvre, l'île de la Cité avec sa cathédrale Notre Dame, **passer sous** la statue de Sainte Geneviève **la protectrice** de Paris **et encore bien** d'autres monuments **célèbres** de la « ville lumière ».

Une autre histoire **raconte que la fille** du grand **écrivain** Victor Hugo, Léopoldine Hugo, **s'est noyée** dans la Seine le 4 septembre 1843 alors que son **embarcation à voile avait chaviré**. **On pense également** à l'« **inconnue** de la Seine », **belle jeune femme** qui a été **retrouvée** dans **les eaux** et dont **on a fait un masque très convoité** par les artistes parisiens du XXème **siècle** tant son **sourire** était mystérieux et beau.

Ce n'est que depuis la dernière glaciation de 12 000 avant J.-C. que la Seine a obtenu son aspect d'aujourd'hui. Avant que, la Seine et la Loire formaient un seul et même fleuve. La Loire est aujourd'hui le plus long fleuve de France. Elle parcourt 1 013 km depuis sa source dans le Massif Central en Ardèche et se jette dans l'océan Atlantique. Elle est cependant mondialement connue pour les très nombreux et somptueux châteaux qui la bordent. On en compte environ quarante-deux dont la plupart ont été remaniés à la Renaissance française. Parmi eux, on peut citer le château d'Amboise qui a servi de résidence à de nombreux rois de France ou encore le château de Chenonceau que le roi Henri II offrit à sa favorite Diane de Poitiers.

Le troisième fleuve mentionné, le Rhône, est un fleuve européen qui prend sa source à Gletsch en Suisse, qui traverse Genève en alimentant le magnifique lac Léman pour finir sa course en France, en Camargue, et se jeter dans la Méditerranée. Il est le second débit de tous les fleuves méditerranéens après le Nil. La particularité de ce fleuve tient en la diversité de son bassin versant. En effet, il est alimenté entre mai et juillet par les apports alpins (fonte des neiges et des glaciers), puis, en hiver par des apports océaniques (par la Saône) et finalement en automne et en été par des apports méditerranées qui sont régulièrement la cause de très grandes crues.

---

ce n'est que depuis: é somente depois
la dernière: a última
a obtenu (obtenir): obteve (obter)
aujourd'hui: hoje
avant que: antes que
formaient (former): formassem (formar)
un seul et même fleuve: um mesmo rio
elle parcourt (parcourir): ele percorre (percorrer)
cependant: contudo
mondialement: mundialmente
connue pour (connu): conhecida por
nombreux: vários
somptueux: luxuosos
châteaux: castelos
qui la bordent (border): que a cercam (cercar)
on en compte (compter): nós podemos contar (contar)
environ: cerca, em torno de
dont la plupart: cuja maioria
ont été remaniée (remanier): foram remodelados (remodelar)
parmi eux: entre eles
on peut citer: podemos mencionar
qui a servi de (servir): que foi usado como (usar)
rois: reis
offrit (offrir): ofertou (ofertar)

mentionné (mentionner): mencionada (mencionar)
qui prend sa source: que começa a fluir
le lac: o lago
pour finir: para terminar
le second débit: segunda maior descarga fluvial
tient en (tenir en): está na (estar)
un bassin versant: bacia hidrográfica
en effet: de fato
il est alimenté (alimenter): ele é alimentado (alimentar)
entre: entre
les apports alpins: as contribuições alpinas
fonte des neiges: fonte de neves
un hiver: inverno
un automne: outono
un été: verão
qui sont régulierement la cause de: que são regularmente a causa de
très grandes crues: grandes inundações

géographie

Les plages françaises

En France, **on peut distinguer** trois types de **plages** différents. **En effet**, la France est **entourée** de **deux mers**: **la Manche** au **nord** et la Méditerranée au **sud**, et **bordée par** l'Océan Atlantique. Ainsi, les Français ont le choix **entre** les plages du nord, du sud et de l'ouest.

La Méditerranée est une mer **plutôt** calme **qui n'a pas** de **marée étant donnée** sa position géographique. Dans le sud de la France, **les étés** sont **toujours** plus **chauds** et **les hivers** moins **froids**. **Le soleil** est souvent présent et sa **douce chaleur réjouit** les touristes lorsqu'en été, les plages sont **envahies** par les joyeux Français en **vacances**.

La plage de Nice, par exemple, **offre** en plus de sa beauté les avantages de **la ville** dans laquelle **elle est située**. À quelques pas **derrière** la plage de **galets se trouve** le Vieux Nice **qui séduit** les vacanciers par les odeurs et **les saveurs** délicieuses de son marché, ses nombreuses boutiques de **savons** et d'épices et ses restaurants typiques.

Les plages de Corse, **île** située au sud de la France, sont des plus magnifiques et **le plaisir** d'**enfoncer ses pieds** dans **le sable fin s'allie à celui de contempler un paysage** splendide. **L'eau**, agréablement **tiède**, y est presque transparente. C'est un lieu idéal **pour faire** de **la plongée sous-marine** et observer **la vie aquatique**.

---

on peut distinguer (pouvoir): podemos distinguir (poder)
plages: praias
en effet: de fato
entourée (entourer): cercado (cercar)
deux mers: dois mares
la manche: canal da mancha
nord: norte
sud: sul
bordée par: delimitado por
entre: entre

plutôt: bastante
qui n'a pas (avoir): que não tem (ter)
marée: costa marítima
étant donnée (donner): dado (dar)
les étés: os verões
toujours: sempre
chauds: quentes
les hivers: os invernos
froids: frios
le soleil: o sol
douce: suave
chaleur: calor
réjouit (réjouir): delícia (deliciar)
envahies (envahir): invadidas (invadir)
vacances: férias

offrent (offrir): oferece (oferecer)
la ville: a cidade
elle est située (situer): ela está localizada (localizar)
derrière: atrás
galets: pedras lisas
se trouve (trouver): podem ser encontradas (encontrar)
qui séduit (séduire): que cativam (cativar)
les saveurs: os sabores
savons: sabonetes

une île: ilha
le plaisir: o prazer
enfoncer: afundar
ses pieds: seus pés
le sable: areia fina
allie à celui de: isto combinado com
contempler: admirar
un paysage: uma paisagem
l'eau: a água
tiède: morna
pour faire: de modo a
la plongée sous-marine: mergulho submarino
la vie aquatique: a vida aquática

Les plages de l'ouest, **donnant sur** l'Atlantique, **offrent** un panorama quelque peu différent. Les océans sont **toujours plus agités** que les mers, et les marées sont très importantes. L'eau y est également plus **froide**, mais offre des possibilités d'activités différentes. Par exemple, la ville de Biarritz, située dans la région des Pyrénées-Atlantiques, est **connue pour** ses surfeurs et ses **séjours** de **thalassothérapie**. La tradition gastronomique des régions du sud-ouest **ajoute au plaisir** de la plage **celui du goût**.

Toujours sur la côte ouest, mais un peu plus au nord, **se trouve** la Vendée. On y trouve de nombreuses plages aux paysages divers. Sur l'île d'Yeu, située à 17 kilomètres de la côte, on trouve **des côtes sauvages** où **des falaises altières entourent des criques** de **sable blond**. On peut **se promener** facilement sur **les chemins longeant les falaises**, observant la mer en **contrebas**.

Enfin, au nord de la France, on trouve les plages **bordant** la Manche. L'eau y est assez froide, mais **vivifiante**. Moins fréquentées que les plages du sud, l'été, **elles deviennent** une **aire de jeu** pour **les enfants**, et une zone de **repos** pour les adultes qui, **allongés au soleil**, **dévorent** leurs magazines et leurs **livres favoris**.

En Normandie, par exemple, on trouve des plages bordées de **falaises de craie**, qui, **grâce à la lumière** spécifique à cette région, offrent un panorama **étonnant**, comme **on peut voir** à Étretat.

L'existence de plages si différentes en France **permet à tout le monde** d'y trouver son **bonheur**.

---

donnant sur (donner): abrindo para (abrir)
offrent (offrir): oferece (oferecer)
toujours: sempre
plus agités: mais agitadas
froide: fria
connue pour (connaître): conhecida por (conhecer)
séjours: estadias
thalassothérapie: talassoterapia
ajoute au (ajouter): adiciona ao (adicionar)
plaisir: prazer
celui du goût: do gosto pessoal

se trouve (se trouver): é encontrada (encontrar)
des côtes sauvages: litoral selvagem
des falaises altières: falésias altas
entourent (entourer): cercam (cercar)
criques: riachos
sable blond: areia branca
se promener: caminhar
les chemins longeant: estrada que corre ao lado
les falaises: as falésias
contrebas: abaixo

bordant (border): cercando (cercar)
vivifiante: revigorante
elles deviennent (devenir): elas se tornam (tornar)
aire de jeu: área de jogos
les enfants: as crianças
repos: descanso
allongés au (allonger): deitados sob (deitar)
un soleil: sol
dévorent (dévorer): devoram (devorar)
livres: livros
favoris: favoritos

falaises de craie: falésias de cal
grâce à: graças à
la lumière: a luz
étonnant (étonner): surpreendente (surpreender)
on peut voir (pouvoir): podemos ver (poder)

permet (permettre): permite (permitir)
à tout le monde: a todos
bonheur: felicidade

géographie **169**

Les Alpes

Les Alpes sont une chaîne de **montagnes qui se trouve** à la **limite** d'une totalité de **huit pays**. **En effet**, **il marque** une partie de **la frontière** de l'Italie, de la France, de la **Suisse**, de Monaco, du Liechtenstein, de l'**Autriche**, de l'**Allemagne** et de la Slovénie. Le point culminant des Alpes **se trouve** au sommet du Mont Blanc, à 4 810, 45 mètres. **Au coeur** des Alpes, **on distingue** trois parties géographiques de ce terrain montagneux : les Alpes **occidentales**, **qui s'étendent** de la Méditerranée au Mont Blanc, les Alpes centrales, que l'**on trouve entre le Val** d'Aoste et le Brenner, ainsi que les Alpes orientales qui **se situent** entre le Brenner et la Slovénie.

Les deux villes les plus importantes situées dans les Alpes sont Innsbruck en Autriche, et Grenoble en France. La ville de Grenoble est **surnommée** par les Français « la capitale des Alpes ». **Le paysage incroyable** des Alpes offre une végétation diverse et luxuriante. On y trouve par exemple la fameuse Edelweiss, cette **fleur qu'on appelle** aussi l'**étoile** des glaciers, et ces grands **conifères** que sont **les épicéas**. De nombreux **lacs parsèment** les Alpes de leur **surface miroitante**. Le plus important est **sans doute** le Lac Léman, puis le Lac du Bourget **qui offre** un panorama inoubliable.

Mais quand **on parle** des Alpes, **on pense** surtout aux sports d'**hiver**. En France, il existe de très nombreuses stations de ski, dont Tignes, le Val d'Isère, ou Megève. On peut y **pratiquer** le ski ou le snowboard sur les différentes **pistes mises à la disposition** des vacanciers, ou encore, pour le bonheur **des plus petits** ou des plus grands, **faire** une descente en luge. Ainsi, été comme hiver, **printemps** comme **automne**, les Alpes **ont beaucoup à offrir** et c'est avec plaisir que, **cueillant** quelques fleurs **par-ci par-là**, **on laisse le vent nous emporter vers** d'autres horizons.

---

montagnes: montanhas
qui se trouve (trouver): que se encontram (encontrar)
limite: fronteira
huit pays: oito países
en effet: de fato
il marque (marquer): ele marca (marcar)
la frontière: a fronteira
Suisse: Suiça
Autriche: Áustria
Allemagne: Alemanha
se trouve (trouver): é encontrada (encontrar)
au coeur de: no coração do
on distingue (distinguer): nós distinguimos (distinguir)
occidentales (occidental): ocidentais
qui s'étendent (étendre): que se alongam (alongar)
on trouve (trouver): nós encontramos (encontrar)
entre: entre
la val: o vale
se situent (situer): estão situados (situar)

les deux villes: as duas cidades
surnommée par: apelidada por
le paysage: a paisagem
incroyable: incrível
une fleur: uma flor
qu'on appelle (appeler): que chamamos (chamar)
étoile: estrela
conifères (un conifère): coníferas
les épicéas: as árvores
lacs: lagos
parsèment (parsemer): regam (regar)
surface miroitante: superfície transparente
sans doute: sem dúvida
qui offre (offrir): que oferece (oferecer)

on parle (parler): nós falamos (falar)
on pense (penser): nós pensamos (pensar)
un hiver: inverno
pratiquer: praticar
pistes: pistas
mises à la disposition (mettre): colocadas à disposição
le bonheur: felicidade
les plus petits: os menores
faire: fazer
un printemps: primavera
un automne: outono
ont beaucoup (avoir): tenham muito (ter)
à offrir (offrir): a oferecer (oferecer)
cueillant: colheita
par-ci par-là: aqui e ali
on laisse (laisser): nós deixamos (deixar)
le vent: o vento
nous emporter vers: nos levar em direção

La Dune du Pyla

Surplombant le Bassin d'Arcachon et **située dans la commune** de Teste-de-Buch, en Gironde, dans le sud-ouest de la France, la **plus haute** dune d'Europe est **constituée** de soixante millions de mètres **cubes** de **sable qui s'étendent** sur cinq cents mètres en largeur et 2.7 kilomètres en longueur.

C'est une structure maritime mobile qui **avance vers** l'intérieur **des terres** situées à l'est, à cause **des vents** qui **altèrent** constamment sa surface et modifient sa position. **Sa hauteur**, également variable, **oscille entre** 100 et 117 mètres au-dessus du **niveau de la mer**. Le Bassin d'Arcachon, **qu'elle domine**, est une large **cuvette enclose s'ouvrant sur un estuaire étroit**. Il est, avec **le littoral** atlantique, **le lieu de prédilection des marins-pêcheurs**, **des ostréiculteurs** et des vacanciers.

Appelée à l'origine Pilat et **faisant écho** à de nombreuses dénominations similaires dans la région, **on a retrouvé** son **nom** sur **des cartes qui datent de** 1708. **Il a été modifié**, en 1910, **par la suite** en Pyla-sur-Mer par un promoteur immobilier, Daniel Meller, **qui souhaitait remplacer le vieux** nom de « Sabloneys » souvent attribué à la région et signifiant en Gascon « sables nouveaux ».

Le vacancier **qui s'aventure** dans cette belle région d'Aquitaine et qui souhaite **escalader** courageusement la dune ou visiter la ville, **sera étonné** de **constater** que **les panneaux indicateurs se contredisent parfois**, certains utilisant Pilat et d'autres Pyla, respectant ainsi l'esprit de l' **humour facétieux** typiquement français.

Un escalier en bois, conçu pour les touristes les moins intrépides, **permet d'atteindre** son sommet en quelques minutes où une vue **à couper le souffle** du Bassin d'Arcachon **les attend. Les promeneurs** les plus **sportifs**, qui souhaitent **attaquer** sa face la plus abrupte **devront** y **mettre, outre la sueur**, une bonne vingtaine de minutes en plus du **souvenir sablonneux qu'ils rapporteront** dans **leurs chaussures**.

---

surplombant (surplomber): abrangendo (abranger)
située dans (situer): localizada em (localizar)
la commune: na cidade
la plus haute: a mais alta
constituée: composta
cubes: cúbicos
le sable: a areia
qui s'étendent (s'étendre): que se alonga (alongar)

avance vers (avancer): avança em direção (avançar)
des terres (une terre): de terras (uma terra)
vents: ventos
altèrent (altérer): mudam (mudar)
sa hauteur: sua altura
oscille entre: oscila entre
niveau de la mer: nível do mar
qu'elle domine (dominer): que ela domina (dominar)
une cuvette enclose: bacia interior
s'ouvrant sur (ouvrir): se abrindo sobre (abrir)
un estuaire étroit: um estuário estreito
le littoral: o litoral
le lieu de prédilection: o lugar predileto
des marins-pêcheurs: de pescadores
des ostréiculteurs: cultores de ostras

appelée (appeler): chamado (chamar)
faisant écho: fazendo eco
on a retrouvé (retrouver): pessoas encontraram (encontrar)
un nom: nome
cartes: mapas
qui datent de: que datam de
il a été modifié: ele foi modificado
par la suite: mais tarde
qui souhaitait remplacer (souhaiter): que queria substituir (querer)
le vieux: o velho

qui s'aventure (s'aventurer): que se aventura (aventurar)
escalader: escalar
sera étonné (être): ficará surpreso (ficar)
constater: constatar
les panneaux indicateurs: painéis indicadores
se contredisent parfois: às vezes se contradizem
humour facétieux: humor malicioso

un escalier en bois: uma escada de madeira
conçu pour (concevoir): projetada para (projetar)
permet d'atteindre: permitir alcançar
à couper le souffle: de tirar o fôlego
les attend (attendre): os espera (esperar)
les promeneurs: os caminhantes
sportifs: esportivos
attaquer: atacar
devront (devoir): deverão (dever)
mettre: colocar
outre la sueur: além do suor
souvenir sablonneux: lembrança arenosa
qu'ils rapporteront (rapporter): que eles trarão de volta (trazer de volta)
leurs chaussures: seus sapatos

géographie

Sur la route des baleines

Pour bien situer la ville de Tadoussac sur **une carte** du Québec, **on peut prendre le lac** Saint-Jean comme **point de repère**. Cet immense lac **se trouve** à **environ** 200 kilomètres au **nord** de la ville de Québec. C'est là que la rivière Saguenay prend sa source et **se jette un peu plus** à l'est dans **le fleuve** Saint-Laurent.

C'est à l'endroit où la rivière Saguenay **rencontre les eaux** du fleuve que se trouve la ville de Tadoussac, une destination **très prisée** par tous **ceux qui aiment échapper** aux **chaleurs estivales du sud** de la province pour **contempler** la beauté **des paysages taillés** par les glaciers et **surtout** sa remarquable **faune aquatique**.

Tadoussac est **d'abord reconnue pour** l'observation **des baleines**, mais ce qu'on ignore souvent c'est qu'**elle constitue également** un des tout premiers établissements de la colonie en Nouvelle-France. L'histoire de sa fondation **précède même celle de** la ville de Québec. C'est en 1600 qu'une première tentative d'établissement **a eu lieu**. Une **maison de poste en bois fut construite** et 16 **hommes furent laissés** sur place. **Comme ils ignoraient la rigueur des hivers** canadiens, **ils furent durement éprouvés par le froid**, en plus de **devoir affronter la faim** et **les maladies**. Seulement cinq d'entre eux réussirent à survivre, **en quittant leur poste de traite** et **en se réfugiant auprès** des Amérindiens.

Aujourd'hui elle ne compte environ **que** 1000 habitants mais elle est surtout renommée à cause de sa faune aquatique : **les phoques, les marsouins, les rorquals**, et les fameux bélugas du Saint-Laurent **qui viennent** s'y **alimenter**. C'est **le mélange** entre l'**eau douce** de la rivière Saguenay et l'**eau salée** du fleuve qui favorise l'abondance de krill et de plancton dont **se nourrissent** les baleines. Les bélugas sont d'adorables petites baleines **blanches surnommées** « canaris des **mers** » à cause des **nombreux sons** qu'ils utilisent pour communiquer **entre eux**.

Les bélugas **sont de loin** l'espèce **la plus connue** à habiter les eaux du fleuve. **Ils ont soulevé l'attention du** grand public à **plusieurs reprises au cours de** l'histoire. **Pendant longtemps, ils ont été l'objet d'une chasse** intensive mais dans **les années quarante, on leur déclare carrément la guerre. On les accusait** en effet de **nuire à la pêche** commerciale et on encourageait **tout pêcheur qui verrait** un béluga à l'**abattre sur-le-champ**. Aujourd'hui l'espèce est **protégée** et on s'assure également de maintenir la pollution du fleuve à **des niveaux** acceptables. Pendant plusieurs années, le fleuve était **tellement pollué** qu'on considérait les carcasses de bélugas **retrouvées** sur le rivage comme **des matières** toxiques.

Mais il existe aussi d'autres espèces de baleines à observer dans le Saint-Laurent, d'autres beaucoup plus gigantesques que les bélugas, comme **les rorquals à bosse** ou **les rorquals bleus**. À Tadoussac, plusieurs excursions en mer **offrent** un spectacle **saisissant** lorsqu'un de ces mammifères géants **vient reprendre son souffle** à quelques mètres de notre **embarcation**, avec ses **coups de queue** et ses immenses **nageoires**. Si l'on vient dans la région de Tadoussac, **il ne faut pas non plus oublier** de visiter les rives majestueuses du fjord du Saguenay ou les fameuses **dunes de sable** au nord de la ville qui sont **les plus hautes** au Canada.

---

aujourd'hui: hoje
elle ne compte que: há somente
phoques: focas
marsouins: marsuínos
rorquals: baleias
(ils) viennent (venir): eles vêm (vir)
alimenter: comer
un mélange: uma mistura
eau douce: água doce
eau salée: água salgada
(elles) se nourrissent (se nourrir): (elas) se alimentam (alimentar-se)
blanches (blanc): brancas
surnommées (surnommé): apelidadas
les mers (la mer): os mares
nombreux sons: vários sons
entre eux: entre eles

ils sont (être): eles são (ser)
de loin: de longe
la plus connue: a mais conhecida
elles ont soulevé l'attention du (soulever): elas chamaram a atenção de (chamar)
plusieurs reprises: várias vezes
au cours de: durante
pendant longtemps: por muito tempo
ils ont été l'objet de: eles foram objeto de
une chasse: caça
les années quarante: nos anos 40
on leur déclare la guerre (déclarer): a guerra lhes foi declarada (declarar)
carrément: claramente
on les accusait (accuser): eles são acusados (acusar)
nuire à: prejudicar
la pêche: a pesca
tout pêcheur: todo pescador
qui verrait (voir): que visse (ver)
abattre: para matar
sur-le-champ: imediatamente
protégée (protéger): protegida (proteger)
niveaux: níveis
tellement pollué: tão poluída
retrouvées (retrouver): encontradas (encontrar)
matières: materiais

les rorquals à bosse: baleias jubarte
les rorquals bleus: baleias azuis
elles nous offrent (offrir): elas nos oferecem (oferecer)
saisissant: impressionante
il vient (venir): ele vem (vir)
reprendre son souffle: tomar fôlego
une embarcation: uma embarcação
coups de queue (un coup): batidas de cauda
nageoires: nadadeiras
il ne faut pas non plus oublier: é preciso lembrar
dunes de sable: dunas de areia
les plus hautes (haut): as mais altas

géographie

Le pays de mer et de montagne

La Gaspésie **demeure depuis toujours** une destination touristique privilégiée dans **le coeur** des Québécois. **Située** au **nord-est** de la province, **elle forme** une péninsule bien visible, **juste au nord** du Nouveau-Brunswick.

C'est **en longeant le fleuve** Saint-Laurent, **bien après** Québec, Rivièredu-Loup, Rimouski, qu'**on peut** y **accéder**. **À mesure que défile le paysage**, le fleuve **se change** graduellement en **une mer** ondulante, avec son **air marin** et **ses petites vagues qui naissent** et **se brisent au loin**. La route 132, **enclavée entre les falaises** et **la côte, nous ouvre des centaines de** kilomètres de paysages **en ceinturant** toute la péninsule, **le long du littoral**.

Cet itinéraire **nous fait d'abord découvrir** la région de la côte qui est riche en petits villages de **pêcheurs** à l'architecture typique et aux **embarcations** colorées. **La ville** de Matane, **qui joue** un rôle central dans le secteur de **la pêche**, est **renommée** pour sa **célèbre crevette**. **Les mélanges** entre **eau douce** et **eau salée** sont à l'origine d'un riche écosystème où prolifèrent de **nombreuses** espèces d'**oiseaux** et de poissons.

En s'aventurant un peu plus loin, on pénètre dans la Haute-Gaspésie **qui abrite** de nombreux parcs et réserves fauniques. C'est dans cette portion québécoise de la chaîne des Appalaches **que l'on trouve les plus hauts** sommets du Québec, **dépassant** les 1 000 mètres d'altitude.

Cette région **a gardé** son caractère **sauvage** et **on y vient** surtout pour les sports de **plein-air**, pour **chasser l'ours**, **l'orignal** et autres **petits gibiers**; ou pour ses rivières cristallines **qui regorgent** de **saumons**.

C'est à Gaspé, **aujourd'hui** la principale ville de Gaspésie, que Jacques Cartier a d'abord **planté sa croix** en 1534 **pour revendiquer** le territoire du Canada au **nom** du **roi** de France. Un des points **forts** de notre visite **est situé** à l'extrémité de la péninsule, dans la ville de Percé, **où se trouve le célèbre rocher** Percé, **véritable** ambassadeur de toute la région. Le rocher percé est un bloc massif aux **rebords escarpés** qui mesure environ 88 mètres de haut et 433 mètres de long et **qui se dresse** dans l'eau, à quelques mètres du **rivage** avec une arche naturelle en son centre.

Des excursions en **bateau** sont **disponibles** à Percé et **nous permettent de nous rapprocher** du fameux rocher. **On peut même** s'aventurer dans **son trou** lorsque **la marée** est **basse**. **Plus loin**, **on aperçoit** l'île Bonaventure qui abrite la plus importante colonie de **fous de Bassan au monde**.

En poursuivant notre chemin sur la route 132, on arrive dans la région de la Baie-des-Chaleurs qui doit son nom à son microclimat unique. Dans cette région, à **la frontière** entre la Gaspésie et le Nouveau-Brunswick **on trouve** d'**étonnants** dialectes comme le français-acadien et le chiac, **qui empruntent des mots** à l'ancien français et à l'anglais, et qui ont une prononciation singulière, parfois difficile à **comprendre** pour **les non-initiés**.

Outre ses paysages **qui frappent** l'imaginaire, sa faune, sa flore, ses festivals, sa culture, ses habitants, la péninsule gaspésienne **nous laisse**, à chaque visite, d'**heureux souvenirs** et **une envie** constante d'y **revenir**.

---

a gardé (garder): manteve (manter)
sauvage: selvagem
on y vient (venir): nós vimos ali (vir)
surtout: especialmente, em particular
plein-air: ar livre
chasser: caçar
l'ours (un ours): ursos
l'orignal (un orignal): alce
petits gibiers (un gibier): caça pequena
qui regorgent (regorger): que abundam (abundar)
saumons (un saumon): salmões

aujourd'hui: hoje
(il) a planté (planter): ele plantou (plantar)
sa croix (une croix): sua cruz
pour revendiquer: para reivindicar
le nom: nome
le roi: o rei
forts (fort): fortes
est situé (situer): está situado (situar)
où se trouve (se trouver): onde está (estar)
célèbre: famosa
le rocher: penhasco
véritable: real
rebords: bordas
escarpés (escarpé): íngremes
environ: cerca de
qui se dresse (se dresser): que se levanta (levantar-se)
le rivage: costa

le bateau: o barco
disponibles (disponible): disponível
(elles) nous permettent de (permettre): (elas) nos permitem (permitir)
nous rapprocher: nos aproximarmos
on peut même: podemos até mesmo
son trou (un trou): seu buraco
la marée: a maré
basse: baixa
plus loin: mais longe
on aperçoit (apercevoir): nós percebemos (perceber)
les fous de bassans: pelicano (tipo de pássaro)
au monde: ao mundo

en poursuivant: ao continuar
notre chemin (un chemin): nosso caminho
la frontière: a fronteira
on trouve (trouver): nós encontramos (encontrar)
étonnants (étonnant): surpreendentes
qui empruntent (emprunter): que emprestam (emprestar)
mots (un mot): palavras
parfois: algumas vezes
comprendre: compreender
les non-initiés: os leigos

qui frappent (frapper): que batem (bater)
elle nous laisse (laisser): ela nos deixa (deixar)
heureux souvenirs: lembranças felizes
une envie: desejo
revenir: voltar

géographie

Des fleurs et encore des fleurs

La flore antillaise est l'une des plus **variées** au **monde**, essentiellement **grâce à** la situation inter-tropicale **des îles** de l'**arc antillais**. **En effet**, **situées** dans une région tropicale **arrosée par des pluies saisonnières** et **balayées par les vents** « alizés », les îles telles que la Guadeloupe et la Martinique sont **des sols propices à la croissance** et à **la floraison** de différents types de végétation et ce, **pendant** une grande partie de l'année.

La diversité de la végétation est essentiellement due aux **pluies** et au relief des **sols**. **D'ailleurs**, **on compte** environ 3 ou 4 **paysages** naturels dans les îles.

En Guadeloupe, **on retrouve** dans la région de la Basse-Terre, **une forêt** humide ou tropicale où **il pleut** énormément durant toute l'année, ce **qui permet** à une végétation très **verte** et luxuriante de se développer. D'ailleurs, cette forêt encore **préservée est devenue** l'un des Parcs Nationaux français. La plante emblématique de cet environnement est **la fougère**.

Entre les deux îles de Grande-Terre et de Basse-Terre, on trouve toute une zone **marécageuse qui s'appelle la mangrove**. C'est là que **les eaux** de rivière et de pluie **viennent se jeter** à la mer. Les mangroves sont des zones **très utiles** au développement de la faune aquatique puisque de nombreuses espèces de **poisson** et autre **crustacé** viennent s'y **reproduire**. La plante qui symbolise la mangrove est **le palétuvier**. **Arbre** aux **racines** très longues et très **épaisses** autour desquelles viennent **vivre** et se reproduire les poissons. Lorsque les palétuviers **dépérissent**, **on sait** que la mangrove est en danger et **par conséquent** la faune aquatique aussi.

En Grande-Terre, on retrouve dans **les reliefs** plus **plats** et plus **bas**, une végétation plus **basse** et plus **sèche**. Pourtant ce que l'on retrouve partout en Guadeloupe, c'est l'**amour des jardins**, dits tropicaux, aux fleurs et aux plantes variées et **colorées**.

176 géographie

Un pays aux contrastes

S'étendant en **une mince bande** de **terre entre littoral**, massifs **montagneux**, régions **lacustres** et plateaux, le Togo est un petit **pays** d'Afrique de l'Ouest **bordé par** le Ghana, le Bénin et le Burkina Faso et **s'étirant** sur près de 550 km du nord au sud.

Sa **côte sablonneuse, qui s'ouvre à peine sur** le golfe de Guinée, est plutôt inhospitalière et fréquentée principalement par **les pirogues des pêcheurs qui connaissent** bien cette zone de lagunes. **On y retrouve également le lac** Togo, dont **le nom signifie** « **nous irons au-delà de la colline** ».

Vivant surtout de **pêche**, d'agriculture et de commerce du coton, du café ou du cacao, la population locale **se concentre** principalement dans la région de la capitale Lomé, ou dans **les** petites **villes environnantes**. Cette région **est traversée**, le long du golfe de Gui, par une grande route d'une part et par une région **surélevée** de nature sédimentaire, d'autre part, **qui culmine parfois jusqu'à** 200 mètres.

Le massif montagneux qui traverse le pays dans **le sens** nord-est/sudouest, est d'**une hauteur moyenne** de 700 mètres. Avec le mont Agou, **il atteint cependant** 986 mètres. Les principales rivières qui **arrosent** le pays **naissent de** ces **reliefs accidentés**. C'est **le fleuve** Mono qui **marque la frontière** avec le Bénin et qui, avec ses **affluents**, constituent **la ligne de partag**e des bassins de la Volta et de l'Oti.

Située à environ 167 km de Lomé, Atakpamé est la principale ville de la région des Plateaux. Contrairement à son nom, cette région, qui culmine à 500 mètres est caractérisée par **ses maisons à flanc** de colline. Le Togo, qui compte environ 4,5 millions d'habitants **répartis** en une quarantaine d'ethnies, a cependant la réputation d'être un pays dont le climat parfois subéquatorial parfois tropical **se refléte** jusque dans **le coeur chaleureux** et **accueillant** de ses habitants.

---

s'étendant (s'étendre): se alongando (alongar)
une mince bande: uma pequena faixa
une terre: terra
entre: entre
un littoral: um litoral
montagneux: montanhoso
lacustres: lago
un pays: um país
bordé par: delimitado por
s'étirant (s'étirer): se alongando (alongar)

côte sablonneuse: costa arenosa
qui s'ouvre (s'ouvrir): que se abre (abrir)
à peine sur: mal sobre
pirogues: canoas
des pêcheurs: pescadores
qui connaissent (connaître): que conhecem (conhecer)
on y retrouve également: também encontramos ali
le lac: lago
le nom: o nome
signifie (signifier): significa (significar)
nous irons (aller): nós iremos (ir)
au-delà de: além
la colline: a colina

vivant (vivre): vivendo (viver)
pêche: pesca
se concentre (concentrer): se concentra (concentrar-se)
les villes environnantes: as cidades vizinhas
est traversée (traverser): é atravessada (atravessar)
le long: ao longo
surélevée: acima do nível
qui culmine (culminer): que culmina (culminar)
parfois: algumas vezes
jusqu'à: até

le sens: a direção
une hauteur moyenne: uma altura média
il atteint cependant: ele atinge
qui arrosent (arroser): que irriga (irrigar)
naissent de: nascem de
reliefs accidentés: relevos acidentados
le fleuve: rio
qui marque (marquer): que marca (marcar)
la frontière: a fronteira
affluents: afluentes
la ligne de partage: a linha divisória

située à (situer): localizada a (localizar)
environ: aproximadamente
ses maisons: suas casas
à flanc: no lado
répartis (répartir): divididos (dividir)
se reflète (refléter): reflete (refletir)
le coeur: o coração
chaleureux: caloroso
accueillant: acolhedor

géographie 177

Le Lac Léman

Le Lac Léman, qui est le plus grand lac d'origine glaciaire d'Europe occidentale, est **le quarantième** lac au **monde** pour le volume et le quarante-troisième pour **la profondeur**, **celle-ci culminant** à près de trois cents mètres sous **le niveau** de **la mer**.

Son **nom**, d'origine celtique **nous a été retransmis** par le latin. Il est si ancien que même Jules César, **qui traversait** la région en 58 avant J.C. en a fait mention.

Adoptant la forme d'**un croissant** ou d'**une virgule**, **il possède** une superficie de cinq cent quatre-vingt-deux kilomètres carrés, et est situé en partie en France du côté sud et en partie en Suisse du côté nord, **la frontière séparant** les **deux pays** de **part en part**.

On peut dire à la blague que cette configuration simplifiait considérablement **les tracasseries douanières** et administratives pour **les plaisanciers qui souhaitaient traverser** en Suisse **pour déguster le meilleur** chocolat d'Europe ou **acheter** une montre, avant son adjonction à l'espace Schengen.

Et avec raison, car la masse d'**eau douce qu'il contient permet de créer** un microclimat, plus particulièrement à Montreux, qui favorise **la croissance** de plantes exotiques comme les palmiers et les agaves, bien qu'il soit situé dans le nord de la France, région habituellement **froide dont le ciel est souvent grisâtre**.

Toutefois, il arrive que l'humidité chaude qui s'élève du lac en **hiver rencontre un mur** d'air froid et **sec** immobilisé dans l'atmosphère, ce qui peut parfois créer l'apparition d'**un brouillard tenace qui s'élève** souvent à plus de 1000 mètres d'altitude.

Trouvant sa source dans **plusieurs** rivières environnantes, mais plus précisément du Rhône, situé en Haute-Savoie, **il reçoit également** le déversement de plusieurs **cours d'eau** du Vaud et du Valais suisse.

Bien que son **niveau** de pollution ait **été préoccupant** dans **les années** 80, une meilleure oxygénation due à la diminution **des algues** a **permis de maintenir** la situation à un niveau acceptable.

Abritant une faune et une flore riche et variée, **il permet** à de nombreux **pêcheurs riverains d'en tirer** leur subsistance grâce, **entre autres**, à l'abondance de **truites**, **perches**, **brochets** et écrevisses américaines **qui pullulent** dans ses eaux. Pour les amateurs d'**oiseaux recherchant** des sites d'observation, le Lac Léman, qui **se trouve** sur **un courant** migratoire entre le Jura et les Alpes, reçoit la visite de plus de cent cinquante- mille volatiles **qui viennent** y **prendre** leurs quartiers d'hiver chaque année.

Site touristique **extrêmement prisé** tout au long de l'année, il offre aux visiteurs de nombreuses occasions de **plaisir** et de **détente**, **ne serait-ce que** la traditionnelle **balade en bateau**, puisque vingt mille **embarcations** de tous types y sont **amarrées**.

Ses **abords** riches en végétation, avec une profusion d'**arbres** comme **l'érable**, **le charme**, **le hêtre**, **le peuplier** et **le frêne**, et la couleur changeante de ses eaux calmes **attirent de** nombreux vacanciers **qui veulent profiter** de sa situation exceptionnelle aux confins de deux pays limitrophes riches et **accueillants**.

---

trouvant (trouver): encontrando (encontrar)
plusieurs: muitos
il reçoit également (recevoir): ele recebe também (receber)
un cours d'eau: fluxo de água

un niveau: nível
été préoccupant (préoccuper): tem sido preocupante (preocupar)
les années (une année): os anos
des algues (une algue): das algas
permis de (permetre): permitiu (permitir)
maintenir: manter

abritant (abriter): abrigando (abrigar)
il permet (permettre): isto permite (permitir)
pêcheurs riverains: pescadores de lagos
en tirer: tirar dele
entre autres: entre outros
truites: trutas
perches: badejos
broches: peixe
qui pullulent (pulluler): que se reproduzem (se reproduzir)
oiseaux (un oiseau): pássaros
recherchant (rechercher): procurando (procurar)
qui se trouve (trouver): localizadas (localizar)
un courant: fluxo
qui viennent (venir): vindos de (vir)
prendre (prendre): pegar (pegar)

extrêmement prisé: muito valorizado
plaisir: prazer
détente: relaxamento
ne serait-ce que (être): isto não seria (ser)
balade en bateau: passeio de barco
embarcations (une embarcation): barcos
amarrées (amarrer): ancorados (ancorar)

abords: arredores
arbres (un arbre): árvores
l'érable: árvore de bordo
le charme: cárpino
le hêtre: faia
le peuplier: álamo
le frêne: freixo (tipo de árvore)
attirent de (attirer): atraem muitos (atrair)
qui veulent profiter (profiter): que desejam aproveitar (aproveitar)
situation: localização
accueillants (accueillir): acolhedores (acolher)

géographie 179

Évaluez votre compréhension

Les trois fleuves de France, page 166

1. Quais são os três maiores rios da França ?

2. Em qual lago o rio Rhone desemboca ?

3. O que podemos encontrar às margens do rio Loire ?

Les plages françaises, page 168

1. A França está rodeada por quais mares e limitada por qual oceano ?

2. O *Les plages de Corse* são um lugar ideal para quê ?

3. Descreva a costa da Normandia.

Les Alpes, page 170

1. Quantos países os Alpes atravessam ?

2. Que cidade é chamada de "A capital dos Alpes"?

3. Que famosa flor é encontrada nos Alpes? (Liste os dois nomes.)

Sur la route des baleines, page 172

1. Quais rios encontramos em Tadoussac?

2. Quais são dois fatos notáveis pelos quais Tadoussac é conhecida?

3. Por que as baleias beluga são chamadas "canários do mar"?

Teste sua compreensão

Les pays de mer et de montagne, page 174

1. Qual é vista que poderá encontrar através da Rota 132?

2. Que característica ambiental promove uma grande variedade de pássaros e peixes?

3. O que é o *Le rocher percé*?

Des fleurs et encore des fleurs, page 176

1. O que ajuda o crescimento abundante de flores e vegetação na Martinica?

2. Que planta é simbólica para a floresta tropical?

3. Que planta simboliza os pantanais costeiros ou pântanos?

Un pays aux contrastes, page 177

1. A costa arenosa de Togo se abre para qual conjunto de águas?

2. Qual é a principal agricultura e comércio de Togo?

3. Que característica geográfica marca a fronteira com Bénin?

Le Lac Léman, page 178

1. Qual é o formato do lago?

2. O que a poluição fez com que crescesse muito?

3. Que árvores encontramos no lago?

Gastronomie

Le pain français

Vous promenant dans les rues de Paris ou de toute autre **ville** française, **vous serez parfois étonné de voir** un enfant **manger** avecplaisir **un morceau** de baguette encore tout **chaud que lui a tendu sa mère au sortir de la boulangerie**.

Alors qu'en Amérique **le pain** est **servi** en accompagnement d'**un mets** ou constitue un élément essentiel du traditionnel sandwich ou hambourgeois, en France, il est **un aliment à part entière**. **Dégusté** souvent nature, sans beurre ni garniture, le pain y est apprécié pour ce qu'il est: l'un des principaux aliments de l'**homme**.

L'histoire d'**amour entre** la France et le pain, et plus particulièrement avec la traditionnelle baguette, débute à ce que l'**on dit** avec **les campagnes** napoléoniennes. **On prétend** en effet que leur forme **allongée se prêtait mieux** à son transport dans **la poche** du **pantalon des soldats**, qu'un pain rond. Bien que cette légende **ne soit pas avérée**, les Français, qui ont **tout de même** l'esprit pratique, **n'ont vu que** des avantages à cette forme oblongue.

Mesurant environ soixante-cinq centimètres de longueur sur cinq à six centimètres de **largeur**, par trois à quatre centimètres d'**épaisseur**, **elle serait** de toute **manière moins longue** à **cuire** que le pain rond. Ce qui, pour un Français, toujours **à la recherche** d'**un peu de temps pour rêver**, n'est pas du tout négligeable. C'est en **se rendant** à la boulangerie **qu'ils peuvent exercer** à **loisir** leur **surcroît** d'imagination, car c'est dans ce petit **commerce** de proximité que soixante-et-onze pour cent d'**entre eux achetent** leur pain **chaque jour**.

Pour soixante-quatorze pour cent de ces consommateurs, la baguette **demeure** leur variété de pain préférée, quoi **qu'il existe** en France quatre-vingts types de pains régionaux tels le pain au **levain**, le pain brioché, le pain aux **noix**, le pain de **ménage**, le pain de **froment** et tant d'autres, tout aussi délicieux les uns que les autres.

---

vous promenant (promener): caminhando (caminhar)
dans: em
les rues (une rue): as ruas
une ville : uma cidade
vous serez parfois: você ficaria algumas vezes
étonné de: surpreso de
voir: ver
manger (manger): comer (comer)
un morceau (des morceaux): um pedaço
chaud: quente
que lui a tendu (tendre): dado por (dar)
sa mère (une mère): sua mãe
au sortir de: na saída da
la boulangerie: padaria

le pain: o pão
servi (servir): servido (servir)
un mets: um prato
un aliment: um alimento
à part entière: completo
dégusté (déguster): degustado (degustar)
un homme: um homem

amour entre: amor entre
on dit (dire): nós dizemos (dizer)
les campagnes: os campos
on prétend (prétendre): nós fingimos (fingir)
allongée (allonger): alongada (alongar)
se prêtait mieux: prestou-se melhor para (prestar)
la poche: o bolso
un pantalon: uma calça
des soldats: dos soldados
ne soit pas avérée (avérer): não seja comprovada (comprovar)
tout de même: ainda assim
n'ont vu que (voir): viram apenas (ver)

mesurant (mesurer): medindo (medir)
largeur: largura
épaisseur: grossura
elle serait (être): ela seria (ser)
(de toute) manière: de qualquer maneira
moins longue: menos comprida
cuire (cuire): assar (assar)
à la recherche (rechercher): procurando por (procurar)
un peu de temps: um pouco de tempo livre
pour rêver (rêver): para sonhar
se rendant (se rendre): indo (ir)
qu'ils peuvent exercer: que eles possam exercer
loisir: lazer
surcroît: adicional
un commerce: um comércio
entre eux: entre eles
achetent (acheter): compram (comprar)
chaque jour: cada dia

demeure (demeurer): permanece (permanecer)
qu'il existe (exister): que existe (existir)
levain: fermento
une noix: noz
ménage: feito em casa
froment: trigo

Beignes de nos grand-mères

Régalez-vous avec cette **recette** de **beignes**, **une pâtisserie** traditionnelle du Québec. **On peut se procurer** des beignes dans les pâtisseries, mais les **meilleurs** sont sans doute ceux **faits à la maison à partir de** recettes transmises de génération en génération par **les grand-mères** à **leurs filles** et **maintenant à vous** !

Ingrédients :

4 **oeufs**

2 1/2 **tasses sucre blanc granulé**

2 tasses crème 15%

1 **c.à thé soda à pâte** et **poudre à pâte**

1 c.à thé **sel**

4 tasses **farine tout-usage**, pour **épaissir**

1 c.à thé essence de **citron**

Grains de **muscade**

Séparer les blancs d'oeuf **des jaunes**. **Battre** les blancs d'oeuf en **neige ferme** et **mettre de côté**. **Dans un autre** bol, battre les jaunes d'oeuf et l'essence de citron en y **ajoutant** le sucre **lentement**. Battre **jusqu'à** ce que **vous obteniez** une couleur **jaune** pâle. Dans 4 tasses de farine, **mélanger** la poudre à pâte, le soda à pâte, le sel et la muscade. À la préparation de jaune d'oeuf, ajouter la farine lentement en **alternant avec** la crème. **À l'aide** d'une spatule, **incorporer** lentement les blancs d'oeuf en neige à la préparation. Ajouter de la farine **peu à peu afin que** la pâte **se roule bien**. **Laisser reposer** la pâte **recouverte** d'un papier film **environ deux heures** au refrigerateur.

Rouler la pâte environ 3/4 de **pouce** et **couper** avec **un coupe** beigne. **Préchauffer l'huile** dans **une friteuse** profonde à 350 degrés Fahrenheit. **Recouvrir** d'huile et faire frire **en remuant constamment** jusqu'à ce qu'ils prennent **une teinte dorée**. Après la friture, **laissez-les égoutter** pendant quelques secondes sur **des papiers absorbants**, puis **déposez-les** dans un sac plastique contenant du **sucre à glacer**. Fermez bien le sac et **remuez** les beignets afin de bien les recouvrir.

---

recette: receita
beignes (un beigne): donuts (rosquinha de massa frita geralmente recheada com geleia ou creme).
une pâtisserie: uma massa doce
on peut se procurer: que podemos comprar
les meilleurs: os melhores
faits à la maison: feitos em casa
à partir de: a partir de
les grand-mères: avós
filles (une fille): filhas
maintenant à vous: agora para você

oeufs (un oeuf): ovos
tasses (une tasse): xícaras
le sucre blanc granulé: o açúcar branco granulado
c.à thé: colher de chá
le soda à pâte: bicarbonato de sódio
la poudre à pâte: fermento em pó
le sel: o sal
la farine tout-usage: farinha de trigo
épaissir: engrossar
le citron: limão
la muscade: noz-moscada

séparer: separar
des jaunes: gemas de ovos
battre: bater
neige ferme: em ponto de neve
mettre decoté: colocar de lado
dans un autre: em outro
ajoutant (ajouter): adicionando (adicionar)
lentement: lentamente
jusqu'à: até
vous obteniez (obtenir): você obtém (obter)
jaune: amarelo
mélanger: misturar
alternant (alterner): alternando (alternar)
à l'aide de: com a ajuda de
incorporer: incorporar
peu à peu: pouco a pouco
afin que: de modo a
se roule (rouler): role (rolar)
bien: bem
laisser: deixar
reposer: repousar
recouverte (recouvert): coberta (cobrir)
environ: cerca de
deux heures: duas horas

rouler: rolar
un pouce: polegada
couper: cortar
un coupe: uma faca
préchauffer l'huile: preaquecer o óleo
une friteuse: fritadeira
recouvrir: cobrir
en remuant constamment: mexendo constantemente
une teinte dorée: uma cor dourada
laissez-les égoutter: deixe-os escorrer
des papiers absorbants: papéis absorventes
déposez-les (déposer): deposite-os
sucre à glacer: açúcar de confeiteiro
remuez (remuer): balance (balançar)

gastronomie **185**

La bouillabaisse

Il existe une spécialité **réellement typique** de la culture régionale du France. Elle a **longtemps** fait l'objet de la curiosité des touristes. Directement **issue de** l'histoire de Marseille, la bouillabaisse **n'a pas fini de nous mettre l'eau à la bouche.**

Son **plus grand ancêtre a connu** une certaine popularité à **l'époque** de la fondation de **la ville**. Le plat **n'était** alors qu'un simple ragoût de **poissons appelé** le « Kakavia ». **Ce plat va évoluer** à travers les âges pour finalement **devenir** le plat que l'on connaît: **la vraie** bouillabaisse provençale connue alors sous **le nom** de « bolhabaissa », de bolh (**il bout**) et **abaissa (il abaisse) traduit** en français **par** : « **quand ça bout tu baisses** » (sous-entendu le **feu** de **cuisson**).

À l'origine, **il s'agissait** d'un plat très modeste. **Les pêcheurs conservaient** pour leur famille pour **les cuisiner en rentrant le soir**, certaines pièces de poissons qu'ils n'avaient pas pu **vendre durant la journée**. Après **avoir trié** le poisson, **ils faisaient chauffer un chaudron rempli** d'**eau de mer** et y **mettaient** tous les poissons **invendables**, **abîmés**.

Cela donnait un potage que l'**on dégustait** avec du **pain dur frotté** à **l'ail** (les croûtons). Les poissons **restants étaient** ensuite immergés dans la soupe qui **était mangée** avec de **la rouille** ou de **l'aïoli**.

Aujourd'hui, la bouillabaisse **a été intégrée** à la grande gastronomie bourgeoise provençale. Ce **qui nourrissait jadis** les familles **les plus pauvres** du sud de la France **est devenu** de **nos jours** un plat de grand choix que **ne peuvent se payer** que les personnes **les plus aisées**. **Il arrive malheureusement** assez fréquemment de **goûter** à une bouillabaisse **bon marché**, que des restaurants marseillais peu scrupuleux **proposent** aux touristes.

Une charte a donc **été créée** pour certifier de l'authenticité de la recette. **Elle renseigne** sur les poissons à utiliser, notamment au moins quatre des **espèces suivantes: rascasse**, rascasse blanche, **araignée** (vive), galinette (**rouget grondin**), saint-pierre, **baudroie** (lotte), congre ou scorpène. **Des langoustes** sont également incorporées au bouillon, **lui-même fait** à base de petits **poissons de roche**, **en remplacement des cigales de mer** (se faisant plus rares) **cuites** avec **les étrilles** et **les pommes de terre**. Elles **apportent** un parfum essentiel et très particulier à la préparation. Certains restaurants **parlent alors de** « bouillabaisse royale » et cela leur permet de faire **grimper** l'addition du **repas**. **Mais il ne faut pas s'y tromper**, la vraie bouillabaisse **contient bien** des cigales de mer.

Par ailleurs, la charte **nous instruit** du service que **se doit de suivre** le restaurateur vis-à-vis de son client. Ainsi, accompagné d'une sauce faite de rouille et de croûtons à l'ail, le poisson, servi entier dans **un deuxième** plat différent de celui du bouillon, **sera découpé** par le **serveur sous les yeux** du client.

Enfin les éléments essentiels sont l'extrême **fraîcheur** et la qualité du poisson. **Sans cela**, la bouillabaisse sera de mauvaise qualité. Au final, la bouillabaisse est une curiosité **qui revient assez cher**. Il est important de **savoir** que beaucoup de restaurants **en servent à des prix moins onéreux**. Mais **pour déguster** une vraie bouillabaisse provençale, il **faut compter au moins** 40 euros par personne. Une bouillabaisse **en dessous de** ce prix est un véritable **piège** à touristes.

---

aujourd'hui: hoje
a été intégrée (intégrer): foi integrado (integrar)
qui nourrissait (nourrir): que alimentava (alimentar)
jadis: antes
les plus pauvres: os mais pobres
est devenu (devenir): se tornou (tornar-se)
de nos jours: de nossos dias
ne peuvent pas (pouvoir): não podem (poder)
se payer: pagar
les plus aisées: os mais ricos
il arrive (arriver): acontece (acontecer)
malheureusement: infelizmente
goûter: provar
bon marché: barato
proposent (proposer): sugerir (sugerir)

une charte: uma patente
a été crée (créer): foi criada (criar)
elle renseigne sur (renseigner): dá informação sobre (dar informações)
les espèces suivantes: as seguintes espécies
la rascasse: peixe-leão
l'araignée: santola
un rouget grondin: salmonete
une baudroie: tamboril
langoustes: lagostas
lui-même fait: fez-se
un poisson de roche: bodião
en remplacement: substituindo
des cigales de mer: cavacos/ lagostas-sapata
cuites: cozidas
les étrilles: caranguejos pequenos
les pommes de terre: batatas
elles apportent (apporter): elas trazem (trazer)
parlent de (parler): falam de (falar)
grimper: aumentar
un repas: refeição
mais il ne faut pas s'y tromper: mas não se enganem sobre isto
contient bien: contém com certeza

nous instruit (instruire): nos ensina (ensinar)
se doit suivre (se devoir): deve seguir (dever)
un deuxième: uma segunda
(il) sera découpé par (découper): (isto) será cortado (cortar)
le serveur: o garçom
sous les yeux: sob os olhos

la fraîcheur: o frescor
sans cela: sem isto
qui revient assez cher: que é bastante caro
savoir: saber
en servent: serve a algum
prix: preços
moins onéreux: menos caros
pour déguster: para provar
il faut compter: você será cobrado
au moins: ao menos
en dessous de: abaixo
un piège: armadilha

gastronomie **187**

La bûche de Noël

Dans divers **pays** à prédominance **chrétienne**, la bûche de Noël représente une tradition que l'**on ne voudrait manquer pour rien au monde**. En effet, ce dessert savoureux **composé** d'**une pâte roulée garnie** de crème ou d'**un appareil sucré** dont **la saveur**, la composition et la consistance **demeurent souvent** un secret **bien gardé** par la cuisinière, constitue **un régal** que l'**on aime se remémorer** d'**une année** à l'autre.

Que serait Noël en effet sans cette apothéose finale **qui vient couronner un repas** gargantuesque **qui nous laisse un peu hébétés** mais **ravis** ? À chaque année **nous nous pâmons devant** l'inventivité du chef **qui a décoré** la bûche d'une manière tout à fait originale, tant pour **les yeux** que pour **le palais**.

Car, **pour faire** bonne figure, **tout devrait** idéalement **se manger** dans **la bûche**. **Qu'y a-t-il** en effet de plus **triste** que de **retrouver** sur **ce chef d'oeuvre** de la cuisine festive des décorations en plastique que **les enfants ne manquent toutefois pas** de **lécher** avec gourmandise, sous les regards pour **une fois** indulgents et **approbateurs** de leurs parents **attendris**.

À l'origine, la tradition voulait qu'une bûche naturelle **provenant** d'**un arbre fruitier soit choisie** minutieusement **pour brûler** dans **l'âtre** durant **les douze jours** du temps **des Fêtes**.

Mais le développement de l'architecture contemporaine, **qui laisse** peu de place à l'âtre, a fait **tomber** cette tradition dans **la désuétude**, du moins dans les grandes **villes**, pour la remplacer par le dessert que l'**on connaît**, mais **qui s'en plaindrait** ?

La bûche de Noël traditionnelle est **proposée** en divers parfums **qui incorporent** soit de la vanille, du café, du **sirop d'érable**, du chocolat, du Grand Marnier ou des pralines. **Toutefois, quel que soit** le choix **qui viendra chatouiller nos papilles** et **accorder** dans notre mémoire au dessert de Noël **une place prépondérante**, **il ne faudra pas oublier** de la décorer de divers éléments **qui ajoutent** au symbolisme de la fête. **Voici pour vous** une recette traditionnelle **qui sera sûrement** fort appréciée :

Pour le biscuit : 5 **oeufs**, 50 g de **farine**, 50 g de **fécule** de **pomme de terre**, 170 g de **sucre**, 1 pincée de sel, 1 cuillérée à soupe d'**eau**, 1 **verre** à liqueur de rhum.

Pour la crème : 1 oeuf entier, **un jaune d'oeuf**, 4 barres de chocolat, 200 à 250 grammes de sucre, 1 demi-tasse de café, 1 tiers de verre d'eau.

Préparation : **Fouettez** les jaunes d'oeufs avec le sel **assez longuement**, lorsque **le mélange** est **mousseux, ajoutez** l'eau et le rhum. Puis **ajoutez** la farine et la fécule et bien mélanger, enfin **incorporez** délicatement les blanc d'oeufs **battus en neige**. **Étalez** la pâte dans **une lèchefrite** et **cuire pendant** 15 minutes à 350 degrés. **Faire un sirop épais** avec les ingrédients **qui restent**, puis **le laisser refroidir** au réfrigérateur. **Étendre** ensuite la crème sur la pâte puis **roulez-la sans trop serrer**. **Recouvrir** du reste de la crème et **décorez** votre bûche selon votre inspiration. En la garnissant d'**un père Noël** en sucre, **des lutins**, **des champignons** en chocolat, d'**une scie** ou d'**une hache**, **on rappellera** sa vocation première **qui était de réchauffer la maison** et **les coeurs**.

---

qui laisse (laisser): que deixa (deixar)
tomber (tomber): cair (cair)
désuétude: desuso
villes: cidades
remplacer par: substituir por
on connaît (connaître): nós conhecemos (conhecer)
qui s'en plaindrait: quem poderia se queixar

proposée (proposer): é oferecida (oferecer)
qui incorporent (incorporer): que incorpora (incorporar)
sirop d'érable: xarope de bordo
toutefois: até mesmo
quel que soit: qualquer que seja
qui viendra chatouiller: que virá fazer cócegas
nos papilles: nossas papilas gustativas
accorder (accorder): conceder (conceder)
une place prépondérante: lugar dominante
il ne faudra pas oublier: não devemos esquecer
qui ajoutent (ajouter): que adiciona (adicionar)
voici pour vous: aqui está para você
qui sera sûrement: que será com certeza

oeufs: ovos
une farine: farinha de trigo
une fécule: amido
pomme de terre: batata
un sucre: açúcar
une eau: água
un verre: vidro

un jaune d'oeuf: gema de ovo

fouettez (fouetter): bata (bater)
assez longuement: bastante tempo
le mélange: a mistura
mousseux: espumoso
ajoutez (ajouter): adicione (adicionar)
incorporez (incorporer): incorpore (incorporar)
battus en neige: batida em ponto de neve
étalez (étaler): espalhe (espalhar)
une lèchefrite: bandeja untada
cuire pendant (cuire): cozinhar durante
faire: fazer
un sirop épais: um xarope encorpado
qui restent (rester): que permanece (permanecer)
le laisser refroidir: deixar esfriar
étendre (étendre): espalhar (espalhar)
roulez-la (rouler): enrolar (enrolar)
sans trop serrer: não muito fechado
recouvrir: cobrir
décorez (décorer): decore (decorar)
selon: de acordo
un père Noël: Papai Noel
lutins: elfos
champignons: cogumelos
une scie: serra
une hache: machado
on rappellera (rappeler): nós lembraremos (lembrar)
qui était (être): que era
de réchauffer: aquecer
la maison: a casa
les coeurs: os corações

gastronomie 189

Gigot d'agneau aux herbes

Cette recette traditionnelle originaire de Normandie **apprête** l'agneau d'une manière tout à fait succulente. Ce plat constituera **un mets** idéal pour **les repas** de fête et les grandes occasions et **vous vaudra** des compliments enthousiastes.

Ingrédients :

1 **gigot d'agneau** de 1 kg **ouvert en portefeuille** (**réserver les os et les parures**)

1 carotte

1 **grosse gousse d'ail**

1 **botte de chaque** : **asperges** vertes, asperges blanches, **navets**, carottes nouvelles, **poireaux**

250 g de **fèves fraîches décortiquées**, **petits pois écossés**

1 bouquet de **persil** plat

1 branche de thym et **romarin**

100 g de **beurre**

huile d'olive extra-vierge

fleur de sel et **poivre**

Dans **une casserole**, **réunir** les os et les parures de gigot, la carotte et l'ail, **couvrir** d'**eau** et **faire cuire** 1 heure **pour obtenir un jus d'agneau**. **Préchauffer le four** à 250 ° Celsius. **Hacher finement** les herbes et en **farcir** le gigot. **Le ficeler soigneusement**, **saler**, **poivrer**, **l'enduire** d'huile d'olive et le faire cuire 35 min au four, de préférence **à la broche**. Au bout de 5 min de **cuisson**, **baisser** la température du four à 200 °. **Arroser** avec le jus de cuisson.

Éplucher les légumes, faire cuire les asperges à **l'eau bouillante salée** et les autres légumes à l'étouffée avec un peu d'eau et de beurre, **à forte ébullition** pour conserver leur **fraîcheur**. **Dégraisser** le jus d'agneau, **le passer** à l'**étamine** et **le faire réduire** fortement à consistance **sirupeuse**. **Enrober** bien les petits légumes avec le jus, ajouter **une noix de beurre** et **rectifier l'assaisonnement**.

Laisser reposer le gigot 20 min **hors du four**. Puis le **trancher** et le **dresser** sur un grand plat, **entouré** de légumes.

---

apprête (apprêter): prepara (preparar)
un mets: um prato
les repas: as refeições
fête: festa
vois vaudra (valoir): valerá a pena (valer a pena)

gigot d'agneau: pernil de cordeiro
ouvert en portefeuille: aberto
réserver: reservar
os: ossos
les parures: guarnições
grosse (gros): grande
une gousse d'ail: dente de alho
une botte de chaque: um punhado de cada
asperges: aspargos
navets: nabos
poireaux: alho-poró
fraîches fèves: favas frescas
décortiquées: com casca
petits pois écossés: ervilha em grãos
le persil: a salsinha
le romarin: o alecrim
le beurre: a manteiga
huile d'olive extra-vierge: azeite de oliva extra-virgem
la fleur de sel: flor de sal
le poivre: a pimenta

une casserole: panela
réunir: juntar
couvrir: cobrir
l'eau: água
faire fuire: cozinhar
pour obtenir: para obter
un jus d'agneau: um caldo de cordeiro
préchauffer le four: preaquecer o forno
hacher: cortar
finement: finamente
farcir: rechear
le ficeler soigneusement: feche com cuidado
saler: salgar
poivrer: colocar pimenta
l'enduire: cobrir
à la broche: no espeto
cuisson: cozimento
baisser: reduzir
arroser: regar com molho

éplucher les légumes: descascar os legumes
eau bouillante salée: água fervente salgada
à forte ébullition: forte fervura
la fraîcheur: o frescor
dégraisser: retirar a gordura
le passer: passar por
une étamine: gaze
le faire réduire: fazer reduzir
sirupeuse (sirupeux): xaroposo
enrober: cobrir
une noix de beurre: uma pitada de manteiga
rectifier: ajustar
l'assaisonnement: o tempero

laisser reposer: deixar repousar
hors du four: fora do forno
trancher: fatiar
dresser: colocar
entouré: rodeado

Fondue au fromage classique

Cette recette de fondue au fromage **Québécoise** est une version locale de la fameuse fondue au fromage classique très populaire en France. **Invitez quelques amis qui sauront sans doute apprécier** ce plat convivial que l'on accompagne d'**une miche** de **pain** et de fruits.

Ingrédients :

1/2 **livre** (225 g) d'**emmental**
1/2 livre (225 g) fromage gruyère
1 **gousse d'ail**
1 1/2 **tasse** (375 ml) de **vin blanc**
3 **cuillers à soupe** (45 ml) de kirsh
1 cuiller à soupe (15 ml) de **jus de citron**
3 cuiller à soupe (45 ml) de **farine tous usages**
Poivre, au goût

Râper et **mélanger** l'emmental et le gruyère. **Saupoudrer** de farine. **Frotter** l'intérieur du **caquelon** avec **l'ail coupé**, puis **jeter** l'ail. **Verser** le vin et le kirsh dans le caquelon et **chauffer à feu moyen** sans **qu'ils viennent à ébullition**. **Ajouter** le jus de citron.

Ajouter graduellement **des poignées** de fromage **en remuant** constamment avec **une cuillère en bois jusqu'à** ce que le fromage soit fondu et forme une sauce **onctueuse**.

Ajouter du poivre **si désiré**. **Amener à ébullition**, **retirer** le caquelon du feu et **déposer** sur **un réchaud allumé** sur la table. **Tremper** des croûtons de **pain**, **des légumes** (pommes de terre, **champignons**, brocolis, etc.) et des fruits (**pommes**, **poires** et raisins).

Québécoise: de Québec
invitez: convide
quelques amis: alguns amigos
qui sauront sans doute: que saberão sem dúvida
apprécier: apreciar
une miche: pão
pain: pão

livre: libra
emmental: tipo de queijo
une gousse d'ail: um dente de alho
une tasse: uma xícara
le vin blanc: vinho branco
cuillers à soupe: colheres de sopa
le jus de citron: suco de limão
la farine tous usages: farinha de trigo
le poivre: pimenta
au goût: ao gosto

râper: ralar
mélanger: misturar
saupoudrer: salpicar
frotter: esfregar
un caquelon: panela para fondue
l'ail coupé: alho picado
jeter: jogar fora
verser: derramar
chauffer: aquecer
à feu moyen: a fogo médio
sans qu'ils viennent à ébullition: sem deixar ferver (deixar)
ajouter: adicionar

poignées: punhado
en remuant: ao mexer
une cuillère en bois: colher de madeira
jusqu'à: até
onctueuse: untuoso

si désiré: tão desejado
amener à ébullition: fazer ferver
retirer: retirar
déposer: colocar
un réchaud: fogareiro
allumé (allumer): aceso (acender)
tremper: molhar
le pain: o pão
des légumes (un légume): legumes
pommes de terres: batatas
champignons (champignon): cogumelos
pommes: maçãs
poires: peras

gastronomie **191**

Un goût très raffiné

La France est le premier producteur de foie gras au **monde puisqu'elle produit plus de** 80% de la production mondiale. **Depuis** la Monarchie, le foie gras fait partie de la culture française et de son héritage culinaire. Il est **fabriqué à partir de foies** de **canards** ou d'**oies**. Ces palmipèdes ont la particularité **d'emmagasiner la graisse** pour anticiper leur migration.

On compte de nombreuses variétés de foies gras **mais il faut bien faire** la distinction **entre** le foie gras de canard et le foie gras d'oie. Le premier **possède** un arôme **assez fort tandis que** le second est plus subtil et délicat. **On distingue** aussi les différents conditionnements: le foie gras **entier** et **le bloc** de foie gras, le premier **étant** de **meilleure** qualité. Ces appellations sont **régies par** une charte spécifique et sont rigoureusement contrôlées par les autorités concernées. **Vous pouvez** aussi **préparer votre propre** foie gras à base de foies **frais**. Le foie gras **fourré** aux truffes est une autre grande spécialité.

En France, la majorité du foie gras est produit dans **le sud-ouest**, **c'està-dire** le Périgord, le Gers et les Landes, **même** si l'Alsace est aussi une région très productive. La cuisine française **étant intimement liée à** sa culture, **un séjour** dans le Périgord, dans l'un des Plus Beaux Villages de France, **ne pourra que vous convaincre** de la richesse et de l'authenticité de cette région.

Finalement, le foie gras **révèle** toute ses **saveurs** et arômes **grâce au vin**, particulièrement les vins **blancs liquoreux** et fruités comme le Sauternes, le Monbazillac ou **encore** le Champagne. **Pas d'inquiétude** pour votre **santé** : la consommation de confits, foies gras, graisses de canard ou d'oie est bénéfique pour la santé et **prévient** des insuffisances cardio-vasculaires !

---

le monde: o mundo
puisqu'elle: já que ela
produit plus de (produire): produz (produzir)
depuis: desde
fabriqué (fabriquer): fabricado (fabricar)
à partir de: a partir de
foies: fígados
canards: patos
oies (une oie): ganso
emmagasiner: armazenar, estocar
la graisse: a gordura

on compte: nós contamos
mais il faut (falloir): mas é preciso (ser)
bien faire (faire): fazer um bom (fazer)
entre: entre
possède (posséder): possui (possuir)
assez fort: forte o suficiente
tandis que: enquanto
on distingue (distinguer): nós distinguimos (distinguir)
entier: inteiro
le bloc: a peça
étant (être): sendo (ser)
meilleur: melhor
régies par (régir): controladas por (controlar)
vous pouvez (pouvoir): você pode (poder)
préparer: preparar
votre propre: sua própria
frais: fresco
fourré (fourrer): recheada de (rechear)
truffes: trufas

le sud-ouest: o sudoeste
c'est-à-dire: isto é
même: mesmo
étant intimement liée à (lier): estando intimamente ligada a (ligar)
un séjour: uma estadia
ne pourra que (pouvoir): pode apenas (poder)
vous convaincre (convaincre): convencê-lo (convencer)

révèle (révéler): revela (revelar)
saveurs (une saveur): sabores
grâce au: graças ao
blancs: brancos
liquoreux: vinhos doces
encore: ainda
pas d'inquiétude: sem preocupações
santé (una santé): saúde
prévient (prévenir): previne (prevenir)

Le diamant noir

La complexité olfactive **des truffes** en **a fait** leur **célébrité partout** dans **le monde**. **En outre**, la truffe est **un produit** rare et son apparition **reste toujours** mystérieuse. C'est la raison pour laquelle, la truffe est **souvent appelée** le « **diamant noir** ». Il existe de nombreuses différentes sortes de truffes, **au-delà** de la distinction **blanches** et noires.

Chaque variété **possède** des qualités gustatives différentes. Les truffes se rencontrent principalement dans **le sud** de la France, spécialement dans le Perigord, la Provence - où la truffe est appelée « rabasse » - et la Bourgogne. Comme **un champignon**, **qui vit** en symbiose avec la faune et la flore, la truffe **a besoin** de conditions particulières pour **pousser : le chêne en fait partie** et **même**, mais plus rarement le thym et la lavande. La truffe représente aussi l'art de **vivre** à la Française.

La récolte de la truffe est une tradition **vieille** de cent **ans**. Il existe deux manières principales de la récolter: **les chiens** et **les cochons**. Le cochon **adore** les truffes, **il les repère** avec son **fin odorat**, **cherche** dans **la terre** avec son **groin jusqu'à** ce qu'**il déterre** le champignon. Le chien **doit être entraîné** pour **devenir un chasseur** de truffes.

Ensuite, les truffes **sont vendues** dans **les marchés locaux** typiques **qui ont lieu** dans les villages, où le cérémonial et le professionalisme **règnent** à cause de la grande **valeur** des truffes. **Comptez environ** 1500 Euros par kilo !

Enfin, **la meilleure** façon d'apprécier la truffe est de **la goûter**. La gastronomie française possède de nombreuses **recettes** à base de truffes. La plus simple est souvent la meilleure: **vous allez parfaitement** apprécier la grande saveur de la truffe dans une omelette. **Cependant**, les truffes **s'adaptent** parfaitement à une cuisine **plus recherchée** comme le foie gras.

---

des truffes: trufas
fait (faire): fizeram (fazer)
célébrité: popularidade
partout: em todos os lugares
le monde: o mundo
en outre: além disso
un produit (des produits): um produto
reste toujours (rester): é sempre (ser)
souvent: muitas vezes
appelé (appeler): chamadas (chamar)
diamant noir: diamante negro
au-delà de: acolá
blanches: brancas
noires: negras

chaque: cada
possède (posséder): possui (possuir)
se rencontrent (rencontrer): podem ser encontradas (encontrar)
le sud: o sul
un champignon: um cogumelo
qui vit (vivre): que vive (viver)
a besoin: precisa
pousser: crescer
le chêne: carvalho
en fait partie: é parte de
même: mesmo
vivre (vivre): viver (viver)

la récolte: a colheita
vieille: velha
ans (un an): anos
les chiens (le chien): os cachorros
le cochons (le cochon): os porcos
adore (adorer): adora (adorar)
il les repère (repérer): ele os localiza (localizar)
fin odorat: aguçado olfato
cherche (chercher): procura (procurar)
la terre: a terra
groin: focinho
jusqu'à: até
qu'il déterre (déterrer): ele cavar (cavar)
doit être entraîné: precisa ser treinado
devenir: tornar
un chasseur: um caçador

ensuite: em seguida
sont vendus (vendre): são vendidos (vender)
les marchés locaux: os mercados locais
qui ont lieu (avoir lieu): que acontecem (acontecer)
règnent (régner): reinam (reinar)
valeur: valor
comptez (compter): conta (contar)
environ: cerca de

la meilleure façon: a melhor maneira
la goûter (goûter): prová-la (provar)
recettes (une recette): receitas
vous allez parfaitement: você será totalmente
cependant: entretanto
s'adaptent (adapter): se adaptam (adaptar-se)
plus recherchée: mais especial

gastronomie

La cuisine Sénégalaise

Si l'on **compare** la cuisine sénégalaise **aux autres traditions culinaires** du continent africain, c'est **sans doute** celle **qui a subi** le plus l'influence de cuisines **étrangères** et traditionnelles, en particulier à Dakar. La capitale du Sénégal est **une ville** multiethnique, multiculturelle et **ouverte sur l'extérieur**.

À Dakar, **les recettes** du **terroir ont tendance à céder** la place à **des mets** européens, **moyen-orientaux** et asiatiques. **Sans renoncer** toutefois aux modes de préparation et de consommation traditionnels, ces plats sont adaptés aux **habitudes** culinaires locales. **Par ailleurs**, si les restaurants **proposent** des plats sénégalais traditionnels, **on trouve** aussi souvent au menu des plats de différents **pays**, **y compris** du continent africain (Bénin, Cameroun), **valorisant** ainsi la diversité des produits **disponibles** sur **le marché**.

Le voyageur un peu curieux découvrira à Dakar toute **une panoplie** de **goûts**, de **saveurs** et d'odeurs issus de ce **mélange** de produits locaux et importés. Dans les provinces sénégalaises, **il trouvera** des plats plus traditionnels, spécifiques à certains terroirs ou ethnies, que **les femmes auront plaisir** à **préparer** pour **montrer** à l'étranger leurs talents culinaires et la richesse des produits de leur région...

---

on compare (comparer): nós comparamos (comparar)
aux autres: às outras
traditions culinaires: tradições culinárias
sans doute: sem dúvida
qui a subit (subir): foi submetida (submeter)
étrangère: estrangeiro
une ville: a cidade
ouverte (ouvert): aberta (abrir)
sur l'extérieur: ao exterior

les recettes (une recette): as receitas
terroir: terra
(elles) ont tendance à (avoir tendance à): (elas) tendem (tender)
céder: ceder
des mets (un mets): pratos, comidas
moyen-orientaux: oriente médio
sans renoncer: sem renunciar
habitudes: hábitos
par ailleurs: além disso
proposent (proposer): oferecem (oferecer)
on trouve (trouver): nós encontramos (encontrar)
pays: países
y compris: incluindo
valorisant: valorizando
disponibles: disponíveis
le marché: o mercado

la voyaguer: a viajante
un peu curieux: um pouco curioso
(il) découvrira (decouvrir): (ele) descobrirá (descobrir)
une panoplie: variedade
goûts (un goût): gostos
saveurs: sabores
un mélange: uma mistura
il trouvera (trouver): ele encontrará (encontrar)
les femmes (une femme): as mulheres
(elles) auront plaisir à: (elas) terão prazer em
préparer: preparar
montrer: mostrar

194 gastronomie

Bien sûr, certains produits aux saveurs **fortes**, à la texture inhabituelle, pourront **étonner le palais** des « toubabs », mais **cela fait partie** du **jeu** de **la découverte**. La surprise de **la nouveauté fait** ensuite **place à un attrait** pour une cuisine souvent accessible, originale **sans être trop étrangère**, que vous aurez plaisir à **reproduire** de **retour** dans votre pays. **Les livres** de recettes vous y **aideront** et les Sénégalaises, **fières** de leurs **savoir-faire**, **seront prêtes** à **vous apprendre** à cuisiner **vos plats favoris**.

Vous n'aurez sans doute **pas** l'occasion de découvrir l'alimentation **quotidienne** de la grande majorité des Sénégalais, **moins riche** et **moins variée**, que celle du restaurant ou de la gargote. L'état de **pauvreté** des familles urbaines et rurales ne **leur permet pas** toujours de préparer **deux repas par jour** ni de diversifier leur alimentation.

Elles se contentent ainsi souvent **d'un bol de riz** ou de **mil**, **agrémenté** parfois de quelques **légumes**, d'un peu de **poisson**, d'**un morceau** de **viande à partager entre** les nombreux membres de la famille. **Sachez donc** qu'un plat **bien garni** est un privilège, **un cadeau offert** par votre hôtesse en signe d'hospitalité, qu'**il faut savoir apprécier même si parfois nos habitudes alimentaires** sont très différentes.

---

bien sûr: é claro
fortes (fort): fortes
étonner: surpreender
le palais: o paladar
cela fait partie: isto faz parte de
le jeu: jogo
la découverte: a descoberta
la nouveauté: a novidade
(elle) fait place à (faire): (ela) abre caminho para (abrir)
un attrait: uma atração
sans être: sem ser
trop étrangère: muito estrangeiro
reproduire: reproduzir
retour: voltar
les livres (un livre): os livros
(ils) aideront (aider): (eles) ajudarão (ajudar)
fières (fier): orgulhosas
un savoir-faire: habilidade
seront prêtes (être): estarão prontos (estar)
vous apprendre: para ensiná-lo
vos plats favoris: seus pratos favoritos

vous n'aurez pas: você não terá
quotidienne: diariamente
moins riche: menos rico
moins variée: menos variado
pauvreté: pobreza
ne leur permet pas (permettre): não lhes permite (permitir)
deux repas: duas refeições
par jour: por dia

elles se contentent de: elas se contentam com
un bol de riz: uma tigela de arroz
le mil: painço
agrémenté: acompanhado
parfois: algumas vezes
les légumes (un légume): os legumes
le poisson: peixe
un morceau: um pedaço
la viande: carne
à partager: dividir
entre: entre
(vous) sachez (savoir): você sabe (saber)
bien garni: cheio
un cadeau: um presente
offert (offrir): dado (dar)
il faut savoir (falloir): é preciso saber (precisar)
apprécier: apreciar
même si: mesmo se
parfois: algumas vezes
nos habitudes (une habitude): nossos hábitos
alimentaires (alimentaire): alimentares

gastronomie 195

Les crêpes de la Chandeleur

Le 2 février, c'est la Chandeleur. Cette **fête** judéo-chrétienne, anciennement **appelée** la Chandeleuse, est **de nos jours** l'occasion de **se régaler** en famille ou **entre amis autour de** bonnes crêpes.

Préparation de **la pâte** pour 10 crêpes **environ** :
Tout d'abord, versez 250 grammes de **farine** dans **un saladier**. À l'aide d'**une cuillère**, **creusez** un puits au centre et **délayez** progressivement **un demi-litre** de lait avec **un fouet** ou **une fourchette**. Pour **un mélange sans grumeaux vous pouvez utiliser** un batteur électrique. **Une fois** que la pâte **obtenue** est **bien lisse**, **ajouter** 3 oeufs, 2 **cuillères à soupe** de sucre, une pincée de **sel** et 3 cuillères à soupe de rhum. **Laissez reposer** la pâte au réfrigérateur. Au bout d'une heure, **sortez** la pâte, **mélangez** et ajoutez **un demi-verre** d'eau pour **rendre** la pâte **moins épaisse**.

La cuisson des crêpes :
À l'aide d'**un pinceau**, d'un papier absorbant, ou d'**une demi pomme de terre**, **graissez légèrement** une crêpière avec un peu d'**huile**, utilisez de préférence une huile **neutre** tel le que l'huile de **tournesol**. **Répétez** cette opération avant la cuisson de chaque crêpe pour **éviter** que la pâte attache à **la poêle**.

Faites chauffer la crêpière. Une fois que la poêle est bien **chaude**, versez **une louche** de pâte dans la poêle. Répartissez uniformément la pâte **en faisant tourner** la poêle. Laisser **cuire** environ 2 minutes et dès que **les bords se décollent**, retournez la crêpe à l'aide d'une spatule.

Saupoudrez la crêpe de **sucre en poudre** ou bien **étalez** un peu de **confiture**. **Dégustez** chaude de préférence. Bon appétit !

---

la fête: a festa
appelée (appeler): chamada (chamar)
de nos jours: de nossos dias
se régaler: aproveitar
entre: entre
les amis: os amigos
autour de: em torno de

la pâte: a massa
environ: cerca de
tout d'abord: em primeiro lugar
versez (verser): derrame (derramar)
la farine: a farinha
un saladier: uma tigela
une cuillère: uma colher
creusez (creuser): cave (cavar)
délayez (délayer): misture (misturar)
un demi-litre: meio litro
le lait: leite
un fouet: batedor
une fourchette: um garfo
un mélange: mistura
sans grumeaux (un grumeau): sem grumos
vous pouvez utiliser (pouvoir): você pode usar (poder)
une fois: uma vez
obtenue: obtido
bien lisse: bem liso
ajouter: adicionar
oeufs: ovos
cuillères à soupe: colheres de sopa
le sucre: açúcar
le sel: sal
laissez reposer: deixar repousar
sortez (sortir): retire (retirar)
mélangez (mélanger): lmisture (misturar)
un demi-verre: meio copo
l'eau: água
rendre: fazer
moins épaisse: menos grosso

la cuisson: o cozimento
un pinceau: um pincel
une demi pomme de terre: meia batata
graissez légèrement: unte ligeiramente
une huile: óleo
neutre: neutro
le tournesol: o girassol
répétez (répérer): repita (repetir)
éviter: evitar
la poêle: forma

faites chauffer (faire): aqueça (aquecer)
chaude (chaud): quente
une louche: uma concha
en faisant tourner: fazendo girar
cuire: cozinhar
bords: bordas
se décollent (décoller): descolam (descolar)

saupoudrez (saupoudrer): borrife (borrifar)
sucre en poudre: açúcar
étalez (étaler): espalhe (espalhar)
la confiture: a geleia
dégustez (déguster): aprecie (apreciar)

Coq au vin

Ce mets délicieux et traditionnel **connaît** ses **inconditionnels** qui se font un plaisir de le cuisiner régulièrement pour le plaisir **gustatif** de leur famille ou de leurs **amis**.

Ingrédients :
Idéalement un **coq**, ou 1 ou 2 **poulets** (1,5 kg), **coupé** en 8 **morceaux ou plus**
1/2 **bouteille vin rouge corsé** type bourgogne
150 g lard, **en cube**
250 g **champignons** de Paris
une douzaine de **petits oignons blancs**
2-3 **gousses d'ail, hachées**
2 carottes, **pelées, coupées en quartier**
Huile de tournesol, beurre non salé
Bouquet d'herbes: 2 **brins** de thym et 1 **feuille de laurier**, persil
Sel et **poivre**

Un jour en avance, nettoyer et **couper** le poulet en 8 morceaux ou plus. **Verser** une demi-bouteille de bourgogne rouge sur le poulet **Ajouter** les petits oignons blancs, les carottes et les herbes, **couvrir** et **mettre** au réfrigérateur.

Le jour **suivant, retirer** et **égoutter** le poulet et **les légumes**. **Garder** le vin pour **plus tard**. **Faire brunir** le poulet avec de l'huile dans une poêle. **En utilisant** la **même** poêle, ajouter de l'ail aux légumes et **chauffer pendant quelques minutes**. Mettre le poulet et les légumes dans **une cocotte** ou une grande casserole. Verser le vin et du sel et poivre. **Amener à ébullition à feu moyen**. Couvrir et **cuire à feux doux** pendant une ou deux **heures**.

Faire brunir à la poêle : lard, oignon et champignons pendant 10 minutes environ. Quand le poulet est **prêt**, ajouter le lard, oignon et champignons dans la cocotte et **remuer** pendant 2 à 3 minutes. **Goûter** et **corriger** le sel et le poivre éventuellement. Ajouter du persil. Préparer du **riz** ou **des pommes de terre comme garniture**.

---

ce mets: este prato
connaît: conheceu
inconditionnels: devotos, leais
gustatif: paladar
amis: amigos

un coq: galo
poulets: frangos
coupé: cortado
morceaux (un morceau): pedaços
ou plus: ou mais
une bouteille: uma garrafa
le vin rouge: o vinho tinto
corsé: forte
en cube: em cubos
champignons (un champignon): cogumelos
petits oignons blancs: pequenas cebolas brancas
gousses d'ail: dentes de alho
hachées (hacher): picados (picar)
pelées (peler): descascados (descascar)
coupées en quartier: cortados em quatro pedaços
huile de tournesol: óleo de girassol
le beurre: a manteiga
non salé: sem sal
brins: raminhos
une feuille de laurier: uma folha de louro
le persil: salsinha
le sel: sal
le poivre: pimenta

un jour en avance: um dia antes
nettoyer: limpar
couper: cortar
verser: derrame
ajouter: adicionar
couvrir: cobrir
mettre: colocar

suivant: seguinte
retirer: retirar
égoutter: escoe
les légumes (un légume): os legumes
garder: manter
plus tard: mais tarde
faire brunir: dourar
en utilisant: usando
même: mesmo
chauffer: aquecer
pendant quelques minutes: durante alguns minutos
une cocotte: panela
amener à ébullition: fazer ferver
à feu moyen: fogo médio
cuire: cozinhar
à feux doux: fogo baixo
heures: horas

prêt: pronto
remuer: mexer
goûter: provar
corriger: corrigir, ajustar
le riz: o arroz
des pommes de terre: batatas
comme garniture: como acompanhamento

gastronomie

Saveurs des Antilles

En matière de goût, les Antilles **sont associées** au **rhum**, aux **épices** et à **la douceur** des fruits **que l'on ne trouve que rarement** en **métropole** (ou à des **prix exorbitants**). **Ananas**, **mangue**, **goyave**, **grenade**, **papaye**, litchi, maracudja (**fruits de la passion**), **avocat** et **noix de coco** pour les fruits, manioc, cristophine, ou **patate douce** pour **les légumes, mais aussi le gingembre**, **la cannelle**, le curry, la vanille pour les épices.

Et **bien sûr** les **réputés** rhums, ou punchs qui sont **des mélanges** de rhum et de fruits d'**un goût doux et sucré**, (**mais qui font également bien tourner la tête**), sont des **saveurs qui évoquent soleil** et **exotisme**.

La cuisine créole est riche en goût et en couleur **en raison de** différentes et **nombreuses** épices utilisées **telles que le safran** (curcuma), les piments, le gingembre, ou la **très connue** « colombo » **utilisée comme** base du **plat portant ce même nom** (colombo de poulet, d'agneau ou de porc), et qui est un mélange de **plusieurs** épices (curcuma, coriandre, cumin, **moutarde**, fenugrec, **poivre noir**, **clous de girofle**).

---

en matière de goût: em termos de gosto
sont associées: são associados com
le rhum: rum
épices: especiarias
la douceur: doçura
que l'on ne trouve que rarement: que encontramos raramente
la métropole: metrópole
le prix: os preços
exorbitants (exorbitant): exorbitantes
un ananas: um abacaxi
la mangue: manga
la goyave: a goiaba
la grenade: romã
la papaye: o mamão
le fruit de la passion: o maracujá
un avocat: abacate
la noix de coco: o coco
la patate douce: a batata-doce
les légumes (un légume): os legumes
mais aussi: mas também
le gingembre: o gengibre
la cannelle: a canela

bien sûr: é claro
réputés (réputé): conhecidos, famosos
mélanges: misturas
un goût doux et sucré: um gosto doce
mais qui font également bien: mas que fazem tão bem
tourner la tête: virar a cabeça (virar)
saveurs: sabores
elles évoquent (évoquer): elas evocam (evocar)
le soleil: o sol
exotisme: exótico

en raison de: por causa de
nombreuses (nombreux): vários
telles que: tais como
le safran: o açafrão
très connue: muito conhecida
utilisée comme: usada como
le plat: o prato, a refeição
portant ce même nom: com o mesmo nome
plusieurs: muitos
la moutarde: a mostarda
le poivre noir: a pimenta preta
le clou de girofle: cravo

Les plats **sont composés de** nombreux **fruits de mer**, de **poissons**, de **poulet grillé** mais **on peut également trouver des boudins savoureux**, **blanc** ou **noir**: une spécialité, **toujours très bien préparée**, même dans les « baraques ».

Les plats **les plus connus** de la cuisine créole sont le « rougail saucisse » ou le « cari poulet ». **Les beignets de morue appelés** « accras » sont également très réputés et font **le délice des apéritifs** avec les petits boudins créoles.

En boisson, les Antilles **offrent un large éventail** de fruits **permettant d'apprécier** des saveurs incomparables. Consommés tout simplement **purs**, **pressés** en **jus** de fruits, ou mélangés au rhum pour **créer** des punchs, c'est un cocktail de vitamine **qui régale le palais**. Les fruits sont également utilisés en cuisine dans **la confection** des plats, mélangés avec **la viande** ou le poisson, **effectuant ainsi** un mélange **sucré-salé très goûteux**.

Le lait de coco, **initialement employé** en boisson, mélangé avec du rhum, est également utilisé dans la confection des plats. La cuisine créole est **un vrai régal** pour le palais **comme pour les yeux**.

---

sont composés de: são feitos de
fruits de mer: frutos do mar
poissons: peixes
le poulet grillé: frango assado
on peut également: também podemos
trouver: encontrar
boudins: chouriço
savoureux: saborosos
blanc: branco
noir: negro
toujours: sempre
très bien préparée: muito bem preparado
même dans: mesmo na
les baraques (une baraque): barracos

les plus connus: os mais conhecidos
les beignets de morue: bolinhos de bacalhau
appelés (appeler): chamados (chamar)
le délice: a delícia
apéritifs: aperitivos

offrent (offrir): oferecem (oferecer)
large: grande
un éventail: variedade
permettant de: permitindo
apprécier: apreciar
purs: puros
pressés: espremidos
jus: suco
créer: criar
qui régale (regaler): que delícia (deliciar)
le palais: o paladar
confection: preparo
la viande: a carne
effectuant (effectuer): fazendo (fazer)
ainsi: desta maneira, assim
sucré-salé: agridoce
très goûteux: muito saboroso

le lait de coco: leite de coco
initialement: de início
employé: usado
un vrai régal: um verdadeiro banquete
comme pour: também para
les yeux: os olhos

gastronomie 199

Évaluez votre compréhension

le pain français, page 184

1. O que podemos esperar ver ao caminhar pelas ruas de Paris?

2. Por que um pão comprido era melhor do que um pão redondo?

3. Quantos tipos de pães regionais existem na França?

La bouillabaisse, page 186

1. A *bouillabaisse* é originária de qual cidade?

2. Com o que a *bouillabaisse* era preparada originalmente e como era chamada?

3. O que a verdadeira *bouillabaisse* contém, com certeza?

Gigot d'agneau aux herbes, page 190

1. O que esta receita lhe diz para reservar?

2. Como criamos o caldo de cordeiro?

3. Como removemos a gordura do caldo de cordeiro?

Un goût très raffiné, page 192

1. Quanto da produção mundial de *foie gras* vem da França?

2. De que é feito o *foie gras*?

3. Qual é a diferença entre o *foie gras* de pato e o *foie gras* de ganso?

Teste sua compreensão

Le diamant noir, page 193

1. Quais são os dois tipos de trufas?

2. Em qual região as trufas podem ser encontradas?

3. Quais dois animais são usados para caçar trufas?

La cuisine sénégalaise, page 194

1. O que o viajante curioso descobrirá?

2. De que maneira a pobreza em algumas vizinhanças afeta as refeições diárias?

3. Se o seu prato estiver cheio, o que isso significa?

Coq au vin, page 197

1. De quantas cebolas pequenas brancas esta receita precisa?

2. Após fazer ferver o *coq au vin*, durante quanto tempo devemos cozinhá-lo em fogo baixo?

3. Quais dois acompanhamentos são sugeridos para este prato?

Saveurs des Antilles, page 198

1. Qual é uma especialidade que sempre encontramos bem preparada?

2. O que são os *accras*?

3. Misturar frutas com pratos com carne cria que tipo de sabor?

Réponses

Culture

Un dimanche en France, page 4 1. Padarias e floriculturas. 2. Refeições em família na casa da avó. 3.Frutos do mar, carnes, queijo, vegetais, saladas e sobremesa. **Parfum de nos enfances, page 6** 1. Foi usada pelos romanos durante os banhos e durante a época medieval por suas qualidades medicinais. 2. 15 de Julho – 15 de Agosto. 3. A verdadeira lavanda cresce selvagem e se reproduz naturalmente. É reconhecida pela sua cor, mais roxa. O Lavindin é mais violeta. **Les marchés du Sénégal, page 8** 1. Mercado Kermel : no coração de Dakar. 2. Mercado Casamanc. 3. Mercados semanais realizados nos subúrbios da cidade, no campo, para comprar, vender e trocar. **Les mois du camping et du crabe, page 10** 1. Banheiros e chuveiros. 2. Manguezais, lugares úmidos ; vegetação e pequenos caranguejos e peixes. 3. Para que possa crescer até atingir a maturidade e não corra o risco de extinção. **Les vendanges, page 12** 1. Entre o final de agosto/início de setembro até outubro. 2. Alunos. 3. Trabalhadores assinam um contrato ; o trabalho não pode durar mais de um mês ; os dois contratos juntos não podem exceder dois meses. 4. É possível colher dia e noite ; demora menos tempo e custa 50% menos do que à mão. **Noël sur les marchés, page 14** 1. Alemanha e Alsácia. 2. Waffles, vinhos quentes, crepes, castanhas grelhadas. 3. Ornamentos e figurinhas de Natal, artesanato, velas, joias, trabalhos de arte, luvas. **Francophonie Canadienne, page 18** 1. 1974. 2. Poutine, batatas fritas cobertas com molho. **La mode, reflet de la culture, page 19** 1. Coco Chanel. 2. Estilo simples, estilo masculino para mulheres e se livrando do espartilho.

Voyages

La grande et la merveilleuse, Page 24 1. Literatura francesa. 2. Bolos de leite. **Les pâtisseries de Paris, Page 25** 1. Escolha um que esteja dourado e caramelizado. 2. Blé sucré, perfeito para um lanche no final da tarde. **Le visage unique de Montréal, Page 26 1.**1642 ; comércio de peles. 2. O contraste entre a arquitetura antiga dos prédios e a arquitetura moderna. 3. Eles permitem ir às compras sem enfrentar o frio do inverno. 4. Por serem acolhedores e de mente aberta. **Des îles pleines de richesses, Page 28** 1. 1503 ; foi descoberta por Cristóvão Colombo em 1498. Foi povoada por franceses e em 1792 se tornou um campo de trabalho e um exílio para criminosos. 2.Touloulous ; mulheres disfarçadas e irreconhecíveis (mesmo para seus maridos) que praticavam um jogo, chamando os homens para dançar. **Le quartier de la Croix-Rousse, Page 32** 1. Entre os rios Saone e Rhone ; é uma colina ao norte de Lyon. 2. Doces quentes, algodão-doce e carros para crianças. 3. Uma enorme pedra que foi retirada em 1892 durante a construção do bonde. **Le vieux Marseille : le panier, Page 34** 1. O aroma dos sabonetes. 2.Orfanato ; centro de arte/museu. 3. A série francesa *Plus Belle La Vie* foi filmada ali. **Belle-Île-En-Mer, Page 36 1.** A cidadela. A pé ; 2. bons sapatos, cesta de piquenique, garrafa de água, óculos de sol e casaco esportivo. 3. Desce alguns degraus muito íngremes. **Saint Tropez, Page 38** 1. Igreja de Saint-Tropez, capela de Santa Ana, capela da Anunciação 2.Doze.

Tradition

Un jour, un chocolat, Page 44 1. Alemanha, século XIX. 2. Eles desenhavam linhas com giz. **Les vancances à la française, Page 45** 1. A ideia de começar a ser pago pelas férias foi realizada. 2. Eles entraram em greve, quase paralisando o país. 3. Elas aumentaram exponencialmente. **Le temps des sucres, Page 46** 1. É uma cabine de bordo ; as famílias vão à cabine saborear uma grande refeição, colher o xarope de bordo e fazer doces de bordo. 2. Com neve. 3. Fazem um buraco no chão para um maçarico ; isso ferve o xarope ; o xarope é filtrado e esvaziado em um vaporizador.

Respostas

Le réveillon de la Saint Sylvestre, Page 48 1. Moedas e medalhas. 2. A opulência do ano. Para que a refeição durasse até a meia-noite. **Des chants sacrés, Page 50** 1. Tubérculos com arroz e ervilhas. 2. Canções natalinas. 3. As pessoas se juntam para cantar canções natalinas ; final de novembro até a véspera de Natal. **La tradition du pastis, Page 52** 1. Anis. Uma lei foi promulgada proibindo o consumo de absinto. 2. No final da tarde. **Le vin et le fromage français, Page 54** 1. Qualidade, autenticidade e origem do vinho (e queijo). 2. Garante um certo tipo de vinho (do mesmo terreno) terá as mesmas características gerais. 3. Nove. **La cérémonie du mariage, Page 58** 1. A troca de "consentimentos" ou votos. Alegre. 2. Junho-agosto, o tempo é suave e os dias são longos, mais favorável para uma festa.

Célébration

La Fête du Travail, Page 65 1. Lírios-do-vale. 2. Começou em 1561 pois o rei Charles IX recebeu um ramo de lírios e decidiu dar às damas para desejar boa sorte. 3. Tenha cuidado ao dar esta flor a amigos e a familiares pois ela é tóxica. **Le carnaval aux Antilles, Page 66** 1. Sua música e dança. 2. Muito colorido, feito com penas e tecidos brilhantes. 3. Crianças usando a mesma fantasia, na mesma cor, com máscaras de macacos ou bruxas. **Faites de la musique !, Page 68** 1. Mais de 340. 2. Solstício de verão; para celebrar a chegada do verão. 3. As bebidas alcoólicas se tornaram um problema e os acidentes de carro aumentaram já que as bebidas alcoólicas estavam sendo vendidas a pessoas jovens. Transporte público gratuito encorajou as pessoas a não beber e dirigir. **Poisson d'Avril !, Page 70** 1. 1 de Janeiro. 2. Grudar um peixe de papel nas costas de alguém. 3. O primeiro de abril marca o término da Quaresma e durante a Quaresma o consumo de carne é substituído pelo consumo de peixe. O peixe falso marca o final do consumo de peixes e a volta ao consumo de carne. **Le 14 Juillet, Page 72** 1. Patriotismo; a data comemora a tomada da Bastilha e é o símbolo da revolução. 2. Enfrentar as multidões e encontrar um bom lugar para assistir ao desfile. 3. O avião lança fumaça branca, azul e vermelha, para simbolizar as cores da bandeira francesa. **Jours de Mémoire, Page 78** 1. Dia de todos os santos; para celebrar os santos reconhecidos pela Igreja Católica. 2. Dia dos mortos; as pessoas se lembram daqueles que já se foram; eles vão a cemitérios e limpam as tumbas, deixam flores e ficam e falam sobre os bons tempos. 3. Crisântemo. **La fête des Rois en France, Page 80** 1. No dia 6 de janeiro. 2. Um amuleto é escondido no bolo e a pessoa que o encontrar será coroada rainha ou rei do dia e ela/ele tem direito a escolher um "companheiro real". 3. No norte do país são feitos bolos com uma massa leve, recheados de creme "frangipane". No sul, brioches são feitos em forma de coroa, decorados com frutas secas e açúcar. **Noël en Provence, page 82** 1. As colheitas são boas. 2. O caçula e o mais velho acendem a tora juntos. 3. Carne; as 13 pessoas da "Última Ceia".

Biographie

Ingénieur français célèbre, Page 88 1. Charles Nepveu. 2. A estátua da liberdade. 3. Viadutos, pontes, estações de trem, igrejas. **Cinéaste français, page 92** 1. Usar a luz natural e usar equipamentos novos, mais leves e menos barulhentos, para poder seguir os personagens e filmar mais perto. 2. Os personagens e emoções parecem mais reais. 3. A vida é muito preciosa para não ser completamente vivida. **Écrivain et philosophe français, page 94** 1. Seu pai morreu quando ele tinha dois anos de idade. 2. Ele não se casou ou teve filhos. 3. Ele foi reprovado no exame que lhe teria permitido começar a ensinar. **Prix Nobel de médecine, page 95** 1. Insulina. 2. Estudos religiosos. 3. Cirurgia ortopédica. **La môme, page 96** 1. Billie Holiday. 2. Seu pai veio e a levou para trabalhar

Réponses

em um circo. 3. Porque era muito pequena, como um passarinho. **Écrivaine acadienne, page 98** 1. A maioria é mulher, com uma grande variedade de emoções, variando desde o humor até a raiva. 2. História da Acadie. 3. Mais de quarenta. **Une personnalité fondamentale, page 100** 1. De exterminar a cultura e identidade cultural local. 2. Ele apoiou os países a lutarem contra a opressão. 3. Seu nome e seus trabalhos escritos começaram a "cruzar a fronteira", ele se tornou mais popular e mais conhecido em outros países. 4. Ele se tornou prefeito. **Les débuts de Coco Chanel, page 102** 1. Arthur Capel; Boy. 2. Tecidos fluidos, como jersey. 3. O vestidinho preto; vestido em linha reta, sem colarinho e com mangas três quartos.

Coutumes

Bises ou pas bises?, page 108 1. Você deve manter certa distância e apertar a mão. 2. Beijo. 3. Apertar a mão. **Ne pas avoir l'air d'un touriste, page 110** 1. Você deve aprender a falar francês, mesmo que sejam apenas algumas palavras ou frases. 2. Pessoas se aproximando e pedindo ajuda em inglês, sem nem ao menos tentar falar francês. 3. A gorjeta geralmente está incluída na conta, mas se houver troco pode deixá-lo como parte da gorjeta. **L'étiquette professionnelle, Page 112** 1. Pausas de almoço. Entre meio-dia e 14:00. 2. Em locais de negócios, o uso espontâneo do "tu". 3. Madame. 4. Cinco minutos antes; entre 20:00 e 23:00. **La bienséance autour d'une table, page 114** 1. Porque é uma hora para que famílias e amigos se juntem, dividam e conversem. 2. A anfitriã geralmente aponta os lugares, alternando convidados homens e mulheres. 3. Não falar com a boca cheia, não comer de boca aberta, não fazer ruídos enquanto come, não apoiar os cotovelos na mesa ou segurar a cabeça com as mãos ou os braços. 4. Use-os na ordem de fora para dentro. **La signification des gestes, page 116** 1. Surpresa ou impaciência, mordendo os lábios inferiores e balançando a mão da esquerda para a direita. 2. Que algo errado aconteceu, colocando uma mão na testa. 3. "J'ai sommeil" ou "je suis fatigué"; colocando as duas mãos, palmas juntas, contra a lateral do rosto. 4. "C'est delicieux", beijando a ponta dos dedos fechados e então abrindo a mão.

Les Arts

Les Petits Rats, Page 125 1. A escola de balé. Devido ao ruído dos pés aprendendo a dançar. 2. Restrições de altura e peso. 3. Apenas quatro ou cinco. **L'art public à Montréal, Page 126** 1. Trezentas. 2. La Croix du Mont-Royal (a cruz no Monte Real). 3. A fonte La Joute, escultura de uma vaca bronze. **La musique Guadeloupéene, page 128** 1. Acordeão, violino, maraca e tambor. 2. Era usado como uma maneira para os escravos se comunicarem em segredo. 3. Zouk; Kassav' **Les splendeurs de Versailles, page 130** 1. Ele possui trezentos e cinquenta e sete espelhos. 2. Marie Antoinette. Para fugir do rigor e da etiqueta da corte. 3. Uma exibição dedicada a Louis XIV chamada "o homem e o rei" **Le théâtre français, page 132** 1. Grécia. 2. Natal e Páscoa. 3. Mal-entendidos entre personagens, personagens sendo bobos e atuando como "idiotas". **Les troubadours au Moyen Âge, page 135** 1. Nos castelos de nobres, na época medieval. 2. Emoções do coração e da alma, tribulações do coração. 3. La chanson en cinq ou six couplets (a canção em cinco ou seis versos), la sérénade du chevalier amoureux (a serenata do cavalheiro apaixonado), la pastourelle (a pastoral). **Les musées parisiens, page 136** 1. Uma estação de trem, foi construída em 1900 para a Exposição Mundial. 2. Uma refinaria de óleo. 3. Camille Claudel. **Un symbole de la culture, page 138** 1. Guignol. 2. Luva. 3. Cabeça de madeira, sorriso no rosto, olhos pretos, covinhas, uma jaqueta com um laço vermelho.

Respostas

Histoire **La fleur de Lys, page 146** 1. Pureza. 2. Poder real 3. Philippe Auguste. **Historique du drapeau français, page 147** 1. Branco, vermelho e azul. Cor branca. 2. Fé e liberdade. 3. Emblema do galo. **À la découverte de la Martinique, page 148** 1. Ilha das flores. 2. França e Inglaterra; 1814. 3. A erupção do vulcão Pelée. **La Nouvelle-France, page 150** 1. Québec. 2. Seus recursos naturais e sua relevância no comércio de peles. 3. A batalha lutada na planície Abraham. **Les sans-culottes, page 152** 1. Classes sociais mais baixas, indústrias da arte. 2. Alguém que não usava culottes, apenas usados por nobres e aristocratas. Por serem homens livres que pediam sua liberdade e lutavam pelos direitos de todos os cidadãos. 3. Vermelho, liberdade. **L'Arc de Triomphe, page 154** 1. Os diferentes estágios da guerra. 2. A queda do soldado desconhecido. **Histoire de France, page 156** 1. O final da monarquia e o início da república democrática na França. 2. Áustria. 3. Ela usava vestidos luxuosos, organizava grandes festas e amava a música e a dança. **Jeanne D'Arc, page 158** 1. La Pucelle d'Orléans (a virgem de Orleans); ela é uma das três padroeiras da França. 2. Para que pudesse viajar irreconhecível. 3. Ela foi comprada pelos ingleses por dez mil libras. Ela foi acusada de heresia pela Igreja. Ela foi queimada na fogueira em 1431.

Géographie **Les trois fleuves de France, page 166** 1. O Sena, o Loire e o Rhone. 2. Lago Leman. 3. Castelos. **Les plages françaises, page 168** 1. O Canal da Mancha e o Mediterrâneo; Oceano Atlântico. 2. Mergulho e observação da vida marinha. 3. Falésias de cal. **Les Alpes, page 170** 1. Oito. 2. Grenoble. 3. Edelweiss, étoile des glaciers (estrela glacial). **Sur la route des baleines, page 172** 1. Saguenay e Saint-Laurent. 2. Observação de baleias, e é o primeiro estabelecimento para a colônia de Nouvelle-France. 3. Por causa dos sons que fazem para se comunicarem entre si. **Les pays de mer et de montagne, page 174** 1. Falésias e litoral. 2. A mistura de água salgada e água doce. 3. Um ponto de referência que é uma grande rocha com encostas íngremes e que está na margem do rio, formando um arco natural. **Des fleurs et encore des fleurs, page 176** 1. Chuvas e terra. 2. A samambaia. 3. A árvore de mangue **Un pays aux contrastes, page 177** 1. Golfo da Guiné. 2. Pesca e algodão. 3. O rio Mono. **Le Lac Léman, page 178** 1. Crescente ou vírgula. 2. Algas. 3. Bordo, faia, álamo, cinzas.

Gastronomie **Le pain français, page 184** 1. Uma criança saindo de uma padaria e comendo um pedaço da baguete. 2. Caberiam melhor no bolso dos soldados. 3. Oitenta. **La bouillabaisse, page 186** 1. Marselha. 2. Peixe; Kakavia. 3. Cavaco. **Gigot d'agneau aux herbes, page 190** 1. Ossos e guarnições. 2. Cobrir os ossos e guarnições com água e deixar cozinhar por uma hora. 3. Coar através de uma gaze. **Un goût très raffiné, page 192** 1. Mais de 80%. 2. De fígado de pato ou de ganso. 3. O de pato possui um aroma mais forte enquanto que o de ganso é mais suave e delicado. **Le diamant noir, page 193** 1. Branca e preta. 2. No sul da França. 3. Porcos e cães. **La cuisine Sénégalaise, page 194** 1. Que Dakar está cheia de uma grande variedade de sabores e gostos. 2. Nem sempre eles podem preparar duas refeições por dia. 3. É um presente oferecido pelo anfitrião e é um sinal de hospitalidade. **Coq au vin, page 197** 1. Uma dúzia 2. Uma ou duas horas. 3. Arroz e batatas. **Saveurs des Antilles, page 198** 1. Chouriço. 2. Bolinho de bacalhau. 3. Agridoce.

Listagem do CD de áudio

Faixa 1: Introdução
Faixa 2: Un dimanche en France — página 4
Faixa 3: Les marchés du Sénégal — página 8
Faixa 4: La mode, reflet de la culture — página 19
Faixa 5: Les pâtisseries de Paris — página 25
Faixa 6: Le vieux Marseille: le panier — página 34
Faixa 7: Saint Tropez — página 38
Faixa 8: Le Sud-Ouest de la France — página 39
Faixa 9: Un jour, un chocolat — página 44
Faixa 10: Les vacances à la française — pagina 45
Faixa 11: Des chants sacrés — página 50
Faixa 12: Le 14 juillet — página 72
Faixa 13: Jours de mémoire — página 78
Faixa 14: Ingénieur français célèbre — página 88
Faixa 15: La Môme — página 96
Faixa 16: Écrivaine acadienne — página 98
Faixa 17: Bises ou pas bises? — página 108
Faixa 18: Ne pas avoir l'air d'un touriste — página 110
Faixa 19: Les Petits Rats — página 125
Faixa 20: L'art public à Montréal — página 126
Faixa 21: La fleur de lys — página 146
Faixa 22: Historique du drapeau français — página 147
Faixa 23: Les trois fleuves de France — página 166
Faixa 24: Les plages françaises — página 168
Faixa 25: Fondue au fromage classique — página 191
Faixa 26: Un goût très raffiné — página 192

Editora Alta Books

Livros sobre negócios, gastronomia, informática, fotografia, guias de viagens, idiomas, além das séries Para Leigos, Use a Cabeça!, Sem Mistério, Leia & Pense e Frommer's.

Acesse nosso site
www.altabooks.com.br
e conheça nosso catálogo.

www.altabooks.com.br/blog

ROTAPLAN
GRÁFICA E EDITORA LTDA
Rua Álvaro Seixas, 165
Engenho Novo - Rio de Janeiro
Tels.: (21) 2201-2089 / 8898
E-mail: rotaplanrio@gmail.com